全国高职高专公共基础课规划教材

大学生心理健康教育

梁利苹　徐　颖　刘洪均　主　编

吴利辉　李　娟　副主编

U0360831

清华大学出版社

北　京

<h1 style="text-align:center">内 容 简 介</h1>

本书根据教育部《高职高专学校学生心理健康教育课程教学基本要求》编写，同时针对高职高专类院校学生的身心特点和思想情况来编写，具有一定的理论性和很强的实用性。在内容安排上，精选出与当代大学生学习、生活、成长息息相关的十二个主题，既涉及大学生中普遍存在且亟待解决的人际关系、挫折应对、网络成瘾、职业选择、学习适应、婚恋与性等现实心理问题，也涉及影响大学生自身发展、创新素质和闲暇娱乐等发展性心理问题的解决。

本书特色在于编写内容既包括案例导入、心理讲堂，又包括心理训练营、心理加油站及能力检测，创新地将知识学习、技能训练、自我认知发展结合起来，满足了高等职业院校培养应用型人才的要求。本书附有与章节内容相配套的心理训练游戏和心理测试。我们希望读者能根据提供的心理训练游戏和心理测试，增加自己的认知和体验。需要说明的是，心理测试在使用过程中受选取的样本人群、文化背景和时代变迁的影响，其测试结果具有相对性，因此，心理测试的结果只能作为一个重要参考。

本书可作为各类高职高专院校大学生心理健康教育的教材和指导用书，也可作为教育学和心理学工作者的参考用书。

图书在版编目(CIP)数据

大学生心理健康教育/梁利苹，徐颖，刘洪均主编. —北京：清华大学出版社，2017（2024.9重印）
(全国高职高专公共基础课规划教材)
ISBN 978-7-302-48751-7

Ⅰ. ①大… Ⅱ. ①梁… ②徐… ③刘… Ⅲ. ①大学生—心理健康—健康教育—高等职业教育—教材 Ⅳ. ①G444

中国版本图书馆 CIP 数据核字(2017)第 263455 号

责任编辑：姚 娜 吴艳华
装帧设计：刘孝琼
责任校对：张彦彬
责任印制：宋 林
出版发行：清华大学出版社
  网 址：https://www.tup.com.cn, https://www.wqxuetang.com
  地 址：北京清华大学学研大厦 A 座   邮 编：100084
  社 总 机：010-83470000   邮 购：010-62786544
  投稿与读者服务：010-62776969, c-service@tup.tsinghua.edu.cn
  质量反馈：010-62772015, zhiliang@tup.tsinghua.edu.cn
  课件下载：https://www.tup.com.cn, 010-62791865
印 装 者：三河市龙大印装有限公司
经 销：全国新华书店
开 本：185mm×260mm 印 张：17   字 数：413 千字
版 次：2017 年 10 月第 1 版   印 次：2024 年 9 月第 12 次印刷
定 价：45.00 元

产品编号：077178-02

Preface 前言

　　本书根据教育部办公厅 2011 年 5 月 28 日发布的《高职高专学校学生心理健康教育课程教学基本要求》编写，以积极心理学理论为理论基础，以激发学生积极的主观体验为重点，针对高等职业院校学生的心理素质水平状况、表现特征和思想实际编写，旨在帮助高职高专院校学生树立心理健康意识，优化心理品质，增强心理调节能力和社会生活适应能力，预防和缓解心理问题。

　　在内容安排上，精选出与当代大学生学习、生活、成长息息相关的十二个主题，既涉及大学生中普遍存在且亟待解决的人际关系、挫折应对、网络成瘾、职业选择、学习适应、婚恋与性等现实心理问题，也涉及影响大学生自身发展、创新素质和闲暇娱乐等发展性心理问题的解决。

　　在本书的编写过程中，我们力求将理论与实践铸为一体，将科学性与实用性融为一体，不但对高职学生心理健康教育进行了系统的、全面的阐述，而且借鉴了现代积极心理学的思想，不仅安排了学习心理辅导、情绪管理、人际关系、网络心理、职业生涯规划、挫折教育等常见内容，也安排了恋爱与性心理、生命教育等社会普遍关注的内容，从而拓展学生的心理学视野，丰富学生的心理学知识，体现了本书的与时俱进。

　　本书的框架设计为：学习目标、案例导入、心理讲堂、心理训练营、心理加油站、能力检测，创新地将知识学习、技能训练、自我认知发展结合起来，满足了高等职业院校培养应用型人才的要求，以"实用、够用"为度，淡化理论、注重实践，内容体系符合教育部的要求，更体现了大学生的需求，有利于大学生心理素质的养成和科学思维方法与创新能力的培养。

　　本书由重庆城市管理职业学院从事心理健康教育工作的人员编写，具体分工如下：梁利苹、徐颖、刘洪均负责全书的统稿、定稿工作；梁利苹、徐颖负责编写项目一、项目六；刘慧玲负责编写项目二；刘洪均负责编写项目三；莫璐萍负责编写项目四；敖玲敏负责编写项目五；梁利苹、李静负责编写项目七；吴利辉负责编写项目八；陈玉婷负责编写项目九；青秋蓉负责编写项目十；李娟负责编写项目十一；易丹负责编写项目十二。

　　在本书的编写过程中，我们还参考、借鉴了一些同仁的研究成果和资料，在此特向他们表示衷心感谢。由于编写时间仓促且编者水平有限，书中难免存在不当之处，敬请专家和读者批评指正。

编　者

Contents

目　　录

目录
Contents

Contents 目录

目录
Contents

项目一　健康心灵，美丽人生
——大学生心理健康导论

知识目标：了解心理、心理健康和心理咨询的概念，熟悉健康与心理健康的关系，掌握大学生心理健康的标准。

能力目标：区别健康与心理健康，掌握保持大学生心理健康的方法，能正确看待心理咨询，学会心理求助。

【案例导入】

人生为何如此灰暗、无趣

朱明性格内向，平时不爱和同学说话，有什么事情总爱憋在心里。他在日记中写了这样一段话："刚读高中时，我还没有什么忧愁，可从高一下学期开始，无论何时何地我总会感到一阵阵烦躁，烦躁的原因有来自生活上的，也有来自学习上的。在学习上我一直都是中上水平，可后来不知怎么搞的，大概是几次考试失利的缘故吧，我感到学习特没劲，成绩也落后了，班主任找我谈了几次，我也没什么变化，我对什么都无所谓了。想来想去，觉得生活没有意思。同学们都在那里学习，可学习好了又有什么用呢，究竟为了什么呢？成绩再好也免不了生老病死。学校有时也搞一些活动，但内容几乎和小学生一样，各种各样的评奖只不过是幼稚的活动，这真的很无聊。家里，爸爸每天出入花鸟市场、打麻将、炒股，对我的学习一点都不关心，妈妈除了做家务，只会每天盯着我，唠唠叨叨说个不停，一会儿说我头发长长了，一会儿又数落我东西没放整齐，事无巨细，她都要唠叨一番。有时夜深，独坐桌前，望着一大堆功课，我会想很多；活着真没劲，就这样一天天混下去也不知道有什么结果，真想离开这灰暗的人生，有个新的开始……"

请思考：哪些因素导致朱明感觉自己的人生灰暗、无趣？

【心理讲堂】

第一节　心理活动的本质

一、心理是脑的功能

心理是脑的功能，脑是心理活动的器官。没有脑为生理基础的心理活动，或者说没有脑的思维是不存在的。正常发育的大脑为心理活动的发展提供了物质基础。

心理活动是随着神经系统的产生而出现，又是随着神经系统的不断发展和不断完善，才由初级不断发展到高级的。无机物和植物没有心理，没有神经系统的动物也没有心理，只有有神经系统的动物才有心理活动。无脊椎动物的神经系统非常简单，像环节动物只有一条简单的神经索，它们只具有感觉的心理现象，只能认识事物的个别属性；脊椎动物有了脊髓和大脑，它们有了知觉的心理现象，能够对事物外部的整体加以认识；灵长类动物，如猩猩、猴子，大脑有了相当高度的发展，它们能够认识事物的外部联系，有了思维的萌芽，但是还不能认识到事物的本质和事物之间的内部联系。只有到了人类，才有了思维，有了意识，人的心理是心理发展的最高阶段，因为人的大脑是最复杂的物质，是神经系统发展的最高产物。所以，从心理现象的产生和发展的过程，也说明了心理是神经系统，特别是大脑活动的结果。神经系统，特别是大脑，是从事心理活动的器官。

脑是心理活动的器官，人们获得这一正确的认识经历了几千年。现在，这一论断得到了人们生活经验，临床事实，以及从心理发生和发展过程，脑解剖、生理研究所获得的大量资料的证明。今天"心理是脑的功能"这一论断对大家来说已是常识性的知识。

二、心理是客观现实的反映

健全的大脑给心理现象的产生提供了物质基础，但是，大脑只是从事心理活动的器官，有反映外界事物产生心理的机能，心理并不是它自身所固有的。心理现象是客观事物作用于人的感觉器官，通过大脑活动而产生的，所以客观现实是心理的源泉和内容，离开客观现实来考察人的心理，心理就变成了无源之水、无本之木。对人来说，客观现实既包括自然界，也包括人类社会，还包括人类自己。20 世纪 20 年代，印度发现的两个狼孩(让狼叼走养大的孩子)有健全人的大脑，但是，他们脱离了人类社会，是在狼群里长大的，因此，只具有狼的本性，而不具备人的心理。所以，心理也是社会的产物，离开了人类社会，即使有人的大脑，也不能自发地产生人的心理。

心理的反映不是镜子似的机械的反映，而是能动的反映。因为通过心理活动不仅能认识事物的外部现象，还能认识到事物的本质和事物之间的内在联系，并用这种认识来指导人的实践活动，改造客观世界。

心理是大脑活动的结果，却不是大脑活动的产品，因为心理是一种主观映象，这种主观映象可以是事物的形象，也可以是概念，甚至可以是体验，它是主观的，而不是物质的。从这个角度来说，应该把心理和物质对立起来，不能混淆，否则便会犯唯心主义或庸俗唯物主义的错误。

三、心理是以活动的形式存在的

心理是在人的大脑中产生的客观事物的映象，这种映象本身从外部是看不见也摸不着的。但是，心理支配人的行为活动，又通过行为活动表现出来，因此，可以通过观察和分析人的行为活动客观地研究人的心理。

第二节　健康与心理健康

一、健康是身心健康的统一整体

人不仅仅是一个独立的生物体，而且还是作为具有独特心理的生命及单个的社会成员而存在。健康应该包括身与心两个方面。1948 年，世界卫生组织把健康定义为："健康乃是一种生理、心理和社会适应的完满状态，而不仅仅是没有疾病和虚弱的状态。"这一定义标志着人类对健康的理解从生理的、个体的理解发展到心理的、社会的理解。1998 年，世界卫生组织又对健康做了进一步的解释：健康应包括身体健康、心理健康、良好的社会适应能力和道德健康。

目前，世界公认的健康的 13 个标志包括：

(1) 生气勃勃，富有进取心；

(2) 性格开朗，充满活力；

(3) 正常身高与体重；

(4) 保持正常的体温、脉搏和呼吸[体温 37℃；脉搏 72 次/分钟；呼吸婴儿(0～6 岁)45 次/分钟，6～15 岁 25 次/分钟，15～25 岁 18 次/分钟]，随着年龄的增长而逐渐减慢；

(5) 食欲旺盛；

(6) 明亮的眼睛和粉红的眼膜；

(7) 不易得病，对流行病有足够的耐受力；

(8) 正常的大小便；

(9) 淡红色舌头，无厚的舌苔；

(10) 健康的牙龈和口腔黏膜；

(11) 皮肤光滑、柔韧而富有弹性，肤色健康；

(12) 光滑带光泽的头发；

(13) 指甲坚固而带微红色。

由此可见，健康是一个综合概念，应包括生理、心理和社会适应等几方面。一个健康的人，既要有健康的身体，还应有健康的心理和行为。只有当一个人身体、心理和社会适应都处在一个良好的状态时，才是真正的健康。

二、健康的核心——心理健康

说到心理，至今为止许多人依旧觉得它很神秘，看不见，摸不着，是无从认识的东西，更不知道何为心理健康。实际上这是一种误解。我们研究心理，并非脱离现实生活，只凭空猜测。我们都知道，人是具有高度主观性的动物，人的言语、行为、态度和情绪无不折射出人的心理活动。我们也正是从这些外部表现研究人的心理活动的规律以及它对人类健康的影响。那么，究竟什么才叫作心理健康呢？

关于心理健康，国内外许多专家学者都提出过各自不同的看法。西方一些心理学家对心理健康的观点如下。《简明不列颠百科全书》的定义是：心理健康是指个体心理在本身及环境条件许可范围内所能达到的最佳功能态度，不是指绝对的十全十美状态。联合国世界卫生组织(WHO)的定义是：心理健康不仅指没有心理疾病或变态，个体社会适应良好，还指人格的完善和心理潜能的充分发挥，亦在一定的客观条件下将个人心境发挥成最佳状态。美国当代心理学家以人本主义为方向的所谓三势力的先驱之一亚伯拉罕·马斯洛(Abraham MaSlow)认为，极度健康的人(自我实现者)有更高级的需要；实现他们潜能和认识并理解他们周围的世界。社会学者波孟(W.W.Bochm)认为，心理健康就是合乎某一水准的社会行为，一方面为社会所接受，另一方面能为自身带来快乐。当代中国学者对于心理健康主要有以下一些观点：王登峰、张伯源在《大学生心理卫生与咨询》一书中指出，"心理健康是了解自我、悦纳自我；接受他人，善与人处；正视现实，接受现实；热爱生活，乐于工作；能协调与控制情绪，心境良好；人格完整和谐；智力正常，智商在 80 分以上；心理行为符合年龄特征"。颜世富认为，心理健康应该是："智力正常；有安全感；情绪稳定，心情愉快；意志健全；对自己有充分的了解，并作出恰当的评价；适应能力强；能够面对现实，乐于工作、学习、社交；人际关系和谐；人格完整和谐；睡眠正常；生活习惯良好；心理和行为与年龄符合。"

从以上这些心理健康定义中我们可以看出，人们所站的角度不同，对心理健康的理解也会有一定的差异。从广义上讲，心理健康是指一种高效而满意的、持续的心理状态。从狭义上讲，心理健康是指人的基本心理活动的过程内容完整、协调一致，即认识、情感、意志、行为、人格完整和协调，个人的生理、心理与社会处于相互协调的和谐状态，并能适当地满足个人的基本需要。

第三节　大学生心理健康的标准

大学生的年龄一般在 18～25 岁，从心理学的观点来看，正处于青年中期。大学生的心理具有青年中期的许多特点，但作为一个特殊群体，大学生又不能完全等同于社会上的青年。心理健康的标准不是固定不变的，它随着时代变迁、文化背景变化而变化。根据我国大学生的实际情况，评判大学生的心理健康水平可从以下几个标准考虑。

一、智力正常

智力是指一个人认识能力与活动能力所达到的水平，是人的观察力、注意力、记忆力、想象力、思维力、创造力和实践能力等的综合。智力正常是大学生学习、生活和工作最基本的心理条件，也是适应周围环境变化所必需的心理保证，因此，衡量大学生的智力是否正常，关键在于其是否正常地、充分地发挥了自我效能，即有强烈的求知欲，乐于学习，能够积极参与学习活动。以四川南充 22 岁的复读生张非为例，从 2002 年开始，他五年之内参加了四次高考，2003 年考上北大，一年以后被退学，复读一年考上了清华，又被退学，复读一年，2007 年再次考上清华，光看他考上的大学，这位同学智力算较高的，但是为什么会因为七门课程不及格被学校退学呢，因为他把精力完全放在玩网络游戏上了，完全不上课。张非有着超高的智力，但在意志品质方面却存在很多问题：缺乏沟通能力和环境适应能力，其情绪控制能力很差，与 22 岁的年龄极不相称。张非对自己、对家庭缺乏责任感，是个典型以自我为中心，生活自理能力极差，沉迷网络游戏无法自拔，情商极低的青年。虽然他拥有较高的智力，但因没有积极的学习态度，终究会失败。

二、情绪健康

情绪健康的标志是情绪稳定、乐观和心情愉快，其包括的内容有：愉快情绪多于负性情绪，乐观开朗、富有朝气，对生活充满希望；了解自己，悦纳自己；情绪较稳定，善于控制与调节自己的情绪，既能克制又能合理宣泄自己的情绪，情绪的表达既符合社会的要求又符合自身的需要，在不同的时间和场合有恰如其分的情绪表达。

日落还是日出？从细节看我们的心态，一般拥有积极的心态人看到图 1-1 第一幅图，往往会认为这是一幅日出的画面，太阳正生机勃勃地喷薄欲出，张开双臂迎接美好一天的到来；但是悲观心态的人往往看到的是日落的画面，太阳已昏昏欲睡，行将没落，只留下一片凄凉寂寞。

怎样看待半杯水呢？一般乐观的人看到图 1-1 第二幅图，总想着不管怎么说，知足吧，还有半杯水呢！心情顿时高涨起来。而悲观的人就会认为怎么只剩半杯水了！心情自然很低落。所以我们要保持乐观的情绪状态，从积极的方面来看问题。

图 1-1 日出日落和半杯水

情绪在心理健康中起着重要作用，情绪异常往往是心理疾病的重要表现。很多抑郁症患者早期都出现过长久的情绪低落无法自行排解的情况。双向情感障碍的患者在情绪上表现为：时而过度兴奋、易怒、易与人起冲突，过分慷慨；时而情绪低落、满面愁容，失眠、早醒或易惊醒，食欲减退，反应迟钝、动作减少，绝望、有自杀念头。因此，保持稳定的情绪对于个体的心理健康意义重大。

三、意志健全

意志是一种心理过程，即个体在完成一种有目标的活动时，所进行的选择、决定与执行的心理过程。一说到意志就联想到保尔·柯察金，炼就钢铁般的意志，才让我们在回首人生的时候不会因为虚度年华而悔恨，也不因过去的碌碌无为而羞耻。意志健全的大学生在行动的自觉性、果断性、顽强性和自制力等方面都表现出较高的水平，在各种活动中都有自觉的目的性，能适时地作出决定并运用切实有准备的方式解决所遇到的问题，在困难和挫折面前能采取合理的、有效的反应方式，善于控制自己的情绪和言行，而不是行动盲目、畏惧困难，顽固执拗。良好的意志品质一经形成，将对人的一生产生极为重大的影响。一个意志健全的大学生，肯定会自觉寻求自身最大的发展，实现自己的价值。

四、反应适度

个体的行为反应都是由一定刺激或者刺激的强化产生的。"刺激(S)—反应(R)"是经典的条件反射实验。实验者巴甫洛夫(Pavlov)给他的狗扔骨头吃，过段时间之后，狗一看到骨头来了就会分泌唾液。骨头就是刺激，分泌唾液就是反应。失恋了就悲伤，吃饱了就快活，中彩票的时候极度激动兴奋，这都是正常的反应，但是要适度。考试前焦虑很正常，可能会比较紧张担心，如果你紧张到完全睡不着觉，脑子里不停地想着考试题，或者考试时的情景，考试失败的结果，等等，到了考场也进入不了状态这就属于反应过度，有点考试焦虑的倾向。坐公交车上别人不小心踩了你一脚，别人对你道歉之后，你仍然不满意，还继续破口大骂，这也属于反应过度。

五、自我评价正确

人的自我意识由自我认知、自我体验和自我控制三个维度构成。大学生评价自己，要靠自我认知，过高地评价自己，就表现为自负；过低地评价自己，就表现为自卑。正确的自我评价是大学生心理健康的重要条件，心理健康的大学生在进行自我观察、自我认定、自我判断和自我评价时，能做到自知，恰如其分地认识自己，摆正自己的位置，从而有正常的自我体验，既不以自己在某些方面高于别人而自傲，也不以某些方面低于别人而自卑，面对挫折与困境，能够自我悦纳，喜欢自己，接受自己，并能很好地约束和控制自己的行为和情感，做到自知、自尊、自强、自制、自爱适度，正视现实，积极进取。

六、人际关系和谐

社会生活中最重要的是与人接触，同他人打交道也就是人际交往。一家人能和睦相处，要经常地相互了解、体谅和情感交流。在学校、在工作中也需要相互配合、帮助和支持。和谐的人际交往是保持良好的人际关系的前提条件。亲友之间相互敌对、仇视、怨

恨、嫉妒往往起源于缺乏思想上的沟通和情感上的交流。因此，和谐的人际交往是良好的社会适应所不可缺少的。人际关系和谐既是心理健康的重要标准，也是维持心理健康的重要条件之一。良好而深厚的人际关系，也是事业成功与生活幸福的前提。其具体表现为：乐于与人交往，既有广泛而深厚的人际关系，又有知心朋友；在交往中保持独立而完整的人格，有自知之明，不卑不亢；能客观评价他人和自己，善取他人之长补己之短，宽以待人，乐于助人，积极的交往态度多于消极态度，交往动机端正。

社会支持系统，这个词听起来很抽象，在讨论这个问题之前，让我们先来做两个小的自我测试：①如果陷入困境，有多大把握能得到他人广泛、及时而又有效的帮助？②这些"他人"都包括谁？请将其列出来。正是以上两点构成了个人所拥有的"社会支持系统"的核心，它具体可感。而且，我们有多少支持系统，在很大程度上决定着我们内心深处的安全感。所谓个人的社会支持系统，指的是个人在自己的社会关系网络中所能获得的、来自他人的物质和精神上的帮助和支援。一个完备的支持系统包括亲人、朋友、同学、同事、邻里、老师、上下级和合作伙伴等，当然，还应当包括由陌生人组成的各种社会服务机构。每一种系统都承担着不同功能：亲人给我们物质和精神上的帮助，朋友较多地承担着情感支持，而同事及合作伙伴则与我们进行业务交流。每个人都有局限性，没有一个人能独自解决所有的麻烦，没有谁是永远的"孤胆英雄"。我们会发现，生活中那些渴望持续发展的成功者，多半都在一直致力于广泛铺设"双赢"的社会网络。当然，我们是指积极意义的人际关系，彼此信任支持，有助于双方成长，而不是庸俗的关系网。对于陷入困境的人而言，社会支持犹如雪中送炭，带给我们持久的温暖、安全以及重振生活的信心、勇气和力量。那些与我们分享生活甘苦的人，给我们的生活增添了阳光。他们的存在，提升了我们的幸福感和成就感，使我们的人生变得完满。

七、社会适应正常

心理健康的大学生，能与社会保持良好的接触，认识社会，了解社会，使自己的思想、信念、目标和行动跟上时代发展的步伐，与社会的进步与发展协调一致。如果与社会的进步和发展产生了矛盾和冲突，能及时调解，修正或放弃自己的计划和行动，顺历史潮流而行，而不是逃避现实，悲观失望，或妄自尊大、一意孤行，逆历史潮流而动。同时，心理健康的大学生还能适应客观现实生活环境，既能进行客观观察以取得正确认识，以有效的办法应付环境中的各种困难，不退缩；又能根据环境的特点和自我意识的情况努力进行协调，或改变环境适应自己需要，改造自我适应环境。

八、心理行为表现符合大学生的年龄特征

大学生个体应具有与角色相应的心理行为特征。人的一生分为不同的年龄阶段，每一年龄阶段其心理发展都表现出相应的特征，称为心理年龄特征。一个人心理行为的发展，总是随着年龄的增长而发展变化的。大学生是处于特定年龄阶段的特殊群体，心理健康的

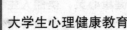

大学生应具有与年龄和角色相适应的心理行为特征。如果严重偏离相应的年龄特征，发展严重滞后或超前，则是行为异常、心理不健康的表现。

第四节　正确理解与把握心理健康的标准——心理灰色地带

心理健康不是一种固定不变的状态，而是通过不断调整、变化、发展和完善的动态过程。心理完全健康，状态十分良好时是在白色地带；出现了心理疾病是在黑色地带。出现在这两个地带的人都是少数，而且不是固定不变的，人有状态好的时候，也有不是非常好的时候，有了心理疾病也是可以完全被治愈的。事实上，大多数人的状态是停留在中间的灰色地带的，也叫作心理亚健康状态，即有一定的心理问题，但是经过自身或者他人的帮助调节可以恢复心理健康的状态。

"心理正常"，是指个体能进行正常的心理活动，具有三大功能：能保障人作为生物体顺利地适应环境，健康地生存发展；能保障人作为社会实体正常地进行人际交往，在家庭、社会团体、机构中正常地肩负责任，使人类赖以生存的社会组织正常运行；能使人类正常地、正确地反映、认识客观世界的本质及其规律性，以便创造性地改造世界，创造出更适合人类生存的环境条件。而心理异常，即异常的心理活动，是丧失了正常功能的心理活动。由于丧失了正常心理活动的上述三大功能，所以无法保证人的正常生活，而且以其异常的心理特点，随时破坏人的身心健康。其中，正常与异常是针对是否有精神疾病这一问题来说的，"心理健康"与"心理亚健康"，是对具备"心理正常"心理活动的人群来说的，心理问题被妖魔化了，似乎有了心理问题就是有精神疾病一样，这里的"心理问题"不等同于"心理疾病"，例如考试前感到焦虑紧张，遇到麻烦心情烦恼，遇到挫折情绪不好，遇到难以决策时犹豫不决等都应该是心理问题，也都属于心理正常范畴。心理健康、心理亚健康、心理异常三者的关系如图1-2所示。

图1-2　心理健康、心理亚健康、心理异常三者的关系

心理健康不是无失败、无冲突、无焦虑、无痛苦，心理健康者也不是对任何事都能愉快地胜任，而是在这些境遇下，对环境与挫折的反应，能有效地自我调整，更好地表现出积极的适应倾向，从而能保持良好的生活状态、学习状态和工作状态，这是心理健康者与心理不健康者的最大区别。

第五节　大学生如何保持健康的心理状态

一、掌握一定的心理卫生知识

大学生已经开始走向成熟，自我意识已基本建立，对他们来说，最重要的教育是自我教育。因此，每个大学生都应增强心理卫生意识，了解心理卫生的知识，而不应使自己在这方面存在盲点。了解了心理卫生知识，如不良情绪的调节方法、心理健康的标准、常见的不合理信念等，就等于拿到了通往健康心理的钥匙，在必要时就可以进行自我调节。

二、建立合理的生活秩序

许多大学生是第一次离家独自生活，一时间似乎得到了许多的"自由"。不过，如果滥用这种"自由"，或随心所欲，或负担过重，不顾自己的身体状况和生理节奏，都会导致精神损伤。因此，尽快地建立合理的生活秩序乃当务之急，这需要注意以下几点。

1. 学习负担适量

大学生的主要任务是学习，很多心理活动都与学习有关。研究表明，个体在适度的压力和焦虑情绪之下，可以提高思考力和机敏度。因此，大学生的学习应有一定的压力，这种压力对心理健康发展及学业的完成是必要的，但不能过分加重负担。许多新生入学，容易出现两种倾向：一是觉得苦读中学这么多年，好不容易进了大学，可以好好轻松一下。而大学相对中学来说，有更多的自由，也比较轻松，少了老师、家长的过多的干涉与束缚，于是终日玩乐，不思进取，高呼"60 分万岁"，任自己大学时光荒废过去；二是不太适应大学的学习方式，同时周围又高手云集，以前在本地区的那种优势已不复存在，而家长又寄予自己厚望，于是压力很大，产生高度焦虑，这种状况又导致在学习上疲于被动应付，进而严重影响其自信心。这两种不良倾向，最终都可能导致学业上的挫折，带来苦恼及自我否认等心理问题。

2. 生活节奏合理，有张有弛

大学校园生活丰富多彩，这为合理安排生活节奏，积极参加各种各样的文体活动提供了十分有利的外在条件。这样既可调剂紧张的学习生活，又可以开阔视野、广交朋友，发现自己在各方面的潜力，增加与他人相处的经验，从而经常体验到愉悦。这种平稳的积极状态，能使大学生充分发挥其潜在能量，增强自信，使自己的生活有节奏感，劳逸结合，提高学习效率，得到最佳的适应。

3. 注意保护大脑

大脑是心理活动最重要的物质基础。大脑受到损伤，心理健康就无从谈起。过度的疲劳、紧张，或长时间的高度兴奋、强烈刺激，都会引起脑力衰竭。而脑力衰竭恢复起来就

比较困难。因此，大学生应千万注意不要图一时之快、逞一时之强，忽视用脑卫生。

三、保持健康的情绪

情绪对于心理健康来说是至关重要的，几乎每一种心理疾病都有其情绪上的表现。稳定而良好的情绪状态，使人心情开朗、轻松安定、精力充沛，对生活充满乐趣与信心。相反，如果一个人情绪波动不稳、患得患失、喜怒无常，处于不良的情绪状态中，而自己又不会调节和控制，就会导致心理失衡和心理危机，甚至精神错乱。大学生情感丰富而冲动，就更应学会保持健康的情绪。

保持健康的情绪，首先应学会合理宣泄，找到充分表达自己情绪的方法，既不要压抑自己，也不要放纵自己。每个大学生都应意识到，任何一种情绪都是由一定原因引起的。正视这种原因，接受这种情绪，并让它适当地表达出来，这才会有益于健康。

在生活中，人们难免会遇到不良刺激而出现负性的情绪反应，如愤怒等。然而，剧烈的情绪会降低人的理智水平，一旦失去了控制，会带来许多不良后果。所以，一个人应在自己情绪剧烈变化的过程中及时给予控制，以避免愤怒情绪的最终爆发。

其次，对于消极情绪要学会几种自我疏导、自我排遣的方式。当遇到什么忧愁、不平和烦恼时，应把它发泄出来。长期压抑情绪是有害于心理健康的。在忧郁的时候，找知心朋友或亲人倾诉，使不良情绪得以发泄，压抑的心境就可能得到缓解，甚至大哭一场也不失为一种调整机体平衡的方式。在倾诉郁闷的过程中，还可能获得更多的情感支持和理解，获得认识和解决问题的新思路，增强克服困难的信心。另外，也可以使用转移的方式。对一件令人沮丧的事，总去注意它，就会限制自己的思维，使自己越发低沉。这时，不妨将自己的注意中心转移到其他事物上，暂时离开这件不愉快的事，去看场电影，听听音乐，这样便可使郁闷排遣出来。还有一种很好的调节方式就是幽默。幽默能使紧张的精神放松，摆脱窘困的场面，消除身心的某些痛苦，调节和保持心理健康。为了保持愉快、稳定的心境，要注意以下几点。

(1) 不对自己过分苛求。有些人把自己的目标定得过高，根本无法达到，一旦达不到，就终日郁郁不欢。有的人做事要求十全十美，往往因为小小的瑕疵而自责。如果把自己的目标和要求定在自己的能力范围内，自然就会心情舒畅。

(2) 对他人期望不要过高。许多人把希望寄托在他人身上。如果对方达不到自己的要求便会大失所望。其实，每个人都有自己的个性和特点，何必一定要别人迎合自己的要求呢？

(3) 疏导自己的愤怒情绪。当你勃然大怒时，很多蠢事都会干出来。与其事后后悔，不如事前自制，把愤怒平息下去。

(4) 偶尔也要妥协。要心胸开阔，做事从大处看，只要大前提不受影响，小事则不必斤斤计较，以减少自己的烦恼。

(5) 暂时回避。在遇到挫折时，应该暂时将烦恼放下，去做些喜欢做的事，如运动、看电影、听音乐等。

（6）找人倾吐。如果把内心的烦恼告诉你的朋友、师长，心情就会舒畅得多。

（7）为别人做些事。帮助别人不仅能使自己忘却烦恼，而且还可以确定自己存在的价值，更可以获得珍贵的友谊。

四、建立良好的人际关系，学会去爱

建立良好而真诚的人际关系，是非常重要的心理保健的途径。大学生都是同龄人，共同点较多，人际关系比社会上单纯。和谐的人际关系，可以增加自信和理解，减少心理上的不适感，实现心理平衡。健康的心理需要丰富的营养，最重要的营养就是爱。爱不是抽象的，它有着十分丰富的内涵。除了大家通常意义上的男女爱情之外，诸如眷恋、关怀、惦念、安慰、鼓励、帮助、支持、理解等，都可归为爱的范畴，而这些都可以从良好的人际关系中得到，反过来，又可以使人际关系更为和谐。大学生的友谊往往是深刻而持久的，它可以成为大学生情感的寄托，增加归属感。而且，去关心他人，理解他人，又能促使自己拥有博大的胸怀，从而大大增加生活、学习、工作的信心和力量，最大限度地减少心理应激和心理危机感。这是人们维护和保持心理健康的最基本、最重要的因素之一。一个孤芳自赏、离群索居、生活在群体之外的人，是不可能做到心理健康的。

大学生在交往过程中应该意识到，现实生活中的每个人都不可能是完美无缺的，在个性、行为习惯、价值观念和情绪状态等各个方面都可能会有各自的优点与不足。因此，对他人要有一种宽容的态度，不要期望过高。对他人期望过高，往往会产生失望感，其结果是使自己的心理平衡受到干扰，对自己造成更大的不良影响。

五、树立符合实际的奋斗目标

每个人都有成功的欲望，但客观地讲，每个人的能力都有一定的限度，都具有优势和劣势两个方面。一个心理健康的人，应该能对自己的能力作出客观的评价，并依此付诸社会实践。做到这一点，对于保护个体少受挫折及充分发挥才能等都是非常重要的。因此，不对自己过分苛求，把奋斗目标确定自己能力所及的范围以内，使自己通过艰苦努力，能最终实现一目标。成功的体验，对于维持心理健康是极为重要的。

与此相反，如果不自量力，仅凭良好的愿望和热情，盲目地制定宏伟目标，结果往往是目标落空，在个人心理上蒙受打击，产生挫折体验，不仅白白耗费了精力，也给自信心和心境造成不良影响，而且还会影响到今后的进一步发展。

此外，树立切实的目标，还包括不盲目地处处与人竞争，以避免过度紧张。大学生处于青年阶段，青年人在一起容易出现争强好胜、相互攀比的现象。然而，每个人精力有限，优势各异，如果处处与他人竞争，不可避免地会受一些挫折、失败。而且，处处竞争会使自己终日生活在紧张状态之中，心理上承受过大的压力，这对心理健康极为不利。因此，每位大学生应根据自己的实际情况选择竞争的领域。这样，一方面有利于充分发挥自己的优势，获得成功；另一方面，也会有助于身心健康发展。

六、学会自娱

一个人如果能注意培养和发展自己的业余爱好，进行多方面的自我娱乐活动，就可能在寂寞孤独、烦闷忧郁时，通过自我娱乐来缓解心境压抑，这对心理健康是极有好处的。人不可能总是工作和学习，业余时间要积极开展愉快的娱乐活动，做到积极的放松和休整，才能使自己得到真正的心身健康，并使自己更有效地从事工作和学习。每个大学生在大学阶段，都要依据自己的性格特点和条件，注意培养和发展一些兴趣和业余爱好，学会自我娱乐，这对维护自身的心理健康是十分有益的。

七、学会寻求心理咨询的指导

心理咨询，是指心理咨询的专业人员给来访者以心理上的帮助过程。心理咨询在美国、日本等国家已成为心理学的热门分支学科，在日本的大学中有 70%以上的学校设有心理咨询机构。在这些学校中，学生退学、病休、自杀的人数明显低于没有设立咨询机构的学校。

我国的心理咨询起步较迟，随着现代社会和科学的发展，特别是医学模式的改变、健康观念的更新，心理咨询必将在我国迅猛发展。近十多年来，北京、上海、浙江等地的一些高校已经取得了一些可喜的成果。事实表明，心理咨询的地位和作用已越来越得到教育者和大学生的共识，逐渐被更多的大学生所接受。

▦ 心理训练营

活动一：相互认识(滚雪球)

目的：活跃气氛、促进新同学之间相互认识和初步了解。

操作：

1. 两人一组自我介绍

目的：初步相识。

时间：约 10 分钟。

准备：纸张和笔，一定的空间，最好是有可挪动的椅子。

操作：指导者先让成员在房间内放松活动，当指导者说"停"的时候，正在握手的或面对面挨着的两个人为一组，拿出指导者分发的纸张，写下自己的姓名、院系、班级、宿舍，分别写下自己喜欢和不喜欢的东西或事物，并介绍自己。

2. 四人一组相互介绍

目的：扩大交往圈子，拓展相识面。

时间：10 分钟。

操作：刚才自我介绍的两个二人组合并，形成四人一组，每位成员把自己刚认识的朋

友向另外两位新朋友介绍。

3. 八人一组自我介绍

目的：进一步扩大交往范围，引发个人参与团体的兴趣。

时间：15分钟。

操作：每个人把刚认识的朋友介绍给另外一组(两个人)认识，然后再把认识的这三个朋友介绍给另外一组(四个人)，最终形成八人小组。

活动二：找"领袖"

活动目的：让学生体验不同的角色定位；让学生学会换位思考，学会站在他人的立场看问题、解决问题。

活动时间：约20分钟。

活动程序：

(1) 选出两位同学作为志愿者，让他们远离活动现场，不能让他们看到和听到主持人和同学之间的小声说话。

(2) 接着找一名同学作为"镜子"，其功能是反射"领袖"的动作给其他同学，即"领袖"做什么动作，"镜子"要完全复制。

(3) 剩下的全体同学按方形队列站立。可以由主持人指定一名同学作"领袖"，也可以由同学自愿担任"领袖"。"领袖"的任务是连续地发出动作，如刷牙状、洗脸状、挠耳状等。

(4) "领袖"开始发出连续的动作，"镜子"复制"领袖"的动作，其他同学则复制"镜子"的动作，这样看起来，所有的同学都在模仿"镜子"做动作。此时，主持人可让两个志愿者进来，告诉他们在这些同学里面，有一个"领袖"是动作的发出者，给他们一分钟或两分钟的时间，让他们猜猜谁是真正的"领袖"。

(5) 让猜谜的志愿者、"镜子""领袖"和其他同学分别谈谈对这个游戏的感想。

注意事项：

(1) "领袖"发出的动作要连贯，每个动作最好持续 6～10 秒，中间不能有停顿，动作变化的幅度不宜过大，例如一个刷牙动作突然变成甩手的动作，这样很容易被猜谜者看出谁是"领袖"。

(2) "镜子"反应速度要快，否则，"领袖"在换动作的时候，若"镜子"反应慢半拍，也很容易暴露"领袖"。所以主持人在选"镜子"的时候，最好找反应灵敏、视力好、个子高的同学，为及时、准确复制"领袖"的动作奠定基础。

(3) 模仿"镜子"的所有同学都要步调一致，认真复制"镜子"的动作。若有同学动作随意快或慢，会给猜谜的同学造成错觉，会对游戏造成一定的干扰，降低游戏的意义。

(4) 若猜谜的同学很长时间猜不出正确答案，主持人可随时终止游戏。

活动三：盲人走路

活动目的：帮助学生体会站在他人的角度考虑问题；让学生理解他助与自助同等重要。

活动时间：约30分钟。

活动道具: 一条通往教室门口的路线(路线中是由绳子、楼梯等构成的障碍),眼罩。

活动程序:

(1) 每个人戴上眼罩扮演盲人,先尝试独自一人穿越障碍旅程,体验盲人的无助、艰辛、甚至恐惧。

(2) 所有学生中每两个人随机组合,一个人继续扮演盲人,另一人则扮演帮助盲人的"拐棍",由"拐棍"帮助盲人完成从教室内到教室门口的充满障碍的旅程。

(3) 所有学生均扮演盲人,并两个盲人相互帮助完成这一段障碍旅程。

(4) 学生们交流: 在不同情况下,扮演不同角色时的感受。

注意事项:

(1) 可以根据实际情况从这三种"盲人"之旅中选择一种完成。

(2) 障碍旅程的设计,应该有跨越、钻圈、下蹲、上下楼梯等多种障碍。

(3) "盲人"旅行过程中不允许用语言交流,最好配置适当的背景音乐。

(4) 在角色互换的旅行中,"盲人"与"拐棍"最好不要选择同一人,以陌生的对象为好。

活动四: 环境适应能力的测验

下面共有 60 个问题,你认为"对"的请填 A,认为"不对"的请填 B。

(1) 世界上怪人多的是,一概不予理睬。

(2) 别人交谈时忍不住想插言。

(3) 总是主动向人问好。

(4) 遭人指责时,首先想到的是"讨厌"。

(5) 难以确切表达自己的意思,容易遭人误解。

(6) 对于他人不可思议的举动能够理解。

(7) 不愿与同自己不合的人交往。

(8) 在家里说话常常得不到父母的重视。

(9) 好奇心强、兴趣广泛。

(10) 遇到困难便一筹莫展。

(11) 在与同性交往中就会自如,而对异性的想法则茫然无知。

(12) 走投无路就绝望。

(13) 看到有不良嗜好的人就想加以制止。

(14) 不知道别人在想什么。

(15) 在听别人说话时,常会受到启发,不由得点头称是。

(16) 听天由命胜于一切。

(17) 以为有了好条件便能学习好。

(18) 即使因某种原因只剩下孤身一人,仍会充满信心生活下去。

(19) 自认命运多舛,反抗是无用的。

(20) 不论跟谁交谈都没有用,干脆哑口无言。

(21) 善解应用题，长于智力游戏。

(22) 听别人自我吹嘘，会觉得很无聊。

(23) 对方动气，自己也会恼火。

(24) 决定要干的事，不获成功，决不罢休。

(25) 父母为子女操劳是天经地义的事，不必感恩。

(26) 对于失败难以忘怀。

(27) 十分清楚父母对自己寄予的期望是什么。

(28) 因为有自信，而听不进别人的话。

(29) 对牛弹琴，不如不费口舌。

(30) 总是很留意别人的服装、发型。

(31) 有时觉得活着没有意思。

(32) 生气时便会揭人之短。

(33) 对自己周围环境的变化很敏感。

(34) 总觉得时间不够用。

(35) 不管别人说什么，依然我行我素。

(36) 在看电影和电视剧时，常会感动得流下泪来。

(37) 渴望躲入荒无人烟的地方。

(38) 心安理得地让父母和老师代办一切。

(39) 本想说什么，但考虑到对方的情绪，欲言又止。

(40) 对那些貌似幸福的人十分羡慕。

(41) 每天都似乎是在人的操纵下生活。

(42) 再忙也不会乱了阵脚。

(43) 自己的人生属于自己，不容他人指手画脚。

(44) 对家里人的想法漠不关心。

(45) 人的言行都是有目的的，不能简单地只作表面理解。

(46) 不同年代的人想法也不一样，因而寻求共同语言只能是徒劳。

(47) 对"好""坏"如不加区分，便一事无成。

(48) 同一个人，立场不同，自然其所讲的话也就不同。

(49) 盲目行动，不计后果。

(50) 即使想学习，也集中不了注意力。

(51) 对与自己关系亲密的人的兴趣和爱好十分熟悉。

(52) 把不能充分发挥自己才能的原因归咎于环境。

(53) 常常会有愉快的想法。

(54) 独立决定自己毕业后的去向问题。

(55) 和朋友相比，似乎总有种吃亏的感觉。

(56) 虽很有才能却得不到承认。

(57) 必要时，可以结交新朋友。

(58) 常常会因话不投机而出现冷场。

(59) 想干的事不能干，是因为父母不理解自己。

(60) 人在幸福的时候对谁都充满好意。

计分方法：

第(3)、(6)、(9)、(12)、(15)、(18)、(21)、(24)、(27)、(30)、(33)、(36)、(39)、(42)、(45)、(48)、(51)、(54)、(60)题选择 A 的得 1 分，其余各项选择 B 的得 1 分，最高得分 60 分。

分数解释：

(1) 60～50 分，个人环境适应能力较好，能在不同的环境中学习、工作、生活自如，说明适应性较强。

(2) 49～30 分，个人环境适应能力一般，应努力锻炼提高自己。

(3) 30～20 分，应考虑改善日常生活态度。

(4) 20 分以下，对环境适应能力较差，应重视自己良好个性的培养，人际交往能力要提高。

活动五：心理健康自我检测

你是否需要心理咨询？

如果你和一般人一样，那么你的心情在一生中便必然会时好时坏。精神病学家和心理学家认为，当你觉得心情太坏，无法工作，或当你的问题开始干扰你的日常生活、学习和人际交往时，便应该考虑求助于心理咨询了，但如果你只是偶然有这类感觉或行为，就不能以为有了心理问题。那么，正常的心情好坏和需要治疗的心理问题究竟有何不同呢？下面的 15 个问题可以帮助你的判断。

(1) 在新环境中，例如加入新社团时有陌生难堪或不顺利的事？

    A. 永远或大部分时间如此

    B. 从不如此

(2) 在做决定时，你是否会感到很困难，如选购一件新上衣或决定周末如何消遣时？

    A. 永远或大部分时间如此

    B. 从不如此

(3) 参与团体活动时，你是否犹豫不决？在聚会中你是否孤单地伫立一旁？

    A. 永远或大部分时间如此

    B. 从不如此

(4) 你是否满意与你关系亲近而密切的人？

    A. 永远或大部分时间如此

    B. 从不如此

(5) 在加入新社团或参加聚会之前，你是否需喝杯酒或服颗镇静剂以增加信心？

    A. 永远或大部分时间如此

    B. 从不如此

（6）你对不能控制的习惯，如吸烟或吃得太多，是否感到忧虑？

    A. 永远或大部分时间如此

    B. 从不如此

（7）你在飞机里或什么狭小的地方，是否会有无法控制的恐惧或吓得不能动弹？

    A. 永远或大部分时间如此

    B. 从不如此

（8）你出门后，是否必须再回来一次，看看房门可曾锁好，炉子可曾熄灭以及诸如此类的事。

    A. 永远或大部分时间如此

    B. 从不如此

（9）你是否常常注意自己的排尿和性器官？

    A. 永远或大部分时间如此

    B. 从不如此

（10）你是否要一个多小时才能入睡，或醒得比你希望的早一个多小时？

    A. 永远或大部分时间如此

    B. 从不如此

（11）你是否非常关心清洁，或怕被你接触的东西弄脏了或怕弄脏了你所接触的东西？

    A. 永远或大部分时间如此

    B. 从不如此

（12）你是否觉得前途无望，或曾想伤害自己或自杀？

    A. 永远或大部分时间如此

    B. 从不如此

（13）你曾否看到、听到或感觉到他人觉察不到的东西？

    A. 永远或大部分时间如此

    B. 从不如此

（14）你是否认为你有高超的能力，或认为别人用高超的能力来对付你？

    A. 永远或大部分时间如此

    B. 从不如此

（15）你做经常做的事，诸如打扫宿舍或做家务，是否请求别人的赞成或鼓励？

    A. 永远或大部分时间如此

    B. 从不如此

计分方法：A 计 1 分，B 计 0 分。

深呼吸然后看答案：

分数为 5 分以下：心理正常，不需要治疗。

分数为 6～9 分：在表达感情上有问题或对自己缺乏信心，如果想改变这类感觉或行为，心理治疗可能有效。

分数为 10～15 分：问题已干扰了日常生活，应该立刻去请教心理专家，若需治疗，越早越容易。

▦ 心理加油站

我为什么总是留恋中学时代?

以下是一所高职学校一年级新生王某与咨询师的对话。

"老师,我是刚刚入学不久的一年级新生。进大学前,幻想着大学生活浪漫、幸福,可是来到学校后却觉得人地两生。特别是到了周末、假日,看到当地同学陆续回家或与老同学团聚,我的思乡之情油然而生。我是多么留恋过去的中学时代、同学、朋友、熟悉的生活环境,甚至后悔不该报考外地的学校。我觉得大学还不如过去的中学时代好,人长大了上了大学但生活却没什么意思,还不如少年时代好玩。老师,您说我这种心理是不是不正常呀?"

"你的这种心情,每年入学的新同学中都有,是大学新生经常遇到的心理问题。心理学上称之为'回归心理',具体表现为:迷恋过去,有一种希望回到过去的心态,主要是由于对大学生活不适应,对新环境的陌生而造成的,由于人地两生,而特别留恋过去,想回到过去那个熟悉而亲切的环境中去。你的心态也是这种回归心理的表现。"

"老师,我的这种心理正常吗?有没有办法改变呢?"

"'回归心理'应当说是一种正常的心态。每个人,尤其是第一次离家的年轻人更容易产生这种心态。因为还没有与新同学建立起友好熟悉的关系,对新环境中的一切都没有对自己家乡那种亲切、熟悉和热爱的感觉,如果遇到一些挫折或不愉快的事情,这种回归心理还会增强。这就是为什么大一的新生普遍比高年级的学生与中学时的同学联系得多的原因。

"回归心理"应该说是一种正常的心理状态,但是如果长期处于一种怀旧、留恋过去的心理状态中,会造成学习上的不安心理,甚至夜不能眠,形成阻碍学习的心理压力。对于入学存在这种心态的新生,应尽快熟悉新环境,克服"回归心理"。具体建议如下。

(1) 找老乡谈心。首先了解一下学校里有哪些老乡。当你思乡心切,或在节假日感到孤独的时候,可以找他们聊聊,拉拉家常,谈谈家乡的变化和趣事,或相邀到附近的旅游区参观,在一定程度上可以缓解你的思乡之情。

(2) 多与同学接触。俗话说,一回生、二回熟,三回成朋友。再要好的朋友,开始也是陌生人。人际交往有"自我循环"的特性:越是不敢交往,陌生感越是强烈;越是不怕陌生,越是敢于同陌生人接触,陌生感越是消失得快。特别是在与同学的交往中,互相交流下从中学到大学的感受,你会发现,很多情感、心理活动是一样的,包括人来到一个陌生的新环境,一时的不适应是很正常的,从不适应到适应,人人都要经历这个过程。懂得这个过程有利于"回归心理"的调控。

(3) 培养业余爱好。整天紧张的学习生活会使人感到生活单调乏味,培养一下业余爱好,如下棋、画画、音乐、跳舞等,不仅能调剂枯燥的学习生活,还可以和周围同学更快地熟悉起来,从而结交一些新朋友。在周末或节假日积极参加丰富多彩的课余活动,可以

消除孤独和寂寞。

(4) 与老同学、老朋友或家人及时交流信息、沟通思想、介绍新环境中的人和事，可减轻思乡、怀旧的情绪。

能力检测

一、心灵房—树—人

基本工具：A4 白纸、2B 铅笔、橡皮、油画棒。

目的：挖掘自己心中未知的潜能，发现自身的局限。

程序：请在这张纸上画一间房子、一棵树和一个正在做某一个动作的人。尝试去画一个完整的人，不要画漫画或火柴人。

二、心理案例分析

1. 药家鑫驾车撞人后又将伤者刺了八刀致其死亡

新华社西安 2011 年 6 月 7 日电　经最高人民法院核准，故意杀人罪犯药家鑫于 2011 年 6 月 7 日在陕西省西安市被依法执行死刑。

最高人民法院经复核认为，被告人药家鑫开车撞倒被害人张妙后，又持刀将张妙杀死，其行为构成故意杀人罪。药家鑫仅因交通肇事将被害人撞倒后，为逃避责任杀人灭口，持尖刀朝被害人胸、腹、背部等处连续捅刺数刀，将被害人当场杀死，其手段特别残忍，情节特别恶劣，后果特别严重，属罪行极其严重。

思考：药家鑫作为一名音乐学院的在校大学生，在交通肇事事件发生后，不是关心被害人张妙的伤情，而是想着如何逃避责任，这一事件让我们想到了什么？

上述事件告诉我们要关注校园心理健康问题，校园心理问题已经成为威胁大学生发展的第一公敌。请思考，你有过心理困惑吗？你是否处于亚健康状态？

2. 留日男生浦东机场捅母亲 9 刀

2011 年 4 月 1 日晚，上海浦东国际机场到达大厅，赴日留学 5 年的 23 岁青年汪某对前来接机的母亲顾某连刺 9 刀，致其当场昏迷。事后，汪某被警方刑拘，顾某 4 月 8 日才从特护病房转入普通病房。对于行凶原因，汪某称，母亲表示不会给他钱，"还说要钱的话就只有一条命了"这种话，我脑子一下子空白，冲上去就捅了她"。但顾某否认他们当晚曾因学费发生争执。

思考：汪某为什么对母亲狠下毒手？请分析造成儿子连刺母亲这一悲剧的根本原因。

3. 川大学生因被嫌丑杀人

2010 年 3 月 30 日晚，四川大学公共管理学院 2008 级信息资源管理专业本科生曾世杰手持刀具，在校园内制造了 1 死 2 伤的惨案。成都市人民检察院经依法审查查明，被告人曾世杰自感因家庭经济条件不好及自身相貌等原因受到他人歧视，产生了杀人泄愤的念头，于 2010 年 3 月 30 日 21 时许，携带事先准备的尖刀，到四川大学江安校区环形大道北段路旁，先将本校学生被害人唐某刺伤后，又将被害人彭某当场杀死。随即，被告人曾世杰又窜至四川大学江安校区建筑与环境学院楼后的"沫溪"旁，持刀捅刺被害人张某，被害人张某被刺伤后立即与其搏斗并将被告人曾世杰控制，曾世杰被闻讯赶至的保安和警察捕获。

在曾世杰向法院提交的个人陈述中，有这样一段内心自述。"自己上大学后因为相貌、经济方面原因受到很多人的嘲笑与歧视，加之性格内向，不爱与人交谈，遇到什么事都爱憋在心里，时间长了以后，便产生了特别强烈的抑郁感与自卑心理。经常在寝室里发呆，也经常藏在被窝里掉眼泪，严重到了一天只吃一顿饭，晚上才敢出去的境地。同时，成绩也一落千丈，甚至考试都不敢去了。白天遇见人时也从来不敢抬头，但还是逃不掉别人的歧视与取笑。想到无法面对家人时便极度自责与怨恨，对取笑我的人产生了极度的愤恨心理，只能在痛苦与怨恨的伴随下度过每一天。到后来严重到感觉所有人看我的眼神、与我交谈时的表情都是在取笑我。"

思考： 曾世杰的悲剧是什么原因造成的？如果在我们的身边出现了这样的同学，我们可以怎样做呢？

项目二 优化性格，成就人生
——大学生良好性格塑造

知识目标：熟悉气质、性格的概念；理解气质与性格的联系与区别；掌握优化性格的方法。

能力目标：了解自己的气质类型与性格特点，在此基础上优化性格，成就魅力人生。

【案例导入】

有位美国记者采访晚年的投资银行家 J.P.摩根(John Pierpont Morgan Sr.)，问："决定你成功的条件是什么？"老摩根毫不掩饰地说："性格。"记者又问："资本和资金何者更为重要？"老摩根答道："资本比资金重要，但最重要的还是性格。"

确实，翻开摩根的奋斗史，无论他成功地在欧洲发行美国公债，采纳无名小卒的建议大搞钢铁托拉斯计划，还是力排众议，甚至冒着生命危险推行全国铁路联合，都由于他倔强和敢于创新的性格，如果排除这一条，恐怕有再多的资本也无法开创投资银行这一伟大的事业。

1998 年 5 月，华盛顿大学 350 名学生有幸请来世界巨富沃沦巴菲特和盖茨演讲，当学生们问道："你们怎么变得比上帝还富有？"这一有趣的问题时，巴菲特说："这个问题非常简单，原因不在智商。为什么有些聪明人会做一些阻碍自己发挥全部工效的事情呢？原因在于习惯、性格和脾气。"盖茨表示赞同。无论是在工作和生活中，都是性格决定命运，性格好比是水泥柱子中的钢筋铁骨，而知识和学问则是浇筑的混凝土。

请思考：性格对一个人有怎样的影响？

【心理讲堂】

第一节 气 质

一、气质的概念

在日常生活中，气质常用来描述一个人整体表现出来的心理特征，如说某人气质不错、某人具有艺术气质等。而在心理学中，气质是指人的心理活动的稳定的动力特征，主要表现在心理活动的强度、速度、稳定性及其指向性等方面。这些相对稳定的心理动力特征相互联系和相互作用，使人的日常活动带有一定的倾向性色彩，因而具有浓郁的个人色彩。

气质是与遗传相关的，个体一出生即表现出气质方面的差别。例如，有的新生儿活泼好动、哭声响亮，而有的新生儿则比较安静、哭声较小。新生儿的这种特征在其以后的生活、学习、工作和人际交往中都会有所体现。气质在很大程度上受到了先天遗传因素的影响，它只是为个性的形成和发展提供了自然基础，而后天在成熟和环境的影响下，个体在生长发育过程中的气质也会发生改变，所以我们说气质也有一定的可塑性。

二、气质的类型

按照气质的不同特征的不同组合，可以把人的气质分成几种不同的类型，希波克拉底是最早划分气质类型并且提出气质类型学说的人。

(一)古希腊体液说

古希腊医生希波克拉底(公元前 460—前 377 年)很早就观察到人有不同的气质，他认为人体内有四种体液：血液、黏液、黄胆汁和黑胆汁，并根据人体内的这四种体液的不同配合比例，将人的气质划分为以下四种不同类型。

(1) 多血质：喜欢活动，体液中血液占优势。

(2) 黏液质：冷静、善于算计，体液中黏液占优势。

(3) 胆汁质：易怒、动作激烈，体液中黄胆汁占优势。

(4) 抑郁质：神经过敏，易于郁闷，体液中黑胆汁占优势。

这种学说缺乏生理支持，但气质的这四种类型名称被沿用下来。事后还有人将气质归因于体型、内分泌腺或血型的差异，但仍然不能令人信服。

(二)巴甫洛夫的高级神经活动类型学说

巴甫洛夫关于高级神经活动类型的学说，科学地解释了气质的机制。通过大量的实验研究，巴甫洛夫发现高级神经活动的基本过程包括兴奋过程和抑制过程。两个过程的作用相反，但却又相互依存和转化。这两个过程有三个基本特性：强度、平衡性和灵活性。其中，神经过程的强度是指大脑细胞的工作忍耐力，有强弱之分。神经过程的平衡性是指兴奋过程和抑制过程之间的强度关系，有平衡和不平衡之分。神经过程的灵活性是指兴奋过程和抑制过程之间转换的速度，有灵活与不灵活之分。这三种特性的独特结合构成了四种高级神经活动类型，即活泼型、安静型、兴奋型和抑制型。巴甫洛夫认为，神经系统的类型是气质的生理基础，并可分别与希波克拉底的四种气质类型相对应，四种气质类型即四种典型的高级神经活动类型的行为表现，即兴奋型相当于胆汁质，活泼型相当于多血质，安静型相当于黏液质，抑制型相当于抑郁质，如表 2-1 所示。

在现实人群中，多数人往往是接近于某种气质而又兼有其他类型的混合型或介于各类型之间的中间型。这四种气质类型，在日常生活中虽然有典型的代表人物，但大多数人都是属于混合型的，如胆汁—多血质、胆汁—黏液质、多血—胆汁质、多血—黏液质、多血—抑郁质、黏液—胆汁质、黏液—抑郁质等。各种气质类型，都是先天和后天的"合金"。因而，它总是随着人的年龄和经历的发展变化而变化的。

表 2-1 高级神经活动类型与气质类型对照表

气质类型	神经过程的特征	高级神经活动类型	主要心理特征
多血质	强、平衡、灵活	活泼型	活泼好动，敏捷乐观，喜欢与人交往，注意力易转移，兴趣易变换，具外倾性
胆汁质	强、不平衡	兴奋型	直率热情，精力旺盛，情绪易于冲动，心境变化强烈，具外倾性
黏液质	强、平衡、不灵活	安静型	安静、稳定、迟缓、有节制、情绪不外露、注意力稳定但难转移
抑郁质	弱、不平衡、不灵活	抑制型	孤僻、胆小，柔弱易倦，感觉细腻，多愁善感，具内倾性

我们每个人在做事情的时候总是要受到气质的影响，所以我们把气质比喻为生命的底色。

三、气质的实践意义

(一)气质本身没有社会评价意义，只是给个体行为渲染上特定色彩

气质本身并没有善恶、好坏之分，每种气质都有其积极的一面，也有消极的一面。例如，胆汁质的人直率热情，精力旺盛，反应迅速而有力，但脾气易暴躁，冲动性强，准确性差；多血质的人情感丰富，反应敏捷，容易接受新鲜事物，但他们的情绪不稳定，精力容易分散，浮躁而不够踏实；黏液质的人安静稳定，自控力强，能忍耐，但对周围事物的反应过于冷淡和缓慢；抑郁质的人情感体验深刻而稳定，观察敏锐，办事细致，但又过于多愁善感，行为孤僻，反应迟钝。

人的气质的特点会使个人行为涂上某种特定的色彩，但气质特点并不决定一个人的道德水平。实际上任何一种气质类型的人都可能成为品德高尚的人，也可能成为行为卑劣的人。

(二)气质并不能决定一个人活动的社会价值和成就高低

任何一种气质类型的人都可能成为有所作为的人，也可能成为一事无成的人。例如，俄国四位著名的文学家就是四种不同气质类型的代表：普希金属于胆汁质，赫尔岑属于多血质，克雷洛夫属于黏液质，果戈理属于抑郁质，四人虽然气质类型各不相同，但却并不影响他们在文学上取得同样杰出的成就。

(三)气质具有稳定性和可塑性

气质类型是由神经过程的特点决定的，而神经过程的特点主要是先天形成的，所以，遗传素质相同或相近的人，气质类型也比较接近。一个人的气质类型在一生中是比较稳定的，但也不是一成不变的。如果在童年时期生活条件极为恶劣，或者在成年时期遇到了重大的生活事件，可以导致人的气质发生显著变化。但是这种变化过程是很缓慢的，甚至当

条件适宜时原来的面貌还会得到恢复。所以，有人说气质的变化可能只是一种被掩盖的现象，俗话说的"江山易改本性难移"，就是这个道理。

(四)气质类型影响性格特征形成的难易和对环境的适应

性格主要是在后天环境中形成的。不同气质类型的人，在形成某些性格特征的时候比较容易，但在另外某些性格特征的形成上就比较困难。例如，胆汁质的人容易形成果断、勇敢、热情的性格特征，但在形成善于控制自己情绪的性格特征上则相对困难；多血质的人容易形成机智开朗的性格特征，但在形成耐心细致的性格特征上则相对困难。

环境是在不断变化的，遇到变化的环境，一个人怎样应付，这是对一个人适应能力的考验。一般来说，多血质的人反应灵活，容易用很巧妙的方法应付环境的变化；黏液质的人常用自控忍耐的方法应对环境的变化，也能达到目的；胆汁质的人脾气暴躁，在不顺心的时候容易产生攻击行为，造成不良后果；抑郁质的人过于敏感，较为脆弱，容易受到伤害，感受挫折。相对而言，后两种类型的人在适应环境方面需要更多自身的调适以及他人的帮助。

(五)气质类型可以作为人际交往特别是因材施教的重要参考

人的气质的特点会使个人行为涂上某种特定的色彩，面对同样的情境，不同气质类型的人的心理活动各有特点。因此，在和不同气质类型的人相处时，应当采取适合该气质类型的方式进行人际交往。特别是教育工作者在对学生进行文化知识传授或良好个性品质塑造时，更要注意因材施教。例如，对抑郁质的学生，应多给予关心和鼓励；对胆汁质的学生，要注意说服教育，切忌采取粗暴方式"硬碰硬"；对多血质的学生，鼓励其多花点时间思考，避免一蹴而就；对黏液质的学生，尊重其按照自己的计划完成学习任务，并在此基础上鼓励其更好地适应多种变化。

(六)气质类型可能影响人的活动效率，可作为个体职业选择的参考依据之一

气质在人的实践活动中不起决定作用，但有一定的影响，主要表现在可能影响活动的效率。例如，要求作出迅速灵活反应的工作，具有多血质和胆汁质的人比较合适，而具有黏液质和抑郁质的人则较难胜任。反之，要求持久细致的工作，具有黏液质、抑郁质的人较为合适，而具有多血质、胆汁质的人又较难适应。显然，为了提高工作效率，对不同职位和岗位的员工的气质特性就要提出特定的要求，有些特殊工种还有其特殊要求，否则是难以适应和胜任的。因此，气质类型可以作为个体作出职业选择的一个依据。

一般来说，大多数工作对从业人员的气质要求并不是很严格，但如果了解气质与职业之间的匹配关系，则可以根据自身气质类型的特点选择适合自己的职业或岗位，这就有可能提高工作效率，并在工作中发挥自己的优势。当然，作出正确的职业选择还需综合考虑兴趣、性格、价值观和企业文化等多种因素。气质类型与职业选择的关系只是相对而言的，许多职业，例如教师，各种不同气质类型的人都可以从事，并且都有机会取得很好的成就。每一位求职者应从自己的实际气质特征出发，认真考察职业气质要求与自身特征的

对应关系，选择那些能使自己气质的积极方面得到发挥的职业与岗位，避开消极的一面。

在本项目的"心理训练营"中提供有气质类型测试问卷，可以帮助你在一定程度上了解自己的气质类型。

第二节 性 格

一、性格的概念

性格不是先天具有的，而是在后天的长期社会生活和劳动实践中，在环境和教育影响下逐步形成的。在心理学上，通常把性格理解为个人对现实的稳定态度以及习惯化的行为方式。例如，一位大学生在各种场合都表现得热情、谦虚、严于律己、乐于助人。这种对人、对己、对事的稳定态度和习惯化的行为方式，就是这位大学生的性格特征。

值得注意的是，在某种情况下，那种属于一时的、情境性的、偶然的表现，不能构成人的性格特征。例如，一向对人热情的某位同学，因为家里突发变故自己一时无法接受，而对其他同学表现出冷淡的态度，就不能说这个同学具有为人冷漠的性格特征。也就是说，性格必须是经常出现的、习惯化的、从本质上最能代表一个人个性特征的那些态度和行为。在《三国演义》中，正是由于诸葛亮掌握了司马懿多疑寡断的性格，才敢于施展"空城计"。

二、性格结构

性格具有十分复杂的心理结构，它包含着各个侧面，并在每个个体身上形成了独特的组合。心理学上一般将性格结构分为四个组成部分：性格的态度特征、意志特征、情绪特征和理智特征。

(一)性格的态度特征

人对现实的态度体系是性格最主要的组成部分，也是性格最直接的表现，与人的社会属性密切相关，具体可分为三个方面，如表 2-2 所示。

表 2-2 性格的态度特征及其主要表现

性格的态度特征	积极的特征表现	消极的特征表现
对社会、集体和他人的态度特征	爱祖国、关心社会、热爱集体、乐于助人、待人诚恳、正直、具有社会责任感等	不关心社会与集体，缺乏社会公德，为人冷漠、自私、虚伪等
对工作和学习的态度特征	认真细心、勤劳节俭、富有首创精神等	马虎粗心、拈轻怕重、因循守旧等
对自己的态度特征	严于律己、谦虚谨慎、自强自尊等	放任自己、骄傲自大、自负、自卑等

(二)性格的意志特征

性格的意志特征是指人在对自己行为的自觉调节方式和水平方面的性格特征，主要表现为四个方面，如表 2-3 所示。

表 2-3　性格的意志特征及其主要表现

性格的意志特征	积极的特征表现	消极的特征表现
对行为目的明确程度的意志特征	独立性、目的性、纪律性等	冲动性、盲目性、散漫性等
对行为自觉控制的意志特征	自制、主动等	任性、盲动等
对自己作出决定并贯彻执行方面的意志特征	恒心、坚韧等	见异思迁、半途而废等
在紧急或困难情况下表现出来的意志特征	勇敢、镇定、果断等	胆小、紧张、犹豫等

(三)性格的情绪特征

性格的情绪特征是指人在情绪活动中经常表现出来的强度、稳定性、持久性和主导心境方面的性格特征，具体表现如表 2-4 所示。

表 2-4　性格的情绪特征及其主要表现

性格的情绪特征	基本内涵	主要表现
强度特征	人的情绪对工作和生活的影响程度和情绪受意志控制的程度	有人情绪反应强烈、明显，易受感染；有人反应微弱、隐晦，不易受感染
稳定性特征	情绪的起伏和波动程度	有人情绪稳定；有人情绪易波动
持久性特征	情绪对人身心各方面影响的时间长短	有人情绪产生后很难平息；有人情绪虽来势凶猛但转瞬即逝
主导心境	不同的主导心境在一个人身上表现的稳定程度	有人终日精神饱满、乐观开朗；有人整日愁眉苦脸、郁闷悲观

(四)性格的理智特征

性格的理智特征是指人在认知过程中的性格特征，包括感知、思维、记忆和想象方面表现出来的特征，具体表现如表 2-5 所示。

表 2-5　性格的理智特征及其主要表现

性格的理智特征	主要表现
感知方面	有人观察精细，有人观察粗略；有人观察敏锐，有人观察迟钝等
思维方面	有人善于独立思考，有人喜欢人云亦云；有人善于分析，有人善于综合等
记忆方面	有人记忆敏捷，过目不忘；有人记忆缓慢，需反复记忆方能记住；有人记忆牢固且难以遗忘；有人记忆不牢且遗忘迅速等

续表

性格的理智特征	主要表现
想象方面	有人想象丰富、奇特，富有创造性；有人想象贫乏、狭窄；有人想象主动，富有情感色彩；有人想象被动、平淡寻常等

三、性格的类型

性格的类型是指一类人身上所共有的性格特征的独特结合。按一定原则和标准把性格加以分类，有助于了解一个人性格的主要特点和揭示性格的实质。心理学家们曾经以各自的标准和原则，对性格类型进行了分类，下面是几种有代表性的观点。

(一)机能类型说

英国心理学家培因(A.Bain)等依据智力、情绪和意志三种心理机能在人身上所占的优势，把性格分为理智型、情绪型和意志型。理智型者依冷静的理性思考而行事，以理智来支配自己的行动；情绪型者不善于思考，凭感情办事；意志型者目标明确，行为主动，追求将来的憧憬。

(二)向性说

瑞士心理学家卡尔·古斯塔夫·荣格(Carl Gustar Jung)是向性说的代表人物。他从心理活动倾向性上划分，将性格分为内倾型和外倾型。个体心理能量的活动倾向于外部环境，就是外倾型的人。外倾型的人重视外界，爱社交、活跃、开朗、自信、勇于进取、兴趣广、易适应环境。个体心理能量的活动倾向于自己，就是内倾型的人。内倾型的人重视主观世界、好沉思、善内省、常自我欣赏和陶醉，孤僻、缺乏自信、害羞、冷漠、寡言、较难适应环境的变化。外倾型和内倾型是性格的两大态度类型，也就是个体对特有情境反应的两种态度或方式。

在此基础上，荣格从感觉、思维、情感和直觉四种基本机能方面推演出八种性格类型。感觉告诉你存在着某种东西；思维告诉你它是什么；情感告诉你它是否令人满意；直觉则告诉你它来自何处和向何处去。一般而言，直觉在荣格看来是允许人们在缺乏事实材料的情况下进行推断。按照两种态度类型与四种机能的组合，荣格描述了八种性格类型，如表2-6所示。

荣格并非截然地把人格简单划分为八种类型，他的心理类型学只是作为一个理论体系用来说明性格的差异，在实际生活中，绝大多数人都是兼有外倾型和内倾型的中间型。纯粹内倾型的或纯粹外倾型的人是没有的，只有在特定场合下，由于情境的影响而导致其中一种类型占优势。每个人也能同时运用四种心理机能，只不过个人的侧重点不同。此外，外倾型和内倾型也并不影响个人在事业上的成就。荣格的类型理论已广泛地应用到教育、管理、医学和职业选择等领域，因这种划分带来了使用上的方便。现在已有许多研究证实内外倾是性格的主要特质，心理学家还编制了测量内外倾的量表。

表 2-6　荣格性格类型

性格类型	性格特点
外倾思维型	既外倾，但又偏向于思维。其思想特点是一定要以客观资料为依据，以外界信息激发自己的思想过程。情感压抑，缺乏鲜明的个性，甚至表现为冷淡和傲慢等性格特点
内倾思维型	既内倾，又偏向于思维功能。其除了思考外界信息外，还思考自身的精神世界。情感压抑、冷漠、沉溺于幻想、固执、刚愎和骄傲等性格特点
外倾情感型	既外倾，又偏向于情感功能。其情感符合于客观情境和一般价值。其思维压抑、情感外露、好交际、寻求与外界和谐
内倾情感型	既内倾，又偏向于情感功能。其感情由内在的主观因素所激发。其思维压抑、情感深藏、沉默、力图保持隐蔽状态、易忧郁
外倾感觉型	既外倾，又偏向于感觉功能。其头脑清醒，积累外部世界的经验，对事物并不过分地追根究底。寻求享乐、追求刺激、情感浅薄、直觉压抑
内倾感觉型	既内倾，又偏向于感觉功能。他们远离外界，常沉浸在自己的主观感觉世界中。其知觉深受心理状态的影响，艺术性强，直觉压抑
外倾直觉型	既外倾，又偏向于直觉功能。他们力图从外界中发现各种可能性，并不断寻求新的可能性。这种人可以成为新事业的发起人，但不能坚持到底
内倾直觉型	既内倾，又偏向于直觉功能。他们力图从精神现象中发现各种可能性。不关心外界事物，脱离实际、善幻想，观点新颖，但有点稀奇古怪

(三)独立—顺从说

美国心理学家威特金(H. A. Witkin)等人根据场的理论，将人的性格分为场独立型和场依存型。场独立型的人不易受环境因素的影响，具有独立判断事物、发现问题、解决问题的能力，同时具有较强的应激能力；场依存型的人倾向于以外在参照物作为信息加工的依据，易受环境或附加物的干扰，常不加批评地接受别人的意见，应激能力差。

需要说明的是，两个性格特点各有优劣。在某些方面，场独立型的人占有优势，而在另一方面，则是场依存型的人占有优势。例如，场独立型的人具有较强的判断能力和自主性，在理性思维方面较为出色，但社会敏感度和社交技能往往偏低；而场依存型的人能很快觉察环境中微妙的人际信息，从而作出最恰当的反应，所以往往社交能力出众。

(四)社会生活类型说

德国心理学家斯普兰格(E. Spranger)按照人的价值观和行为，把人的性格分为经济型、理论型、社会型、审美型、宗教型和政治型 6 种类型，如表 2-7 所示。

表 2-7　斯普兰格性格类型

性格类型	性格特点
经济型	以经济的观点看待事物，从实际效果来判断事物的价值，以获得财产、追求利润为生活目的

续表

性格类型	性格特点
理论型	冷静而又客观地观察事物，根据自己的知识体系来判断事物的价值，但遇到实际问题时无法处理。以追求真理为生活的目的
审美型	不大关心实际生活，而是从美的角度来判断事物的价值
宗教型	相信宗教，有感于圣人相救之恩，坚信永存的绝对生命
政治型	重视权力，并努力去获得权力，总想指挥别人或命令别人
社会型	重视爱，以爱他人为其最高价值，有志于增进他人或社会的福利

在现实生活中，某个人的性格往往是多种类型特点的组合，但常以一种类型为主。

四、气质与性格的关系

气质与性格是既有联系又有区别的两个概念。

(一)气质与性格的联系

气质会影响性格的形成与发展速度，不同气质的人要形成同一种性格特征，其速度是不一样的。例如，要形成果断的性格特征，胆汁质的人比较容易，抑郁质的人则比较困难；而要形成细心的性格特征，胆汁质的人往往需要较大的努力，而抑郁质的人则比较容易。

气质可以渲染性格，使性格带上某种气质的独特色彩。例如，同样是助人为乐的性格特征，四种气质类型的人的具体表现可能不尽相同，胆汁质的人雷厉风行，主动提供帮助；多血质的人行动敏捷，感情明显外露；黏液质的人默默无闻地去为他人做事，不大会张扬；抑郁质的人则可能要等到对方提出请求后才提供帮助。

性格可以在一定程度上掩盖和改造气质，使它服务于生活实践的要求。例如，要想成为一名合格的领导，需要具备一定的语言表达能力。在经过实践活动的锻炼后，一个黏液质的职员有可能掩盖和克制自己内向、安静的气质特征，成为一个健谈、合群而富有感染力的人。

(二)气质与性格的区别

从起源上看，气质是先天的，一般产生在个体发生的早期阶段，是以高级神经活动类型差异为基础的自然属性；性格主要是后天的，个体发展到一定阶段才会出现，是人在社会生活中生物遗传因素与社会环境因素相互作用的产物，反映了人的社会属性。

从可塑性上看，气质变化较慢，可塑性较小，即使改变，也较困难；而性格的可塑性较大，受社会环境中众多因素的影响，改变起来相对较易。

从性质上看，气质没有好坏之分，每一种气质都有积极的一面，也有消极的一面；而性格则有好坏之分，体现着一个人的社会性和道德性。

从对活动的影响来看，气质影响个体活动的方式，而性格则主要影响个体活动的内容。

五、影响性格的因素

性格不是与生俱来的,它是在遗传与环境的交互作用下逐渐形成的。性格的形成和发展折射着一个人的生活经历,并受到来自多方面因素的制约。影响性格形成与发展的因素主要有以下几个方面。

(一)生物遗传因素

生物遗传因素是指机体的遗传因素和后天形成的某些生理特点,主要有神经类型、运动系统、感知系统、内分泌系统的特点以及生理倾向等。一个人性格的形成与发展有着深刻的生物学根源。

(二)家庭环境因素

家庭是个体出生后的第一个生存环境,是个体社会化的重要场所,个体性格形成的关键期在这一环境中度过,可以说它对性格的发展起着先导作用,个体总是经由家庭教育才到学校教育、社会教育,以至于自我教育。家庭对性格的影响是通过父母的养育态度、家庭气氛、家庭结构特点以及家庭的社会经济地位来实现的。

(三)学校教育因素

学校教育是一种特殊的社会影响,对学生性格的形成与发展具有重要影响。教师的人格特点和教育方式对学生的性格发展具有重要作用。另外,学校的集体生活等对学生的纪律性、组织性、自制性和责任感等性格形成都有一定的影响。

(四)社会文化因素

社会文化因素主要包括文化背景、社会背景和社会经济地位等,也对个体性格的形成和发展有着深刻的影响。

(五)自我因素

自我因素是个体的主观因素。人的性格是在实践活动中形成和发展起来的,任何环境因素都要通过人已有的心理发展水平和心理活动才能发挥作用。来自社会环境的各种因素,首先要为个体所接受和理解,才能转化为需要和动机,才能推动他的行为,而个体已有的理想、信念和世界观对其接受什么样的社会影响起决定作用。

六、性格与职业选择

根据气质类型特点选择职业可以提高工作效率,同样,性格也会影响一个人职业发展的前景。心理学研究表明,不同的职业对从业者的要求是不同的。例如,从事教师职业的人要求为人乐观、有亲和力、耐心、正直、责任心强、冷静自信;从事广告职业的人要求

聪明、敏锐、富有创造力；从事科学研究的人必须认真、严谨、独立自信、敢于怀疑、富有批判精神和创新意识。

一般来说，性格影响着一个人对职业的适应性，一定的性格适宜从事一定的职业。例如，某科技公司的小张，性格外向，乐于助人，擅长与人沟通，让他坐下来从事技术研究工作，虽然他兢兢业业，全身心投入，可是工作业绩却非常一般；后来领导把他调到销售代表的位置上后，工作如鱼得水，取得了很突出的成绩。有一句话叫"给老虎一座山，给猴子一棵树"，也是谈的性格与职业的匹配性。人们常说"性格决定命运"，其实也决定事业成败。性格对一个人的职场成功有很大的影响。如果一个人从事的职业与他的性格相适应，工作起来就会得心应手，心情舒畅，容易取得成功；如果性格与职业不相适应，这种性格就会阻碍工作的顺利进行，使从业者感到被动，缺乏兴趣，容易倦怠，力不从心，工作上成功的概率也会相对较小。

虽然许多工作对性格品质有着特定的要求，如果选择某一职业需要具备这一职业所要求的性格特征。但是，性格在很大程度上来源于后天的培养，并不是无法改变的，每个人在社会中都会因为种种原因而改变自己的一些性格特征，也许这种改变会让人意外发现自己的潜力。另外，人的性格并不能决定他的社会价值与成就水平。当发现自己的性格与职业的匹配度不高时，可以通过个人努力来弥补。当然，一个人在自己性格适宜的职业中，如果不努力也不会成功。

第三节　大学生性格优化

相信每位大学生都有自己的梦想，都渴望自己能书写辉煌的人生篇章。如何才能书写辉煌的人生篇章呢？除了可望而不可即的机遇和天赋之外，更重要的是自身的性格。

美国心理学家特尔曼(L. M. Terman)曾主持开展了对 1528 名天才儿童进行的长达 50 年的追踪研究。1921 年，特尔曼从幼儿园、小学和中学选拔了 1528 名高智商的儿童和少年，这些小神童平均智商 151 分，其中 80 人智商高于 170 分。特尔曼与他的助手们为这些小神童每人都做了十分详细的卡片，每隔 5 年，对这些小神童进行一次追踪调查，一直追踪了 50 年。

1950 年，超常儿童中的 800 名男性平均年龄 40 岁时，特尔曼将他们与随机抽取的 800 名男性作了对照研究，发现天才组共出版了著作 67 种，发表学术论文 31 400 多篇，文学作品 2000 多篇，有 47 人被列入《美国科学家年鉴》。就总的贡献和成就而言，天才组远远高于随机抽样选出的 800 名男性，几乎多 10～20 倍。但天才组中也有 20%的人没有超出一般人的成就，常人中也不乏获得高成就者。由此，特尔曼得出第一条结论：智力与成才具有重要相关性，但不具备完全相关性。

特尔曼又对天才组的 800 名男性按成就大小排序，对成就最大的 160 人与成就最小的 160 人进行比较，发现两组被试者在智力上相差不大，但个性品质上却差别很大，特别是在进取心、自信、坚持性、献身精神、超人勤奋、不屈不挠、坦率和诚恳等方面，高成就组十分突出，而低成就组基本不具备。这样，特尔曼得出了第二条结论，即性格品质与成

才具有密切相关性。

两条来之不易的结论表明：能力、智力对于成才是重要的，但性格品质则是关键的，具有决定性作用。

这两条看似平凡的结论轰动了世界，动摇了人们的传统认识。世界上不少国家纷纷做实验证实，研究结果均支持了特尔曼的结论。

心理学的研究表明，性格品质与成才具有密切相关性。而我们的谚语也说："播种行为，收获习惯；播种习惯，收获性格；播种性格，收获命运。"性格是决定一个人成功与否的关键因素。成也性格，败也性格；好性格能成就你的一生，而坏性格可能毁掉你的一生。所以要将我们的人生书写得更加辉煌灿烂，优化性格是一项很重要的举措。

优化性格，就是从认识和了解自己的性格入手，把握自己性格的优势和劣势。对自己的优良性格发扬光大，对不利于自己成才的缺陷性格逐渐改正。

一、认识和了解自己的性格

1. 外向性格的经验判别

(1) 能快速适应新环境；

(2) 喜欢参加社交活动；

(3) 在众人之中不会感到不安或陌生；

(4) 能经常保持对周围事物变化的注意；

(5) 能随不同场合调整自己的态度与行动方式；

(6) 社交范围广，朋友多，泛泛之交；

(7) 自己一个人独处容易不安；

(8) 行动快速但思考不深；

(9) 很容易仓促地作决定；

(10) 经常未经评估就采取行动。

2. 内向性格的经验判别

(1) 重视主体性与自我；

(2) 在乎自己的习惯与思想；

(3) 喜欢自我反省；

(4) 对周围环境的变化观察敏锐；

(5) 交友范围狭窄，但亲密的朋友则深交；

(6) 只有在很亲近的朋友面前才能放得开；

(7) 不喜欢追随别人的做法；

(8) 不习惯与陌生人接触；

(9) 适应新环境需用较多的时间；

(10) 与人交往时倾向于采取被动的姿态。

此外，还可以通过与同龄人比较、自我反省和征求他人意见等方法全面客观地认识自

己的性格。最重要的是要坚持唯物、辩证的观点，结合自己生活实践，既要充分发现自己的长处、优点，也要认清自己的短处与不足，只有这样，才能扬长避短，把握自己，取得更大的进步。

二、优化性格的目标与方法

性格优化的重要目的就是要克服不良性格，实现从不良性格向优良性格的转变。而这一点不是很容易就能做到的，它需要有一个长期努力的过程，还需要有比较恰当的转化途径。

(一)抓住重点，优化成才心理品质

在中等智力水平基础上，人格因素中正确的自我意识、追求高目标、责任感、恒心毅力和自控力这五项因素是对大学生成长起决定性作用的因素。

第一，要培养正确的自我意识。正确认识自己及自己与周围世界的关系，具有自尊心、自信心、进取心，克服和消除自负、自卑乃至自暴自弃，进而形成正确的自我意识、价值意识。

第二，要明确符合自己实际且通过努力能够实现的目标，特别是人生目标。改变进大学后由于目标失落而无所事事、不思进取，或由于目标过高过多、力不能及而造成的自尊与自卑相交织的矛盾心理，纠正自己偏离成才目标的各种行为。

第三，自觉做好自己应做的事，并对自己的行为后果负责，形成较强的责任感，克服凭兴趣办事、敷衍塞责的行为。

第四，努力培养恒心毅力，用于克服困难，积极应对挫折，坚持不懈地朝既定目标努力，避免浅尝辄止，半途而废。

第五，增强自控力，正确选择、控制、调节、修正自己的行为，达到成才目标，减少冲动和依赖、等待和随心所欲等不良行为。

(二)培养良好习惯

性格最明显的外部表现就是习惯化的行为方式。有人曾把习惯比作人的"第二天性"。实际上，人们性格中的很大一部分所表现的正是一个人习惯化的行为方式。它使人能在典型环境中作出某种模式化的反应，形成一个个区别于他人的外显特质。重复某种行为直至形成习惯是性格形成的重要心理机制。因此，从小事入手是形成良好习惯的捷径，关键要抓住三点：一是适合自己特点，不能照搬别人经验；二是从每天必做之事入手坚持反复练习，直到形成相应行为；三是制定出具体练习指标与措施，便于操作和检查。

从培养习惯到改变性格，这个过程要求我们能够针对自己暴露出来的性格弱点，有意识地培养与之相反的习惯，通过这种新的习惯来克服和改变原有的性格弱点。例如，好胜心过强，经常使自己惴惴不安，就要放弃做一个"超人"的企图，并且中止以眼前胜败来衡量成绩的习惯，而培养从长远看问题的习惯；如果性格急躁，就不要老是忙忙碌碌，要

在时间安排上留有余地，培养从容地进行工作的习惯；如果性格易怒，就应当学会用克制和幽默来克服怒气，并培养自己宽宏待人的习惯。总之，在最容易暴露性格弱点的地方，要先行"对抗"，用相反的习惯去克服和战胜它。这种办法将有助于你积小胜为大胜，最后达到完全改变性格弱点的目的。对于培养一种新的性格，许多人往往认为是很难的事。但对于培养一种好的习惯，大家还是有信心的。实际上，只要我们有决心、有恒心，真正培养起良好的生活习惯，优良的性格也就在这些习惯中自然而然形成。

(三)控制自身情绪

情绪是性格的特征指标之一，不同性格，常常通过不同的情绪反映出来。性格乐天、心胸豁达的人，其情绪会经常处在喜悠悠、乐陶陶、无忧无虑的境界；性格抑郁、心胸不宽的人，在情绪上则常常唉声叹气、愁眉苦脸，似乎有无穷的忧虑和无尽的烦恼。尤其是在重要的事情面前，人们不同的情绪反应更能表现出人们不同的性格。同样是在行动中遇到了阻力和困难，有的人因困难引起愁闷和忧虑；有的人则因困难激起更高昂的斗志和干劲。同样面对残暴的敌人，有的表现出害怕、畏惧的情绪，有的则表现出愤怒、仇恨和誓死拼斗的情绪。显然，前一种情绪表现出的是软弱怯懦的性格，后一种情绪则表现了英勇顽强的性格。

因此，可以通过有意识地培养某种情绪，逐步地改变某种与之相应的性格。例如，性格抑郁的人可以首先培养自己具有愉快欢悦的情绪，使自己高高兴兴地生活。欢悦愉快的情绪持续越长，越有可能形成比较稳定的愉快心境。长期受到愉快心境的感染，原来比较抑郁的性格就会逐步转化，变得开朗和活跃起来；同样，性格比较暴躁的人，也可以通过努力培养平静、从容的情绪，使自己保持心平气和的心境，促进暴躁性格的转化。有的人认为，当情绪冲动起来时，人们很难理智地控制自己，因此，暴躁易怒的性格实际上难以克服。这种看法是不对的，情绪不是不可控制的，它完全能够被人所主宰。情绪是人脑的机能，当激烈情绪爆发时，可以暂时地出现"意识狭窄"的现象，即注意力的中心被集中引向激起情绪的事物上，人的理智分析能力受到抑制，容易为情绪所支配。但是，即使在这种时候，也并不是说人已完全失去理智力。因此，控制自己的情绪冲动是完全可能的。只要能控制住情绪冲动，实际上已经在逐步改变急躁易怒的性格了。一个人如果能够经常地消除烦恼、愤怒、急躁等不良情绪，这对于帮助他克服急躁易怒的不良性格无疑会有帮助。在困难和失败面前，情绪对性格的感染作用更为明显。这时，情绪越是沮丧，越容易助长性格中的怯懦倾向。而通过鼓舞情绪等手段激发自己奋勇拼搏的战斗激情，就能使我们坚强起来。经常地、反复地进行这种情绪鼓舞，我们就能在困难和失败面前成为勇敢和坚强的人。

(四)根据不同性格类型确定塑造目标

1. 内向型性格的塑造目标

内向型性格的优势主要是善于思考、严谨和稳重，劣势主要体现在对外交际不够，自我展示不够，决断能力不足等。这可以在优化性格中有针对性地进行改善。

(1) 要有意识地多进行交际。如果你不愿意与陌生的人群交往或者不愿意参加你不感兴趣的活动，那么你可以首先尽量创造条件让自己在熟悉的群体中活跃起来。或者你可以积极参加你感兴趣的一些团体活动，在与志同道合的朋友中的交流中提高自己的交际能力，进而让自己交际能力得到改善。

(2) 勇于展现自己的优势，如诚实、稳重、思维缜密，在为人处世中积极展现出自己的优点。为人可靠、办事踏实的人，永远值得别人尊重和欣赏。

(3) 培养决断能力。假如优柔寡断、懦弱是你的弱点，因此，在重大问题上要该断则断。你再心思缜密，也不可能解决所有问题，你只能给当前问题一个解决方案，新问题出现后再寻求解决方案。

(4) 从牛角尖中钻出来。世界上的路无数条，这条路走不通还有另外一条。充分发挥自己的想象力，积极寻求多种途径，不要耻于向他人寻求帮助。其实在适当的时候寻求他人的帮助也是拉近自己与他人距离的有效方式。

2. 外向型性格的塑造目标

外向型性格的人一般交际能力较强、社会适应较快，其不足是做事容易浅尝辄止、粗枝大叶、自我反省不足等。外向型性格的人一方面应当继续保持自己的优势，另一方面也应当对自己的劣势给予改善。

外向型性格的人应当节制过于频繁的交际活动。八面玲珑的人没有时间和兴趣专注自己的工作。社交不是生活的全部；注重培养耐力，一次用心做好一件事情，避免眉毛胡子一把抓或者浅尝辄止；做事尽量周密思考，考虑细节；看问题避免简单化，人生并不是非黑即白，还有丰富多彩的中间色；多进行自我反省，在反思中发现自己的不足，进行改进和完善。

三、优化性格的注意事项

(一)把握节奏，循序渐进

心理学告诉我们，性格是一种比较稳定的个性特质，其稳定性的特点决定了性格的转化只能是一个缓慢的过程。

如果一开始就提出过高要求，想使性格一下子来个一百八十度的大转弯，这是不现实的。一个心胸狭窄、容易发怒的人，想马上变得豁达宽宏、雍容大度，实际上是办不到的。一个虚荣心很强的人，想让自己马上就能做到闻过则喜、欢迎批评，这也是很难办到的。在性格的改变上急刹车、陡转弯，不但难以奏效，而且很可能使人失去信心。我们应当允许在性格的转化上有个缓冲的过程。一辆高速前进的车子，如果要倒车，就需要先把车停稳，然后往回倒，停车的过程就是缓冲的过程。有了这个缓冲过程，才能抵消车子前冲的惯性，顺利地把车子倒回去，否则就会把车子弄翻。性格在发展中也有一种惯性，你要改变它的发展方向，就必须首先把它的惯性停下来，然后再慢慢改变它的发展方向。例如，急躁易怒、爱发脾气的人，性格培养的第一步应当是先设法克制火气，在将要发火时使自己冷静下来。即使克制火气时，呼吸急促、脸涨得通红、表情很不自然，也不要放弃克制。过了一段时间，再提出进一步要求，即不但不发火，还要表情自然、呼吸不急促、脸色无变化。这个要求也达到了，进而要求自己抑制火气时能潇洒自如、豁达大度。如此循序渐进，性格才会逐步地由急躁易怒变为豁达大度。克服不良性格，只有这样从较低的起点开始，一步一步提高要求，才能顺利实现性格的优化。

(二)强化成果，增强信心

有一个成语叫作"脱胎换骨"，其实用来形容优化性格非常恰当。说明性格的改变其实是一个比较缓慢的过程，在这个过程会有一些波折，个体在优化性格的过程中由于自身惰性等因素也容易发生波动。个体在重塑和优化性格过程中偶然出现的，或刚学会但尚不稳定的行为或态度，会因外部社会的正强化所促进、巩固，或因负强化而减弱、消退。社会就是通过这种机制，雕塑着一个人的性格。当个体自我意识发展到一定水平，还会出现内部的自我强化，即个体以内部已建立的行为态度规范为标准，实施对自己的奖励(如自我欣赏)或惩罚(如自责)，这种强化对个体良好性格的形成有重要意义。如果有意识地运用这种强化手段，可以加快重塑和优化的过程和质量。

合理的奖惩是最重要的强化机制。在确定了目标和计划后，要定期反省、检查。如果做得好，就自我奖励，或者自我表扬。如果做得不好，就要进行自我批评。

(三)注重环境，营造氛围

环境包括物理环境和心理环境，不管是哪种环境，对人的性格塑造的影响也是不可忽视的。优美的风景、舒适的学习和工作场所，有助于个体陶冶情操，以及良好心境的形成，对优化性格起着促进作用。而脏乱的环境、嘈杂的气氛，则容易让人心烦气躁，做事处处不顺心，失去前进的动力。一般而言，大学的校园环境是比较优美的，在这样的环境中同学们比较容易心平气和地去学习和生活。但有的班级环境特别是宿舍环境可能会比较糟糕，如有的男生宿舍，脏乱差，舍友总是在寝室里打电脑到半夜，而且烟雾缭绕，这样的环境既让人休息不好，也不利于身心健康，更不利于优良性格的塑造。这是同学们在校园生活中需要注意和改善的。

此外，人的性格总是在与他人交往中得到体现，俗话说："近朱者赤，近墨者黑。"在良好的人际环境中，个体形成优良性格相对更为容易。所以，同学们应当多和积极向上，具有优良品格的朋友交往，在耳濡目染中、在与他人的良好互动中，积极培养自己良好的性格。

总而言之，在生活中，我们总是希望与那些热情、友善、谦虚的人相处，也总是对那些严于律己、坚决果断、光明磊落的人充满好感，这正是性格的魅力之处。性格是一个人道德品质的集中反映，是理想和追求的外部表现，是一个人灵魂的折射。如何完善与优化性格是人生的一个重要课题，真诚地希望大学生们能够远离懒散，从小事入手，不断锤炼自己的意志品质，优化自身性格，在成长中成才，做一个散发着独特个性魅力的人。

心理训练营

气质类型测试

请认真阅读下列各题，对于每一题，你认为非常符合自己情况的，在题后面写上"+2"，比较符合的写上"+1"，拿不准的写上"0"，比较不符合的写上"-1"，完全不符合的写上"-2"。

(1) 做事力求稳妥，不做无把握的事。

(2) 遇到可气的事就怒不可遏，想把心里话全说出来才痛快。

(3) 宁肯一个人干事，不愿很多人在一起。

(4) 到一个新环境很快就能适应。

(5) 厌恶那些强烈的刺激，如尖叫、噪声、危险的镜头等。

(6) 和人争吵时，总是先发制人，喜欢挑衅。

(7) 喜欢安静的环境。

(8) 喜欢和人交往。

(9) 美慕那种能克制自己感情的人。

(10) 生活有规律，很少违反作息制度。

(11) 在多数情况下情绪是乐观的。

(12) 碰到陌生人觉得很拘束。

(13) 遇到令人气愤的事，能很好地自我克制。

(14) 做事总是有旺盛的精力。

(15) 遇到问题常常举棋不定，优柔寡断。

(16) 在人群中从不觉得过分拘束。

(17) 情绪高昂时，觉得干什么都有趣。

(18) 当注意力集中于一件事时，别的事很难使我分心。

(19) 理解问题总比别人快。

(20) 碰到危险情境，常有一种极度恐怖感。

(21) 对学习、工作、事业怀有很高的热情。

(22) 能够长时间做枯燥、单调的工作。

(23) 符合兴趣的事情，干起来劲头十足，否则就不想干。

(24) 一点小事就能引起情绪波动。

(25) 讨厌做那种需要耐心、细致的工作。

(26) 与人交往不卑不亢。

(27) 喜欢参加热烈的活动。

(28) 爱看感情细腻、描写人物内心活动的文学作品。

(29) 工作、学习时间长了，常感到厌倦。

(30) 不喜欢长时间谈论一个问题，愿意实际动手干。

(31) 宁愿侃侃而谈，不愿窃窃私语。

(32) 别人说我总是闷闷不乐。

(33) 疲倦时只要短暂的休息就能精神抖擞，重新投入工作。

(34) 理解问题常比别人慢些。

(35) 心里有话宁愿自己想，不愿说出来。

(36) 认准一个目标就希望尽快实现，不达目的，誓不罢休。

(37) 学习、工作同样一段时间后，常比别人更疲倦。

(38) 做事有些莽撞，常常不考虑后果。

(39) 老师或师傅讲授新知识、技术时，总希望他讲慢些，多重复几遍。

(40) 能够很快地忘记那些不愉快的事情。

(41) 做作业或完成一件工作总比别人花的时间多。

(42) 喜欢运动量大的剧烈体育活动，或参加各种文娱活动。

(43) 不能很快地把注意力从一件事转移到另一件事上去。

(44) 接受一个任务后，希望把它迅速完成。

(45) 认为墨守成规比冒风险强些。

(46) 能够同时注意几件事物。

(47) 当我烦闷的时候，别人很难使我高兴起来。

(48) 爱看情节起伏跌宕、激动人心的小说。

(49) 对工作抱认真严谨、始终一贯的态度。

(50) 和周围人们的关系总是相处不好。

(51) 喜欢复习学过的知识，重复做已经掌握的工作。

(52) 喜欢做变化大、花样多的工作。

(53) 小时候会背的诗歌，我似乎比别人记得清楚。

(54) 别人说我"出语伤人"，可我并不觉得这样。

(55) 在体育活动中，常因反应慢而落后。

(56) 反应敏捷，头脑机智。

(57) 喜欢有条理而不甚麻烦的工作。

(58) 兴奋的事常使我失眠。

(59) 老师讲新概念，常常听不懂，但是弄懂以后就很难忘记。

(60) 假如工作枯燥无味，马上就会情绪低落。

气质量表结果参考如下：

一、胆汁质，包括(2)、(6)、(9)、(14)、(17)、(21)、(27)、(31)、(36)、(38)、(42)、(48)、(50)、(54)、(58)各题；

二、多血质，包括(4)、(8)、(11)、(16)、(19)、(23)、(25)、(29)、(34)、(40)、(44)、(46)、(52)、(56)、(60)各题；

三、黏液质，包括(1)、(7)、(10)、(13)、(18)、(22)、(26)、(30)、(33)、(39)、(43)、

(45)，(49)，(55)，(57)各题；

四、抑郁质，包括(3)，(5)，(12)，(15)，(20)，(24)，(28)，(32)，(35)，(37)，(41)，(47)，(51)，(53)，(59)各题。

本气质测验量表为自陈形式，计分采取数字等级制，即非常符合+2，比较符合计+1，拿不准的计 0，比较不符合计-1，完全不符合计-2。分别把属于每一种类型的题的分数相加，得出的和即为该类型的得分。最后的评分标准是：如果某种气质得分明显高出其他三种(均高出 4 分以上)，则可定为该种气质；如两种气质得分接近(差异低于 3 分)而又明显高于其他两种(高出 4 分以上)，则可定为两种气质的混合型；如果三种气质均高于第四种的得分且相接近，则为三种气质的混合型。

心理加油站

一、故事分享

瓦尔坦·格雷戈里安(Vartan Gregovian)是美国布朗大学的校长，卸任后，又当上了卡耐基基金会主席。但是他的童年生活却十分不幸。在他六岁的时候，母亲不幸因病去世，他的父亲也因为战争而不知所踪。他变成了一名孤儿，常常受到大孩子们的欺负，原本天真活泼的瓦尔坦开始变得内向，整天紧闭着嘴巴一句话也不说。就在这时，他的祖母来到了他身边，并将他带回自己所在的伊朗山区，悉心抚养他长大。

瓦尔坦的祖母是一个非常坚强的女人，本身遭遇种种不幸，但是从未失去对生活的信心。她不想让瓦尔坦生活在过去的阴影里，她想尽办法帮助瓦尔坦健康快乐地成长。虽然他们的生活依然贫困，但是日子过得平静、安定，瓦尔坦慢慢恢复了原来的活泼开朗，并且变得坚强、积极乐观和热爱学习。

经过孜孜不倦的努力，当年那个瘦弱的瓦尔坦已经成了美国布朗大学的校长。有记者采访他请他讲述一下自己的成长经历时，他说起了对自己影响至深的一句话，"这句话是我的祖母告诉我的。我小的时候，她经常这样教导我：'孩子，有两件事你一定要记牢。第一是命运，那是你无法控制的；第二是你的性格，那可是在你掌握之中的。你可以失去你的美丽，也可以失去你的健康和财富，但是你决不能失去你的性格，因为它是掌握在你自己手中的。'这句话在我的成长道路上起了至关重要的作用……"

我们真诚地希望每位大学生都能够远离自我中心与懒散，从小事入手，不断锤炼自己的意志品质，优化自身性格，在成长中成才，做一个散发着独特个性魅力的人。

二、诗一首

习　惯

我不是你的影子，但我与你亲密无间。

我不是机器，但我全心全意听命于你。

对成功的人来说，——我是功臣；

对失败的人来说，——我是罪魁祸首。

成功和失败，对我毫无差异。

培训我，——我会为你赢得全世界。

放纵我，——我会毁掉你的终生。

我到底是谁？——我平凡得让你惊奇。

能力检测

我的"自画像"

每位同学请对照成才的五项心理品质(即：正确的自我意识、追求高目标、责任感、恒心毅力、自控力)，分析自己性格中的优势与不足，明确对自己成长影响最大的某一性格弱点，邀请身边的朋友参与评价，在此基础上制定出自己的优化目标与措施，在全班展示，并每月公布自己的执行情况。

项目三　浩瀚大学，任我翱翔
——大学生活适应辅导

知识目标：了解大学生活新的变化；理解大学生活适应的主要内容；掌握适应大学生活的具体方法。

能力目标：通过本部分内容的学习，让大一新生真正认识到大学对人生发展的重要性，明确大学生肩负的历史使命，珍惜大学的美好时光，尽快实现角色转换，提高其适应能力。

【案例导入】

我是一所大学一年级的新生，性格偏内向，一进大学，各种校园活动让我感觉眼花缭乱。班里进行班干部竞选活动时，我胆小，只能默默地坐在角落里，可能我一直以来都习惯于被老师推上台，而不是主动去争取。我羡慕地看着来自全国各地的同学演讲，好不容易，我在室友的鼓励下，也鼓起勇气走上台，但由于过分紧张，我不但脸红，而且连连说错话，竞选结果可想而知了。这次经历对我打击很大，我觉得自己一下子跌入深渊，再也不会有人瞧得起我了。后来，为了再一次证明自己的能力，我参加了学生会、广播站和社团的招新活动，可是由于我生性腼腆内向，我的表现也不是非常完美，都没得到社团负责人的认可。接二连三的失败，让我觉得自己在老师和同学的眼中可有可无。现在，我对任何事情都提不起兴趣。在大学新环境中，我找不到属于自己的位置，一点也不自信，甚至不愿意面对现实，我该怎么办呢？

请思考：为什么"我"在大学新的环境中找不到自己的位置？如果是你，你该怎么办？

【心理讲堂】

第一节　大学生活的新变化

一、新的生活环境

中学时期大部分学生就近上学，在家吃住，生活方面的许多事情由家长料理。上大学后，过上了集体生活，生活独立性大大增强，校园及周边的文化环境和各种信息对大学生必然带来不同程度的影响和冲击，如何相互沟通和重新建构一个新的人际关系是需要一个学习和成长过程的。大学生会面临远离父母自己料理生活、集体住宿自己安排作息、生活消费自己计划开支、看病买药自己判断做主、出门办事自己应对困难等新的变化。

在老师眼里，小婷是个性格活泼开朗的女孩，能力强，刚入校就把她推选为代理班长。小婷虽是初来乍到，可是干起工作来也毫不含糊，深受老师的欣赏，可有一次在军训整队时，同学们动作有些松散，小女强人班长竟然情绪失控，站在队伍面前哭了："你们还这样磨蹭，我今天早上只吃了半盒方便面，到现在胃还不舒服……"

老师暗自吃惊，经过询问才知道，原来小婷是第一次离家过集体生活，以前上中学时离家近，由于学习紧张，回家吃饭时间有限，家长总是计算好她回家的时间，做好可口的饭菜，盛好放在桌子上只等着她回来。现在到了大学，虽然家长已经给她办好了餐卡，买好了餐具，可她对于到人山人海的餐厅去买饭还真不习惯，何况大锅煮出来的菜也让她没胃口。于是有时候一看人多，干脆就不去凑热闹了，到校园超市买来方便面或火腿肠，有时候是酸奶或面包，简简单单就把吃饭问题解决了，可她一点也没意识到脸上不时冒出恼人的小痘痘、时不时的胃痛正是与没有好好吃饭有关，看来对于什么是健康食品、什么是垃圾食品她还真是没有概念。

点评：大学新生活的变化往往令同学们无所适从，很不适应，因此，我们更应该培养自己的独立能力，尽早适应大学新的生活环境。

二、新的学习环境

新的学习环境主要是指大学不同于高中时期的学习内容、学习方式、学习要求和学习目标等，需要大学生调整自己的学习习惯来适应大学的学习。由于各种原因，学校和专业与学生本人志向不相符合的情况在新生中比较多见。进校之后，有的学生发现大学的环境和条件与自己想象的有很大差距。

王佳是一位没能考上自己理想专业的女生。她对目前所学的专业不感兴趣，一心想上外语专业，但成绩不理想，专业就没得挑。学习一段时间后她心里觉得特别失落。由于不喜欢目前的专业，她就一直希望能够辅修其他的课程，所以就拼命努力快学，希望能尽快修完这些自己不喜欢的课程，以便腾出时间学习自己想学的知识。这样一来，丰富多彩的大学生活对于她来说就等于不存在了。她只能拼命地"啃书本"，而且还是自己最不感兴趣的内容。由于缺乏兴趣，特别用功，在学业上也没有什么起色。有时厌倦情绪一上来她就特别想找个地方痛快地哭一场。

点评：新的专业、新的课程对大学生而言都是全新而陌生的，很多大学生在高考时都会存在或多或少的遗憾。面对新的学习环境，为了开启新的学习和梦想，大学生应在大一就开始设立自己的职业规划，目标明确具体，可以选择学习自己喜欢的专业，但是一定要劳逸结合，计划合理，具有可操作性，这样才能开心快乐地学习。

三、新的生活方式

进入大学后，换了一个新环境，有的大学生对饮食习惯和生活方式都会感到有些不适

应。在高中，一些生活琐事主要依靠父母的帮助。到了大学的集体生活，父母除了给生活费，其他就帮不上忙了，衣食住行都需自己处理，这对于一个没有过独立生活经历的学生来讲，会感到无所适从。因为他们缺乏现实的生活实践磨炼，生活自理能力较弱，自我服务意识淡薄，对他人的依赖过大，习惯接受他人服务。有相当多的新生无法完全依靠自己的力量来处理好一系列复杂的实际问题。另外，在集体宿舍里，同学之间的生活习惯、作息时间都有所不同，会让人难以接受，由此导致与同学间矛盾的产生。还有部分新生离开了父母，认为得到了许多自由，有一种终于从高中那种压抑、紧张的气氛中解脱出来的感觉，于是开始放任自己，上网、玩游戏、看小说，自己喜欢干什么就干什么，生活节奏紊乱，甚至把父母给的生活费提前花完，等等。

四、新的人际关系

大学生来自五湖四海，风俗习惯各异，大家的兴趣爱好各不相同，在彼此间缺乏了解的情况下，集体生活中往往会产生矛盾，造成人际关系紧张的情况。若不能及时化解矛盾，会让学生感到孤独和压抑。与中学时代相比，大学里的人际关系比较复杂，老师没有从前那样与学生联系密切，同学之间既相互合作，又相互竞争，异性同学之间不再无话不说。女大学生丹丹在寝室不打水、不扫地，但别人打水她就用，还乱扔垃圾，同学们因此都很反感她，不和她讲话。渐渐地，丹丹感觉孤立、无助。心理辅导老师给人际关系不适应的丹丹的建议是首先要调整认知，要认识到在集体环境下，只有照顾别人，别人才会尊重你，从打热水等小事做起。这样调整了一段时间后，丹丹说，她的人际关系好多了。

同是一个宿舍的姐妹，小红性格活泼，不拘小节，东西乱扔乱放，大家随便用，而小爽却矜持细心，什么东西都摆放得井井有条，也从不用别人的东西。一次小爽忘记把放在桌子上的梳子收起来，放学后小红一边嘻嘻哈哈地说话，一边随手拿起小爽的梳子梳起头来。这时小爽回来了，看到小红正用她的梳子，以为小红私自翻了她的东西，一下子就翻了脸，两个人吵得不可开交。

点评： 相比进入社会，大学的人际关系相比来说简单很多，但是大学生们因家庭教育、地域环境、生活习惯和个性特征等的不同会造成一定的人际矛盾；大学生只有学会理解尊重、互相帮助、善于包容，才能更好地搞好人际关系，创造和谐的人际环境。

五、新的教学方式

现行的高中教学方法通常是以老师为主导，而在大学的教学中，通常课程进度较快，一个学期就要把一门课程学完，而一门课程在一个学期内也只有几十个学时。老师讲授方式也不尽相同，有的老师可能会在黑板上写一些讲课内容；有的老师只讲不写；有的老师只是启发式的讲解，即少讲不写。这就要求我们学生思想高度集中，认真听课。加之，有的老师每次上完课就离开了，很少给学生布置作业或对学生进行课后辅导。这对于习惯了中学教学模式的学生来讲，无疑是一件令人头疼的事，从而导致大学生入学后很长一段时

间不能适应大学的教学，有的新生上课不知怎样记笔记，不知如何处理课堂内外的关系，不知如何利用图书资料，不知如何选择参考书和辅导书进行自学等，从而延误了学习。

小娟是商务外语专业的新生，入校选择专业时，招生老师和她讨论她的特长和爱好，她觉得很不好意思，各门功课学习成绩都平平，也说不上喜欢什么，只有英语相对其他科目要好一些，于是招生老师就帮她选择了商务外语专业。结果第一节英语口语课就让小娟头大了，老师是全英文教学，她能听懂几个单词，老师真是太高估学生的水平了，也不知道其他同学听懂了多少，心里真没底。

点评：相比高中的教学而言，大学课题是开放而思辨的，因此怎样快速地提高学习能力，适应能力，做到温故而知新，举一而反三，善学而思辨是高职新生首先需要解决的问题。

六、新的管理模式

在中学，学校对学生的管理和学习指导都比较具体，校规严格，学生自由支配的项目和时间不多。相比而言，大学的管理制度较为宽松，大学鼓励学生的个性发展，大学生在学习科目、时间支配和生活安排等方面的自由空间相对较多。大学生活十分丰富多彩，各种各样的社团文化活动，学校、学院举办的各式各样的庆祝活动，都使大学生活变得更加丰富多彩。

第二节　大学生活的适应问题

刘某，女，21岁，某大学二年级化工系学生，爱好写作，体态正常，无重大躯体疾病史，父母均为企业职员。刘某为家中独女，从小受到父母严格要求，小学时成绩优秀，其父母喜欢在别人面前炫耀自己的女儿。到中学后，成绩不如从前。由于高考时没考上自己理想的学校，于是就来到了某大学化学系。刘某说："这是什么学校啊？就跟中学似的，要求我们上晚自习，新校区周围什么都没有，学校的配套设施也不全。学习气氛一点都不好，班上的学生经常逃课、不上晚自习、谈恋爱，没人学习。我很看不惯他们这样的做法。感觉自己被骗了一样，那些同学的高考分数比我低那么多，好像还有一些没有上线的也都进来了。以前跟我一起的朋友最次的都去了工大这样的本科院校。每次听她们说她们学习有多紧张，大学的生活有多么的丰富，我就很难过。我觉得自己一直都是一个不错的学生，以前成绩一直在中上，我应该在一个学习氛围很好的大学里，不知道怎么就来到了这样一所破学校。我以前在高中的时候经常在报纸上发表文章，现在也没有人关注我这些了，我也懒得写东西了。我觉得自己十分的堕落。这段时间，我根本不能好好学习。我真是受不了，想回去复读，可是担心压力太大，也怕自己来年考不好，可在这边又待不下去，真是烦恼。现在和宿舍同学的关系也不是很好，真不知道怎么办。现在，除非天气突然变得很好，或者家里有重大喜事，以及老同学来找我玩以外，我都高兴不起来。我都这样浑浑噩噩地过了一个学年了，觉得很难受，希望可以得到帮助。"

一、环境变化产生的适应问题

从中学到大学是人生转折的重要时期。入学时的大学生很多心理上依然还存在着依赖性、理想化和盲目性等心理特征。过去从小学到中学，都是一些从小在一起的同学，老师也往往是从一年级带到毕业，构成了自己熟悉的环境。而现在，大学生来自全国各地，陌生的人群，陌生的环境，这一切都使其产生陌生感。

1. 生活自理的烦恼

大学生中有相当一部分人的生活自理能力较差。首先，想家的心情难以排解。想家是新生最常见的现象，饮食不习惯、生活没人照顾、情感孤独、学业困惑等都是想家的诱因。其次，高校生源范围不断拓宽，来自全国不同地域的学生在宿舍环境中由于饮食习惯、作息习惯和生活习俗上的不同而引起的碰撞、发生的矛盾是在所难免的，这给许多学生带来了困扰。在中学阶段，父母为了让孩子把一切时间都用在读书升学上，关怀备至，包揽了洗衣、叠被等许多本应该由孩子自己动手的生活琐事。现在面对 6～8 人一室的集体宿舍，吃饭要排队，生活需要自理，每天都是"校舍—教室—食堂"这种"三点一线"式的单调生活，许多学生感到枯燥无味。

来自工商管理专业的万同学表示，自己最担心每周的寝室检查，这么多年在家里，自己从来不叠被子，不洗衣服。而每次查寝室，都是因为自己的原因拖累整个寝室的内务分，自己觉得很惭愧。来自保险专业的黄同学，高中时期都回家，现在突然 6 个人在一个房间里面生活，各自习惯不一样，有的喜欢早睡，有的喜欢晚睡。加之来自重庆的他讲话又比较直，同学之间经常会因为这些生活琐事闹得不开心，大家都不讲话。

点评：来自不同地方、有着不同习惯的大学新生们在开学第一学期遇到上面这些问题是很正常的，每个大学生都要养成良好的生活习惯、作息时间，相互尊重和理解，只有这样才能真正融入寝室这个小家庭，营造健康温馨的寝室环境。

2. 学习不适应的焦虑

第一，面对"自由"不知所措。进入大学后自由支配的时间较多，但如果学习方法不适应、时间管理方式不恰当，就有补考、重修、不能毕业的可能，这让很多学生感到担忧。第二，没有目标，失去动力。学生们在高中阶段只想着考大学，考上大学之后突然觉得生活失去目标，因此就失去了学习的动力，于是很多人表现出无所事事或精神颓废。第三，对专业不满意。许多学生填报大学志愿时没有充分了解所报专业，对专业理解过于理想化，或者有的家长强迫学生念自己不喜欢的学校或专业，以至于上大学后一些学生对专业不满意，对学习没兴趣，甚至厌学。

胡某自述：进入大学之后，我变得自卑了，连自己唯一的优势都已经没有了。中学时学的文科，习惯了一切学习都是为了考得更高的分数。来到大学，老师每节课的信息量都好大，课堂上根本来不及消化吸收。课堂上老师总是强调思维模式，对一个题目的解答只是开了头，就让我们自己下课去思考。我根本都不知道怎么去发散思维，感觉学习是一件很痛苦的事情，都不想学了。

边某，女，智能手机专业。边某自述：学习 C 语言，让我感到压力很大，高中时完全没有接触过计算机编程语言，老师一节课的信息量好大，在课堂上根本没有办法消化吸收。刚开学都这么难，之后的课程更加不知道如何面对。

点评： 上面的例子很好地印证了高中教育和大学教育的截然不同，同学们只有多花时间课前预习、课后复习、认真听课、学会独立思考、举一反三，才能慢慢提高学习能力，适应大学课堂教学。

3. 理想和现实的心理冲突

自我意识的增强是大学生的一个显著特点，自我价值的实现是他们向往和追求目标。许多大学生都希望能在各种场合、各种活动中显示自己的才华。然而，他们毕竟是从学校到学校，难免社会经验缺乏。有些学生片面追求所谓的"自我实现"，对生活中的一些不尽如人意之事不能正确对待，有怀才不遇之感；有些人不能正确、客观地评价自己，只看到别人身上的缺点，却不能正视自己的不足，"理想主义"地要求别人，"现实主义"地要求自己，一味地用美好的形容词虚饰自己，形成了对自己过分美好的评价。

廖某进校之后，多次表示对大学的学习"不适应""很失望"，他心中的大学应该是"民主的、自由的、人性化的"，可以是很好实现自我价值的地方，他认为现实中大学的规章制度束缚了学生的自由发展。追求自由、实现自我，有时成为他逃避现实、逃避责任的一个理由；他埋怨老师讲课讲得不好，自己学习状态和效果不好，没必要听。他觉得学生干部不应该让他做这做那，当事情较多时，就会产生烦躁的负面情绪，甚至发脾气摔坏手机。他难以适应大学的自主学习，意气用事，不爱听的课认为"听了也没用"，于是就以消极被动的态度对待课程学习，迟到、早退甚至旷课。

点评： 每个人都喜欢美好的东西，都喜欢追求美好和自由，只有真正培养良好的心态、健康的人格、成熟的心理，努力学习、谦虚踏实、勤奋自勉，才能真正适应大学生活的各种不适应，改变自我、成就自我，使自我变得更美好，从而最终实现自我价值。

4. 自我角色错位的心理自卑

在中学时代，可能都是班上的佼佼者，优越感和自尊感较强，而到了人才聚集的大学，大部分同学以前的学习优势逐渐淡化或消失，这种角色错位和落差往往使不少人产生失落感和自卑感。同时，大学校园的各种学生活动更加丰富，文艺体育才艺的比试更加突出，非智力因素的发展水平显出更加明显的差异。大学生会突然发现自己不过是其中很普通的一员。在强手如云的新集体里，面对新一轮的排列组合，昔日的优越感早已荡然无存，不知不觉中会造成一种心理自卑感，对自身的角色定位也会感到迷惘。

学生肖某自述：我是一名性格内向的女生，高考失利才就读的高职院校。班干部选取的时候，因担心被别人笑话就放弃了竞争学习委员的机会。现在都不好意思跟以前的同学

联系，自己的朋友就读的都是本科院校，从来不敢跟别人说自己就读的是一所高职院校，总是感觉被人看不起。现在总是想要逃离这个令人丢脸的地方。

点评： 从家里的小皇帝变成了大学里最普通的一员，从班上的佼佼者变成了大学里最普通的角色，和心目中的理想学校失之交臂，这些都会引发自卑情绪，作为高职生一定要面对现实、认识自我、充实学习，改变自我自卑心理，愉快地开启梦幻的大学生活。

二、人际关系引起的心理问题

来自四面八方的学子组成一个新的集体，开始了为期几年的人际关系。在高中时期，上大学成了大家迫切追求的目标，在这个统一的目标下，很容易找到志同道合的朋友。而大学里，新同学来自不同地域，文化背景、价值观念不尽相同，其个性差异更显突出。面对着与自己的性格、志趣、习惯、爱好不尽相同，甚至语言都难以沟通的新同学，他们不清楚该怎样与之和睦相处，也不懂得如何去理解别人。虽然表面上克制自己，不与同学发生大的冲突，但内心深处却很别扭。再加上处于这一时期的大学生本来就有一种"以我为中心"的闭锁心理，不愿主动敞开自己的心扉。因此，在与人交往中有较强烈的戒备心理，总是有意无意地保持一定的距离。

"为什么我在大学里的生活和以前高中一样啊！整天的生活就是三点一线，教室、宿舍、食堂。我觉得周围的人和事仿佛与我无关似的，我感到与周围人都有距离，没有人能与我交谈。看到周围热闹的学生活动，看到别人三五成群谈笑风生，我很羡慕，我觉得自己仿佛是孤儿，有我不嫌多，没我不嫌少，我的存在对于其他人没有任何意义。每当上完晚自习回寝室的时候，一个人走在昏黄的路灯下，这种孤独感就特别强烈，一个人面对黑暗，我是多么痛苦啊！"这是大一新生张燕向心理咨询师陈述的一段话。

张燕强烈的孤独感是从刚进入这个异乡的高职院校开始的。当她办理完一切入学手续后，父母离开的那一刻，她突然感到心里空落落的，仿佛就这样孤零零地一个人被留下了，留在一个陌生的城市、陌生的校园、陌生的宿舍。

"我第一次体会到了什么叫孤独，"张燕说，"寝室的同学都在给以前的朋友写信或打电话，我却没有什么朋友。我特别想家，希望能回到以前熟悉的环境中去，但要是真回去了，除了父母，我还是孤独的一个人。其实以前我觉得这样一个人的生活也没有什么不好，但是现在这种孤独的感觉越来越强烈了，我甚至害怕一个人去食堂吃饭，害怕天黑。"

张燕仿佛是茫茫大海中的一叶孤舟，在偌大的校园里离群索居，没有知己、没有伙伴，只有孤独。她的这种强烈的孤独感是从上大学离开父母的那一刻开始的，而且越来越强烈，最后发展成了人际交往障碍，比较严重地影响到了她正常的学习生活和社会功能。

点评： 该案例中的心理问题引发的人际交往障碍在大学适应阶段非常常见，高职生们只有打开心灵，走出被自己禁锢的内心，走进同学和室友的内心，去接触别人、了解别人，和别人交往，和别人做朋友，才能走出孤独，慢慢解决自我的心理问题。

三、恋爱关系引起的情感问题

大学生正处在异性相吸的灼热阶段，对性问题特别敏感，他们喜欢与异性交流，在异性面前显示自己的风度和才华。但是，由于他们考虑问题简单，感情容易冲动，在如何对待恋爱的问题上常常感到困惑。有的学生不懂得如何跟异性交朋友；有的过早地坠入爱河，而又没有树立正确的恋爱观。三角恋、单恋、失恋、胁迫恋爱在学生中屡见不鲜。大学生中出现了一些错误的恋爱心理，如爱情至上心理、尝试心理和从众心理等。一旦这些"心理"出现障碍，就可能引起心理失调，严重的会导致心理疾病。在性心理方面，由于从性成熟到以合法的婚姻开始正常性生活，一般至少要经历十年以上。因此，面对体内强烈的性激素分泌的刺激，以及外界各种各样的客观刺激，必然会引起强烈的性欲望，而道德、法律的力量又限制和约束着这种欲望，于是在需求和满足之间出现了尖锐的冲突和矛盾，失去心理平衡。因此，大学生性心理问题上集中表现为对性知识缺乏健康、科学的认识和态度，出现性认识偏差；对自身的性心理感到困惑、不适应，出现性焦虑、性恐惧；对性欲、性冲动产生不安，感到压抑。

李某，女，20岁，大三学生，平常活泼好动性情温和，颇得一些男同学好感，追逐者甚多。她一般是来者不拒，平等待人，从不丢任何男生面子。有些男生能推测她的意思，交往几次便自行告退。其中有一名男生，在和她交往三次后，便自以为该女生是自己的恋人，其实该女生并无此意。一次，他闻言该女生正与别人跳舞，便飞快跑到舞厅不容分说把这对舞伴拉开，并举手打了该女生两耳光，当众污辱她："下贱货"。李某哭着跑回宿舍，次日一反常态，变得十分消沉，独来独往，每日以写日记为唯一消遣。有些男生善意地安慰她或继续对她有深交之意，都被她拒绝。她对心理咨询老师说："这两个耳光使我清醒了很多，男人对我已不是可吸引、可向往的东西。我现在才认识到一个人是多么清闲自在，不忧愁、不烦恼，自己一个人过自由自在的生活不是很好吗？"

点评： 上面的例子告诉我们，李某其实不具有成熟的人际心理和健康的恋爱心理。高职生一定要培养自己成熟的心理，正确面对恋爱问题，理性处理恋爱问题，不要因为错误的爱情而影响了自己的大学学业和正常生活。

四、心理不适应引发的多重压力

各种环境的变化导致大学生心理不适应。学生心理方面会出现不同程度的变化，如果调适不当，则会出现适应不良，影响到身心健康。在进入大学之前，在家长与老师的宣传下，高中生大都怀着对大学校园的巨大憧憬，而一旦考入大学，发现现实中的大学生活与心中憧憬的大学生活相差甚远，会形成巨大的心理落差。在中学时代，大学生往往是班里的尖子生，自我感觉良好，有着很强的自豪感。进入大学，发现身上美丽光环已不再，往往会产生强烈的自卑感，自我消沉，如果处理不好，会导致心理方面适应不良，影响到身

心健康。面对生活环境、学习条件和人际关系等方面的变化，很容易产生不同程度的适应困难，出现多种适应性心理问题。一旦遇到困难和挫折，便茫然无措，不知该怎么解决，心理压力很大，产生失落感、自卑感和焦虑情绪。

小云在高中时成绩非常好，已经考上了本科院校，但因家庭经济条件不好而选择了高职院校，希望可以早点就业。小云到校后，学习非常刻苦，理论课成绩很好，但在实训技能方面却跟不上，精神状态一直不好，对学校宽松的学习环境很不满意，对动手的技能课也很不适应。她的心里话是："一想到家里那么艰难地供我上学，可在这里学校管得一点也不严，大家都在玩，我心里很压抑。以前高中时只学课本上的知识，多记多背多做题就行了，可现在要学这么多操作，许多设备我不敢乱动，总怕弄坏了。语文和普通话老师还经常让我们自己讲课，口头作文，我很害怕。"

点评： 大学新生学习和环境的变化会造成心理不适应，长久发展也会影响自我的身心健康。高职新生要学会面对新环境、新生活、新面孔，自我调节，多和同学、老师交流，取长补短，慢慢地适应新的学习和生活环境。

五、目标盲目引发的自我发展问题

高中学生以学习为主，欠缺独立思考、自我规划和自我管理的能力，这导致新生进入大学以后缺乏目标，盲目随大流，或者目标与自身不符，或者没有规划地多头发展。有一些学生为了确保通过"独木桥"，完全淡化素质拓展、兴趣培养，造成综合能力的欠缺。而进入大学以后，新生发现大学不仅是培养专业人才，更是培养全面发展的综合型人才，这些学生表现为生活适应能力和心理承受能力比较差。各种不适应和自我发展的矛盾让一些新生非常的盲目和无助，缺乏发展目标和动力。

小强在中学时学习成绩平平，到大专是奔着数控这个热门专业来的，一心想学一技之长。小强自述："我怎么也想不到来了大学都是开和数控专业不相关的课：数学、物理、英语、机械制图、普通话、心理健康等，没一样是专业的，本来在中学就讨厌的数学和英语又来了，上课期间老师不管，一天就 6 节课，老师一节课讲很多内容，并且上完课就走，下午早早就放学了，不像中学从早学到晚时间被测试、作业、辅导安排得满满的，虽然学习不好但也觉得挺充实，现在学习内容老一套，老师讲得听不懂，不爱学，刚好又没人管，过剩的精力干什么呢？于是小强开始在校园里游荡，后来到操场上痛痛快快地玩，然后又跟人迷上了上网，校园附近的书社里还有看不完的玄幻小说，慢慢地还学会了谈恋爱。

点评： 漫无目的是造成大学新生心理和精神空虚最根本的原因。大学新生应该一进校就设立目标(短期、中期、长期)，制订计划，严格按照计划执行，最好能找一位同学相互监督，共同进步。

第三节　如何提高大学生的适应能力

一、心理适应的标准

从社会适应的角度来讲，社会适应就是用社会常规来衡量人的心理和行为，看其是否符合社会常规。在人与社会互动中，如果个体对自己所生活的社会环境能够接纳和认可，并能融为一体，那么他与社会环境是相适应的；反之，如果个体对自己所处的社会环境感到压抑，在心理和行为上不能认可社会所公认的规范准则，便视之为心理不适应。

从生活适应的角度来讲，生活适应是指个体在环境条件变化的情况下，顺应客观环境，或通过充分发挥人的主观能动性来改造环境，使之符合或满足个体生存与发展的需要。

从经验的角度来讲，经验标准是指个体凭借以往积累的、经过系统整理的知识经验，来验证和鉴别对象的心理是否适应现实环境。因此，这一标准难免受到已有经验、水平和能力的制约，难免失之偏颇。也有学者运用系统的观点，从整体的角度，从研究心理适应与发展的关系上，提出以下 8 条标准。

(1) 能够正确认识和理解自我。

(2) 能正确认识和对待社会。

(3) 能够确立自己作为一名社会成员所必备的人生观和价值观。

(4) 能够对自己身体的发育及其变化充分理解，能够逐渐完善作为男性或女性的性别角色。

(5) 能够正确处理人际关系，特别是能够正确处理与异性的关系。

(6) 具有充分的心理理解能力，去掌握作为社会成员必备的知识技能。

(7) 具有较充分的心理鉴别能力，去做职业选择和就业的准备。

(8) 具有一定的心理能力准备结婚和过家庭生活。

以上 8 条标准，强调了心理适应是一个学习的过程。心理与环境是否适应，其标准界限只是相对的。但就判断心理是否适应而言，一般可遵循以下 3 项原则：一是心理与环境的同一性；二是心理与行为的整合性；三是人格的稳定性。

二、环境适应

新生入学除了要尽快地熟悉学校的教室、食堂和宿舍等硬件设施以外，还需要从以下几个方面积极调整，适应新的环境。

(一)正确评价和认识自我

进入大学后，周围人才荟萃，学习优势可能动摇，大学生在文体、艺术、知识面及交往能力等方面的差异就会明显地表现出来，一些新生感到自己在许多方面与别人有很大差

距，难免产生失落感。因此，自我评价与自我认同陷入两难的境地。面对新环境、新角色，有的新生无法适应，产生自卑和焦虑的情绪，严重者甚至考虑转学或是退学。正确的认知是个人适应与发展的前提和基础。人对环境的不适应，大部分来源于人们对现实的不合理认知，如对自己或别人过高、过低或以偏概全的判断和要求。因此，大学生首先要培养辩证的思维方式，改变对自己、对他人、对环境不恰当的认识。其次，要适应角色要求，客观地评价自己的长处和缺点，要对自己在班集体中的位置正确定位，了解学校和社会对自己的要求。

自我评价是心理学中自我意识的一个方面，是指人对自身条件、素质、才能等各方面情况的一种判断。大学生对自我的评价得当与否，将直接影响到大学生活中的学习效能、职业选择和事业奋斗中的自信心。正确地进行自我评价一般可以通过两种渠道：直接的自我评价和间接的自我评价。进行直接的自我评价，首先要认识到自己的自然条件，包括健康情况、心理状态、情感特点、兴趣倾向、知识水准、专业特长、智力情况和能力特点等，还可以测定一下自己的生物节律周期、智商指数、气质类型、性格类型等作为参考。其次，用自己在不同领域的实践中(如对各个科目的学习)取得的不同成绩相比较，以发现自己的长处，确定奋斗的目标。间接的自我评价法，是指通过与他人行为的对照及情况的对比，发现自我认识的错位。"不识庐山真面目，只缘身在此山中"，这是一些人不能对自己作出正确的自我评价的原因之一。当事者迷，那么就不妨用与他人相比较的方法及用自己在不同领域中取得的不同成果比较的方法鉴别一下。

(二)培养自制力与自理能力

进入大学就意味着大学生已经是个独立的个体，在这里没有了父母老师的管教，也没有了高考的重压，但这不意味着可以高枕无忧，放纵自己！大学生要学会自己去安排时间做好计划，寻找发展方向。不要等待别人告诉你应该如何去做，这样不可能等来答案！在大学，大学生要像苍鹰追逐太阳那样执着地为目标拼搏。例如，大学校园有图书馆，有信息网，有老师的关爱，有师哥师姐的热心指导，大学生只要具备了一定的自制力和独立意识，就完全可以利用这一切来解决自己所面临的问题。当大学生真正明白该如何靠自己去解决问题时，就真正地理解了大学的含义，就不会在大学里迷失方向，浪费时间，荒废学业。

当代的新生多为独生子女，自理能力较差，又远离家庭，对新的环境适应往往有一定困难。所以入校后，新生应着力培养自己独立生活的能力，如在生活、学习作息上合理安排，学会自主理财等。面对生活的不适应，新生除自己积极调适外，必要时应积极寻求外部支持，如寻求集体的支持，参加各种学生组织，在组织中获得归属感和支持；积极参加各种文体活动，在活动中体验集体的力量和温暖；也可以寻求心理咨询老师的帮助和指导。

(三)确定目标和转变角色

大学生入校以后，首先要对自己 3 年或者 4 年的大学生活有一个整体的规划，进而对

自己一生的发展有一个大体的规划(如表 3-1 所示)。如何在这有限的时间里，充分地充实自己，完善自己，就成为一个重要的问题(如图 3-1 所示)。有的学生喜欢钻研学业，对专业知识充满了浓厚的兴趣，这类学生可以立志勤学，深入地钻研专业，并要做到有所专长，可以考虑进一步深造。有的学生很热衷于社会事务和学生活动，这类学生可以在学习之余，充分地锻炼自己，全面提高自身的综合素质，为毕业后更为广阔的空间而积极努力准备。有的学生钟情于某一个爱好，如音乐、书法、舞蹈等，对于这类学生要积极引导，使其发挥自己的天赋。但是，不管自己的发展规划如何去定，始终要掌握的一点就是要把学习放在第一位，只有扎实的专业基础才是进一步提高的前提。

表 3-1　角色定位　确立目标

总目标	发展方向	
	发展期望值	
目标的 素质要求	德	
	识	
	才	
	学	
	体	
目标分析	实现目标的优势	
	实现目标的弱点障碍	

我希望在大学……

得到奖学金
自力更生
过得充实而快乐
变得自信而开朗
找到恋人
为考研/找工作做好
准备
……

我可以……

认真上课、自习，不懂就问
找一份家教或者兼职
该学习的时候学习，该玩的
时候好好玩
积极主动参加各种活动
多和异性相处
积累各方面的能力，关注工
作/考研信息，确定目标，及
时准备
……

图 3-1　具体的目标规划

　　人的一生在不同的阶段总是要扮演不同的角色，成为大学生是人生一次角色的重大变化，个性发展从狭窄的有限的地带拓展到广阔空间，视野从中学教科书拓展到五花八门的专业知识海洋。对这种角色转换，大学生一般能够自觉认同，个人情感、意志、理性顺应变化，以求和谐发展。然而大学生也常常由于心理准备不充分，对新角色面临困难估计不

足，思想上产生诸多矛盾。例如，许多人总是认为自己是最优秀的，其实优于自己的人大有人在；自己置身的大学环境并非"伊甸园"，而是一个需要艰苦奋斗、努力适应的环境；有的产生了焦虑和自卑，有的不适应紧张自主的学习生活，出现如履薄冰的不安心情。

这种角色的成功转换大概需要一到两年的时间，通过社会实践，产生社会认知，进一步确立自己的角色意识，进行角色定位。这时的大学生已经经历了相当的磨砺，并努力打造自己成为社会需要的高素质人才，他们目标明确，方法得当，意志坚定，通过参与社会活动，在社会角色和个性意志发展方面找到了很好的融合点。在角色定位过程中，一些不健康的个性往往成为障碍。例如，过分强调个性，强化自己的独立意识，忽视社会规范的约束作用，对角色期待具有逆反心理；当激情与社会期待相忤时，会作出不假思索、不听劝告、不顾后果的傻事，无论对社会、对父母还是对自己都有害而无益。

(四)培养承受力和提高适应力

在中学时，也许中学生承受过成绩不理想的痛苦，但在大学里新生会发现有许许多多的问题让自己伤心，让自己感到无助，甚至会让自己觉得世道不太公平。例如，情感受挫，在班级或系里的工作中没有得到同学的理解，与同学关系出现问题等。这时大学生自己一定要学会承受！能承受一些东西也是大学生必须具备的一种心理素质。大学里的每个人都有着不同的思想观念，不同的生活方式，我们不能按自己的要求去苛求他人，我们应学会容忍他人，承受压力，用一颗平常心去面对问题。当你具有"大肚能忍，忍天下难忍之事"的风度时，你就会拥有快乐而成功的学习和生活。

在香港大学，新生一般都要参加为期 10 天的"迎新营"。那是一所最为英式的大学，也是宿舍文化最浓郁的大学。宿舍导师(通常是高年级的学生或研究生担任)设计的团体培训的项目填满了日程，新生每天只能睡两三个小时。训练时，同组学生有时会被关在一个大房子里，吃饭都不准离开，打瞌睡也会被骂。学生们要轮流站起来接受学长们的"拷问"，回答之后再接受他们的训话。诸如"回答得真差！真不知道你是怎么混到大学的！"等批评，让受训的新生像被霜打的茄子一样，蔫了，有的还哭了出来。从大房间放出来后，宿舍导师又都恢复了亲切与温和。新生们这时才了解到，这个活动的目的是让他们学会接受别人的批评，增强抗压性。有全新生回忆起"迎新营"来，认为很值得："过了那一关，就不觉得还有什么苦和累了。"

在大学中，以寝室为单位的集体是个特殊的新家庭，其成员之间能否和谐相处是每个人都要解决的新课题，只要互相尊重、互相理解、互相包容、互相关心，就能创建出温馨和睦的宿舍环境。因此，与其消极地、被动地面对新环境，不如积极地、主动地适应新环境。

三、生活适应

上大学后，对大学新生来说最大的变化就是生活环境方面，没有了父母、长辈每日的悉心照料，许多事情需要独自处理，开始真正的独立生活。

(一)学会理财

掌管好自己的"小金库",是很多大学生面临并亟须解决的问题。刚入高校时,同学们都没有太多"理财"的经验,有的同学在最初的时间里用钱大手大脚无节制,逛街、旅游、聚餐……两个月就把一学期的生活费花得差不多了,以后的日子只好节衣缩食或向父母索要。在大学里不少同学因为不会理财,日子过得"前松后紧",甚至到学期末要借债生活,因此,大学生要树立"理财"观念。在刚入学的两三个月中,有计划地进行消费。在生活中,哪些开支是必需的,哪些开支是完全不必要的,大学生们都要有合理的开销计划。钱要花在刀刃上,避免完全不必要的消费,可花可不花的尽量少花,尤其要根据父母的经济能力和自己"勤工俭学"的能力来进行日常消费,切不可盲目攀比。大学生理财一个比较有效的方法是每个月初都制订一个切实可行的"消费计划",并且要尽量按照计划执行,多余的钱可以存入银行,以备不时之需。

(二)学会时间管理

走进大学校园,大学生们自主安排的时间较多,能否合理安排时间,直接影响到学习任务的完成。所以,大学生必须树立一种时间观念,做好时间的规划和管理,因为规划的不仅仅是时间,还有自己的未来。学会时间管理就要遵循管理时间的原则。管理时间最重要的原则是在有限的时间内,花尽量多的时间做有意义而又快乐的事。

学会时间管理还要寻找适合自己的时间管理方式。以下的时间管理方法,每一种都非常实用,可以供大家借鉴。

1. 简单的事可以同时做

例如,每天早晨洗漱时间和吃早餐的时间可以用 MP3 或手机等背外语单词和课文,这样,每周可以记一到两篇课文,一年就多记几乎 100 篇。你会惊讶于自己在做这些不费脑子的事情的同时,又学到了很多的知识。

2. 强度大的事情一次只能做一件

首先,集中精力于每件事情,并且在学习的时候保持高效。其次,如果在不同任务之间相互切换会耗费大量的时间,因为每次都必须花时间重新适应一次。因此,一次只做一件强度大的事情会节约大量的时间。

3. 尽量保持自己的专注态度

每当希望专注于一项工作时,需要花费 15 分钟的时间进入状态。当被打扰之后,又要花费 15 分钟才能重新进入状态。所以,一旦进入了状态就一定要保持住,避免受到干扰。

4. 保持激情

在大学里,不能失去激情。例如,从一间教室走向下一间教室的时候,就可以听一些关于"时间管理"和"自我激励"内容的音频资料。这样,几乎时时刻刻都在保持自己的

激情。

5. 每天保证至少30分钟的锻炼时间

经常进行体育锻炼对于保持足够的精力和清醒的头脑非常重要。例如，每天去上课时都需要穿过校园走一段时间，身上背着一个装满了课本的书包，也不失为一种锻炼。

6. 每周用一天时间放松自己

在学习方面过度专注并且以牺牲业余生活为代价，从长远来看是有害的，我们需要维持各个方面的平衡。

7. 不断尝试，找到适合自己的时间管理方式

例如，上网搜寻资料时，听一些快节奏的音乐，就可以使速度更快一些，而且效率是不听音乐时的两倍。自己可以试一试，看看什么样的音乐对你有帮助。

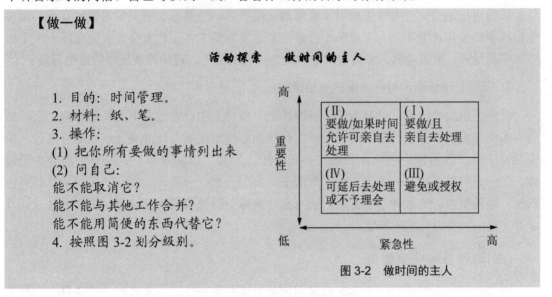

【做一做】

活动探索　做时间的主人

1. 目的：时间管理。
2. 材料：纸、笔。
3. 操作：
(1) 把你所有要做的事情列出来
(2) 问自己：
能不能取消它？
能不能与其他工作合并？
能不能用简便的东西代替它？
4. 按照图3-2划分级别。

（Ⅱ）要做/如果时间允许可亲自去处理	（Ⅰ）要做/且亲自去处理
（Ⅳ）可延后去处理或不予理会	（Ⅲ）避免或授权

重要性（高—低）　紧急性（低—高）

图3-2　做时间的主人

(三)培养良好的生活方式

由于没有监督，有的学生一进大学就开始放松对自己的要求，沾染上吸烟、酗酒等不良生活行为，其实大学并不是学习的终点，而是一个新的起点，这些不良行为将成为大学生求学道路上的一大障碍。大学生精力旺盛，又处于长身体、长知识的阶段，良好的生活习惯是确保顺利、成功度过大学阶段的一个重要基础。为了达到身心健康的目的，从一进大学起，就该重视这个问题，培养良好的生活方式，并防止不良生活习惯的形成。

1. 要安排好饮食，养成良好的饮食习惯

饮食不良现象在大学生中比较普遍，主要表现在以下几个方面：一是饮食不规律。很多学生早晨起床比较晚，来不及吃早饭便匆匆忙忙去上课；有的在去往上课的路上边走边吃，有的则在课间饿的时候随便吃些零食。二是不懂营养搭配、荤素搭配。喜欢吃什么就经常吃什么、想吃什么就吃什么。三是暴饮暴食。学生主要在食堂就餐，由于食堂的就餐

时间比较固定，常有学生由于学习或其他原因错过了开饭时间，于是就随便吃一些，等下一顿吃饭时再多吃。

大学时期应注意安排好饮食，逐步形成良好的饮食习惯。良好的饮食习惯包括饮食要定时定量；早饭要吃好、午饭要吃饱、晚饭要吃少；吃饭要细嚼慢咽、不要狼吞虎咽；注意营养搭配、荤素搭配，不要只吃"好的"、喜欢吃的，不能挑食偏食，要加强全面营养，还要多吃蔬菜和水果。

2. 要远离烟酒，形成良好的卫生习惯

烟酒的危害人尽皆知，但由于不良环境的影响、奋斗目标不明确、就业压力的增大等，一些大学生与烟酒结缘。生活中有些学生既不注意公共卫生，也不注意个人卫生。例如，随地吐痰，乱丢乱扔废纸、塑料袋，不打扫宿舍卫生，乱倒垃圾；被褥长时间不晒、不洗，洗衣不及时、不整洁，鞋袜洗晒不及时，没养成早晚刷牙的习惯等。时代赋予了大学生新的历史使命，对大学生提出了更高的素质要求，当然也包括卫生习惯的要求，很难想象基本的公共卫生和个人卫生都不会做或者做不好的人，工作上会有大的成就。大学生应该明确目标、振奋精神，从自身做起、从一点一滴做起，逐步养成良好的卫生习惯。

3. 保持心理健康，培养健康的生活情趣

世界卫生组织认为："健康是一种躯体上、精神上和社会适应上的完好状态，而不是没有疾病和虚弱。"现代医学研究表明，持续的心理紧张和心理冲突会造成精神疲劳，免疫功能下降，容易发生疾病。要做到心理健康，应该"以动养静"，培养健康的生活情趣。如学习时专心致志，学习之余，寄情于一技、一艺、一诗、一画、一花、一草，兴趣盎然，凝神定志。要做到心理健康，就更应该培养一份健康的生活情趣，积极上进、认真学习，提高自身综合素质和能力。

(四)培养多种业余爱好

大学校园与中学校园一个显著的区别就是大学的课余生活丰富多彩。除了日常的教学活动之外，还有各种各样的讲座、讨论会、学术报告、文娱活动、社团活动和公关活动等。这些活动对于大学生来说，的确令人眼花缭乱，因此对于如何安排课余时间，大学生常常心中没有计划。

要合理地安排课余时间，积极参加学校各种活动，培养多种业余爱好。首先对自己在近期内的活动要有一个理智的分析。看看自己近期内要达到哪些目标，各种活动对自己发展的意义又有多大等。然后作出最好的时间安排，并且在执行计划中不断地修正和发展。大学生要善于利用课余时间，开展一些有益的文娱活动，如唱歌、跳舞、下棋等；尽量培养自己多种兴趣爱好，陶冶情趣，使生活充实丰富。大学时最好拥有一项或多项自己有兴趣而又擅长的爱好，不仅有利于建立自信心，还能增强社会适应能力。

(五)加强独立生活能力的培养

90 后这一代，是独生子女的一代，充分地享受来自长辈的关爱和宠溺。中学阶段，几

乎都是衣来伸手、饭来张口，这导致他们缺乏生活常识，缺少生活经验。从中学过渡到大学，他们终于可以远离父母爱的唠叨，摆脱父母的约束，自由自在，对大学的生活热情饱满；同时，他们又因为生活经验的欠缺，频频闹笑话，为此感到苦恼和无奈，情节严重的将无法继续大学的学习。

石某，现在每次都要自己洗衣服，于是他经常在同学面前抱怨："烦死了，学校的洗衣机感觉不干净，以前在家的时候，衣服脏了根本就不用担心没人洗，早知道当初就不应该离家那么远来上学了。"

点评：石某的例子是 90 后这一代人进入大学普遍存在的生活方面的适应性问题。他们远离父母，来到大学，外在环境的变迁，本需要调节自身去适应，加上各种生活上棘手的问题，让他们变得烦躁不安。他们中还有一部分人经济独立意识不强，不懂得管理自己每月的生活费，离月底还有好长时间就已经弹尽粮绝，只有再伸手向父母索要。环境的变化、生活问题的困扰很容易让学生们进入大学有强烈的受挫感，出现生活性障碍。加强学生独立生活能力的培养，有助于其顺利地进行日常生活，同时有利于人际交往，有助于体验大学生活的集体感和温暖感。

四、人际适应

人际关系也是造成大一新生困惑的一大原因。由于大学同学来自"五湖四海"，地区的差异使他们在思想观念、价值标准、生活方式和生活习惯等方面存在差异，在遇到实际问题时也容易发生冲突。

大学生的人际关系主要包括：同学关系、室友关系及师生关系。首先，同学关系。同学是大学生人际交往的主要对象，同学关系是大学生人际关系的主要内容。其次，室友关系。室友关系是同学关系的更进一层，寝室室友之间的关系处理是最基本的人际交往，也是大学生活中不可缺少的一部分，在寝室里，同学之间的关系有亲情化、家庭化的趋势，如果处理得好，也许就会有数个知己；相反，如果处理得不好，那么将会度日如年。最后，师生关系。老师是学生人际交往的重要对象，师生关系是学生人际关系的重要内容。目前，学生对大学的师生关系不是很满意，师生之间交往、交流都不多，关系并不密切。学生只有遇到与学习有关的"功课问题""学业问题"，才会去寻求老师的帮助，至于其他个人的心理问题，以及情绪问题、家庭问题、交友问题和恋爱问题等，则很少有人会去寻找老师的帮助。实际上，这是一个很大的误区，大学生活，我们所要学习的不仅是学业，更重要的是，我们充分发展成为一个独立的、社会适应性良好的个体。我们可以从以下几个方面着手处理好人际关系。

1. 相互理解，学会批评

每个人都有爱面子的时候，因此，不要轻易批评他人。不过有些时候，当别人的错误损害了我们自己以及周围人时，我们需要促其改变，但批评是有其艺术性的。批评要想达到效果，必须尽量减少对方的防卫心理。引起防卫心理的批评，一般来讲，也是威胁到对方自尊与"面子"的时候。它可能会更多地出现在以下几种情景之下：第一，在公共场合下，对方很可能首先意识到自己的形象和自尊受损而不是自己所犯的错误；第二，涉及人格与能力的时候，比起一些具体的言行来，人们对自身的人格、能力等看得更重；第三，涉及既往的事件。一两件事可以归因于偶然，许多件事则更可能归因于人品，所以翻旧账等于在贬低对方的人品。因此，在批评的时候，要记住，尽量不要在公共场合，要对事不对人，不要翻陈年旧账。如果在欣赏与感谢对方某种好的品质的基础上再提出善意的批评，效果会更好。

2. 培养自信，友好交往

人际交往本质上是一个互动的过程，但许多时候互动链的运动需要有人激发。事实上，许多交际成功的人往往会主动激发，开启人际互动链。即他们往往首先向别人发出友好的信号，主动关心别人，主动帮助别人，主动与人打招呼……以帮助与相互帮助开端的人际关系，不仅良好的第一印象容易确立，而且人与人之间的心理距离可以迅速缩短，使良好的人际关系迅速建立起来。生活中，帮室友打一次水，送一次伞，收一次衣服……室友间的关系就会更加融洽。"我为人人，人人为我"，积极主动的态度有利于迅速打开人际交往的局面。在社会交往中，那些主动去接纳别人的人，在人际关系上较为自信。某些大学生之所以不能采取主动交往的方式，主要是因为缺乏自信，担心遭到拒绝，担心别人不会像自己期望的那样理解、应答，从而使自己处于窘迫的局面，伤害了自己的自尊。事实上，人一生下来就是社会性的，人际交往是相互的，交往的过程，实际上是相互适应的过程，人际关系中，双方都需要适应，需要人际关系支持。

宿舍关系十要领：
(1) 与舍友统一作息，在日常生活中给予包容和理解；
(2) 不搞"小团体"；
(3) 不触犯舍友的隐私；
(4) 积极参加集体活动；
(5) 给予别人关心，别人有困难要帮，自己有解决不了的事也要寻找帮助；
(6) 不拒绝零食和宴请；
(7) 不逞一时口舌之快；
(8) 维护共同的环境卫生，完成该做的值日；
(9) 学会赞美，不吝啬对别人的夸奖；
(10) 用主动友好的方式解决日常矛盾。

3. 热情待人，相互尊重

热情是最能打动人、对人最具吸引力的特质之一。一个充满热情的人很容易以自己的良性情绪感染别人。一个面带微笑的人很容易被他人接纳。每个人在生活中都会遇到许多烦恼的事，但我们不能被它们所奴役，而应像鲁迅先生说的那样：敢于直面惨淡的人生！愉快地面对生活可以从行动入手，让自己高兴地做事，以微笑去待人。要热情待人还需从心里对他感兴趣，真心喜欢他人，尊重他人。因为人们更容易喜欢那些对自己感兴趣的

人。"对别人不感兴趣的人，他的一生中困难最多，对别人的伤害也最大。所有人类的失败都出自于这种人。""只要你对别人真心感兴趣，在两个月之内，你所得到的朋友，就会比一个要别人对他(她)感兴趣的人，在两年内所交的朋友还要多。"尊重别人，还要让他人保住面子。人们往往认为，所谓的好朋友，应当是能直截了当地指出朋友的缺点。然而，真是这样的话，效果会如何呢？你当面指出他的缺点，会威胁到他的自尊，他会不自觉地来维护自己的面子，其结果是，你没有影响到他，相反，你们的友情却受到不同程度的伤害。同学之间常常争论，若是为探讨问题，这是有益的，但试图以此改变对方，则往往会适得其反。当你反驳他的观点时，便或轻或重地对他的自尊造成了威胁，争论双方很难单纯地就问题展开争论，其间往往渗入了保卫尊严的情感。因此，我们不难理解，为什么许多争论到最后会演变成为人身攻击，或变成了仅仅比嗓门高低的游戏。

4. 赞赏别人，注意倾听

生活中，批评与指责是不缺的，老师会批评，家长会指责……而恰当的、适时的赞扬会带给我们什么样的心情呢？在大学里，有一些同学由于家境、容貌、见识等原因而深藏一种自卑感，他们需要得到认同和鼓励。一句由衷的赞赏很可能会使他们的生活洒满了阳光。真心真意、适时适度地表达你对别人的赞扬，赞扬时对人也对事，就能够增进彼此间的吸引力。

人长着两只耳朵，一张嘴巴，上帝即是让我们少说，多听。倾听，是社交过程中最简单也是最重要的人际技巧。倾听对方，意味着你对他所说的感兴趣，意味着你尊重他。只谈论自己的人，所想到的也只有你自己，这是不受欢迎的。因为跟你谈话的人，对他自己的需求和问题更感兴趣。倾听有助于我们从别人那学到许多有益的东西，每个人充满感情谈论的往往是其感受颇深的，这些对于弥补和增长我们的经验是大有益处的。当然，倾听不是被动地接收。倾听过程中，有意识地反馈，可以吸引对方的思考，引导对方谈话的方向，使之更符合你的需要。有人际冲突的时候，如果另一方耐心地、不加评论、不加辩解地倾听对方说下去，对方就会渐渐平息下来，甚至开始主动反省自己；或是待其冷静下来后，再平静地讲清一切，有谁会不喜欢这种"润物细无声"的做法呢？了解他人需要什么，并满足这些需求，就能赢得他人的尊重。了解自己的长处和局限，并不断地完善自己，我们就能减少防卫，更坦然地走向他人，更自信地与人交往。请记住，这是一项长期的人生修炼。

5. 寝室管理，约束规范

大学寝室是学生除了教室之外最重要的地方，寝室是生活习惯养成最重要的场所。学生来自天南地北，环境不一样，气候不一样，饮食不一样，难免会存在一些摩擦。既然是住在同一个寝室内，除了包容，指定一些必要的规则才能更好地保障寝室的文明和谐。古语还有言"不以规矩，何以成方圆"，制度是确保行为的规范。例如，重庆某高职二级学院的全体辅导员，在学院书记的帮助下，向学校争取了 5 间示范文明寝室，通过比赛和实际考察，选出了 30 名学生入住示范文明寝室，并且 3 个月竞争一次，如果不符合的将搬出示范寝室，提供给更有需要的学生。这种树立典范的行为，对学生能够起到很好的激励和约束作用，帮助学生养成良好的生活习惯。

苏某自述：我是一个习惯早睡早起，喜欢安静寝室环境的人。但是寝室有三个同学很喜欢打游戏，每天一回寝室就是坐在电脑前开始组团打英雄联盟。游戏声音震耳欲聋，根本不能安静地看书。跟辅导员反映后，他们现在没有把游戏声音放出来，都是戴着耳机打游戏，但是我还是不喜欢，担心这样的寝室环境会让我堕落，另外我习惯早起，他们也很烦我这个习惯。

【做一做】

根据自己的情况，填写表3-2的内容。

表3-2　善用资源，搞好人际关系

序　号	人　员	可以提供的帮助	找到他/她的方式	备　注
1	辅导员			
2	班主任			
3				
4				
5				
……				

(1) 描述各自心目中偶像/朋友的形象。他(她)会以何种方式协助你？你在哪里以及用何种方法可以找到这种人？可以是班长、学委等干部，也可以是学长、学姐等学生会干部。

(2) 每位同学自行梳理自己的人际关系网，写一篇心得，并思考怎样学会利用大学资源，提高人际交往能力。

五、学习适应

大一新生从过去相对集中统一的中学阶段过渡到自由度很大的大学校园深造，在这里没有父母的督促和班主任的唠叨，又不熟悉大学学习的环境和学习方法，很容易产生时间的富余感和学习的焦虑感。调整学习方法，是适应大学学习生活的重要一步。大一新生要逐步学会主动学习以及学会自学。具体而言，应注重提高以下几个方面的能力。

1. 正确的学习方式

大学的学习方式以自学为主，往往是教师领进门，做启发性的指导和答疑解惑；大量的时间要靠大学生自己去支配和决策：什么时间应该学习什么，应该花费多长时间学习课堂知识，又应该用多长时间自己去查阅资料、补充笔记和课余思考。一般而言，大学往往要在 3～4 年中学习 30 多门课程，在实施学分制的学校，学生还可以根据自己的学习能力和时间安排，自我确定学习的内容和课程。而中小学生的学习方式则更加强调在教师的指

导下，按部就班地、循序渐进地学习相关知识内容，学习的被动性和依赖性较强。正由于这样，很多学生进入大学后都必然会出现一个心理不适应期。在这样一个时期，他们会产生许多困惑和疑虑，诸如"大学里到底应该如何学习？""为什么大学老师不按照教材讲课？""考试中的问题怎么教材上找不到？"等。因此，大学生都应该养成制订学习时间表、学习计划及学习效果评估等良好的学习方式。

2. 扎实的专业基础

进入大学以后，由于专业设置和个人发展目标的不同，使原来学习名次上的竞争逐渐淡化，逐步形成了"大学习"观念上的综合评价体系。所以，要努力提高自己的综合学习能力，还要正确对待专业课、公共课和选修课。对专业课的学习，应目标明确具体，主动克服各种学习困难，不断提高学习兴趣。用人单位通常是按照所在行业的专业特点选拔大学毕业生，因此，反映在个人履历表中的大学所学专业课成绩的优良程度，就成了又一项重要的量才标准了。

3. 丰富的基础知识

大学生的学习内容更加强调精深和广博，在广博的基础上求专长；在专业学习的基础上求拓展和创新。大学生在校学习的往往是某一门专业的学科知识，因此，学生既要有扎实的专业基础知识，又有邻近专业的相关知识；既有理科方面的数理逻辑知识，又有文科方面的文化历史知识；既有熟练的计算机操作技术，又有流畅的外语口语表达能力。像这样能做到一专多能、文理兼容的复合型人才非常受欢迎。

4. 较强的动手能力

动手能力也叫作实践操作能力，是从事任何一种专业性工作必备的素质。如果只是会背书本上的概念和理论，不会解决实际问题，就无法胜任工作。例如，教师这个职业，只凭丰富的知识还不够，还要有把自己知道的知识传授给学生的能力，也就是要会备课和上课；数控机床专业的学生只学会机床的操作原理还远远不够，必须要亲自动手开动机床才能学以致用。因此，大学生一定要克服只重理论知识而轻实践操作的观念。

5. 良好的语言表达能力

语言表达能力是现代人才必备的基本素质之一。在现代社会，由于经济的迅猛发展，人们之间的交往日益频繁，语言表达能力的重要性也日益增强，好口才越来越被认为是现代人所应具有的必备能力。一个人想要别人了解你、重视你，更好地发挥自己的才能，一定要有出色的口头语言表达能力。目前，企事业单位在招聘大学毕业生时，面试环节对语言表达能力的重视已经直接影响到应聘者能否被录用，众多的大学毕业生对此已经有了深刻的认识。

6. 健康的心理素质

现代生活中人与人的交往越来越广泛和频繁，大学生毕业后从事的很多职业都需要和人打交道。所以，只有个性积极向上、乐观自信、活泼开朗，善于与人交流和沟通，才有

亲和力和好人缘，才能适应各项工作的要求。相反，如果个性消极低沉、悲观自卑、孤僻内向，不善于与人交流和沟通，则不容易受人欢迎，也会影响就业和工作的发展。因此，大学生一定要把培养健康的心理素质作为一项重要的任务来完成。

心理训练营

心灵体操

想象一下你的终极目标

想象一下：你 60 岁退休时，会拥有哪些成就？你的同事、朋友、家人会怎样评价你？

想象一下：你离开人世时，会拥有哪些成就？人们会怎样评价你？

想象一下：你离开这个世界 10 年、50 年，乃至 100 年后，人们是否还会记得你？人们会怎样评价你？

记住，这些问题的答案里面有你人生的意义，有你人生的终极目标，有你真正的梦想！

静下心来，花些时间，一定要试着把你"想象"的答案写下来：

退休时，我得到的评价是：_____

离开人世时，我得到的评价是：_____

离开这个世界10年后，我得到的评价是：_____

离开这个世界50年后，我得到的评价是：_____

离开这个世界100年后，我得到的评价是：_____

请你试着再计划一下自己大学的学习生活：_____

大学生适应能力自我测试

自从走进校园后，我们就在不断经历着新老师、新同学和新知识等带来的变化。面对这些变化，你的心理适应性如何？不妨一测。

选择 A、B、C、D、E 的含义：

A——很符合自己的情况；

B——比较符合自己的情况；

C——很难回答；

D——比较不符合自己的情况；

E——很不符合自己的情况。

(1) 如果周围再安静一点且没人监考，那么我的考试成绩一定会更好。

    A   B   C   D   E

(2) 每到一个新的环境，我与周围的人很容易接近，并能与他们相处融洽。

    A   B   C   D   E

(3) 到外地去时，我容易出现失眠，并且常常感到身体不舒服。

    A   B   C   D   E

(4) 我最喜欢学习新知识或新学科，因为这能给我一种新鲜感，激发我的兴趣，而且

我总能很快找到适合自己的学习方法。

    A   B   C   D   E

(5) 已经记得很熟的课文，面对全班同学背诵或默写时我总会出错。

    A   B   C   D   E

(6) 我很喜欢参加社交活动，每次活动我都能结识很多新朋友。

    A   B   C   D   E

(7) 我比其他人更希望夏天能凉快一些，而冬天能暖和一些。

    A   B   C   D   E

(8) 课堂上即使很吵闹，我也能集中精力学习，学习效果不会下降。

    A   B   C   D   E

(9) 参加重要的大型考试，我的脉搏总会比平时跳得更快。

    A   B   C   D   E

(10) 学习任务很繁重时，我可以精力充沛地学习一个通宵。

    A   B   C   D   E

(11) 除了我熟悉的朋友外，其他客人来我家做客时我一般都会回避。

    A   B   C   D   E

(12) 到一个新的地方，饮食、气候变化很大，我一般能很快习惯。

    A   B   C   D   E

(13) 到一个新班级，我很难较快与班上的同学建立良好的关系。

    A   B   C   D   E

(14) 无论在课堂上还是在会场上发言，我都能镇定自如。

    A   B   C   D   E

(15) 如果有老师站在我旁边，我学习做事总感觉有些不自在。

    A   B   C   D   E

(16) 在大多数情况下，我会接受大家的看法而放弃个人的意见。

    A   B   C   D   E

(17) 在众人特别是在陌生人面前，我都会感觉有点不知所措。

    A   B   C   D   E

(18) 在任何情况下，我做事都会很细心，从不会很慌张。

    A   B   C   D   E

(19) 和别人争论时，我常语无伦次争不过人家，但事后总能想到反驳的办法。

    A   B   C   D   E

(20) 我每次遇到大考时，考试的成绩就会比平时要好一些。

    A   B   C   D   E

评分标准：

凡奇数项题目，从A到E五种回答依次计1、2、3、4、5分。

凡偶数项题目，从A到E五种回答依次计5、4、3、2、1分。

评分说明：

81～100 分：适应性很强，你能很快适应新的学习环境，因此无论到一个什么样的环境中，你处事总能应对自如。

61～80 分：适应性较强，你能够比较轻松地适应学习和生活环境的变化，遇到新问题还能够比较从容地应对，不至于惊慌失措。

41～60 分：适应性一般，但进入一个新的环境，经过一段时间的努力，你基本上能够适应。

31～40 分：适应性较差，你依赖于较好的学习和生活条件，习惯于现在的生活环境，稍有改变就会觉得不适应，一旦遇到困难，容易怨天尤人。

20～30 分：适应性很差，在各种新的环境中，即使经过一段相当长时间的努力，你也不一定能够适应。常常感到与周围事物格格不入，与人交往总觉得手足无措。

▥ 心理加油站

知识拓展

世界上最顽强的生命

世界上最古老的树种——银杏树，在地球上的年龄约有 1.6 亿年，它存活的最大原因在于其对恶劣环境的"适应性"。

针叶林，可以在世界上年度温差最大的地方(冬季低达-70℃，而夏季高达 30℃)完好地生存。这种强大的适应能力归功于它们自身的性状和特征：针形的叶子可以减少高山缺水环境下的水分流失，厚厚的树皮可以对外界气温反差形成阻隔和保温。

而生活在热带雨林里的阔叶植物，同样依赖于自身的性状特征而得以存活。因为在多雨的环境下，硕大无比的叶子有助于蒸发植物身上多余的水分。

适合的就是最好的！适应能力就是生存能力！

心理美文

英国最古老的建筑物威斯敏斯特教堂旁边，矗立着一块墓碑，上面刻着一段非常著名的话："当我年轻的时候，我梦想改变这个世界；当我成熟以后，我发现我不能够改变这个世界，我将目光缩短了些，决定只改变我的国家；当我进入暮年以后，我发现我不能改变我的国家，我的最后愿望仅仅是改变一下我的家庭，但是这也不可能。当我现在躺在床上，行将就木时，我突然意识到——如果一开始我仅仅去改变自己，然后，我可能改变我的家庭；在家人的帮助和鼓励下，我可能为国家做一些事情；然后，谁知道呢？我甚至可能改变这个世界！"

心灵感悟

一封妈妈给即将上大学的儿子的信

亲爱的儿子：

你马上就要走进大学了，妈妈还有很多事情想提醒你。

首先，到了大学要加强自制力。高考的前一天你还在打游戏，说："都这会儿了，复习还有什么用？"我没怪你，因为我知道你的自制力很差。以前，我们试过设密码或限定上网时间，但只要你一坐在电脑前，手一碰到鼠标，就再也没法叫动你了。每次提醒你该停下了，你总是嘴上说："马上！"身体却纹丝不动。可是，进大学以后，谁来一遍一遍地提醒你呢？只有你自己了。你到了能享受更多自由的大学阶段，也需要有更强的自制力。古人云"君子慎独"，就是说，一个有修养的人，即使没有人看见，也不会做放纵失德的事。例如，在没人的地方也绝不会随地吐痰；没人发现，也绝不占小便宜。妈妈希望，即使没有我们的监管，你也绝不会沉溺于网络！

其次是关于立志。填志愿的时候你不知道该填什么专业，我让你想想将来想干什么。你一脸茫然，说自己胸无大志。后来又说，想出一张唱片，写一本书，还想去英国留学。我觉得你并不是胸无大志，而是还不太清楚自己未来的方向。不过也可以理解，你念了十几年书，一直就是两点一线，哪有机会接触社会，考虑自己的未来呢？不过，现在上大学了，是开始思考和行动的时候了。你爸爸当年在农村插队劳动的时候，整天边劳动边背英语单词，村里人以为他疯癫了。其实他那样刻苦，就是为了考上大学。考上大学以后，他的志向就是成为最优秀的工程师，于是他拼命地啃英语，钻研专业课。毕业以后，恰好化工部有公派留学的机会，你爸爸抓住了机会，去了加拿大深造。如果他胸无大志，努力的程度就会大打折扣，即使机会来了，也只能眼睁睁地看着别人把它拿走！

还有一个妈妈比较担心的问题——你从来没有真正地努力过。你一直说自己比较懒，高考完了就"现原形"了。进大学以后，尤其是大一，离就业还远，学习跟高三比似乎轻松很多，那你的大学生活会怎样安排呢？

看到你自己买的杰克琼斯的衣服(你穿这个牌子的衣服很帅的)，知道你总去学校旁边的那家理发店理发(生怕别的地方剪不好)，妈妈很开心，因为你长大了，知道自己做选择了。其实，生活中其他的事情也一样，需要你作出明智的选择。例如，是优哉游哉地混日子，还是脚踏实地过好每一天？

记住爸爸妈妈殷切的期望：第一，像个成人一样自律；第二，立志，为自己找到奋斗的目标；第三，努力奋斗！

等进了学校，有空的时候，经常把妈妈这封信拿出来读一读。毕竟，我们不能在你身边照顾你、开导你了。

爱你的妈妈

能力检测

一、问题思考

围绕现实社会中人们最关注的某个热点问题，如近年来发生的"老人倒地，扶还是不扶"，针对这个问题，你会怎么做？是怎么想的？怎样行为才能解决问题，才能进一步学会在复杂的社会生活中合理地保护自己、适应社会规则？

二、学习讨论

讨论题：

(1) 针对大学生活，哪些方面能够提高我们的生活能力？

(2) 结合实际谈谈你在大学生活中有过哪些不适应？有什么感受？你是如何调整自己的，效果如何？

(3) 试结合自己身边的事例来说明"以万变应万变"的道理。

项目四　懵懂之中，看清自我
——大学生自我意识发展

知识目标： 通过本章节的学习，使学生认识自我发展的重要性，了解大学生自我意识的内涵及形成发展过程；熟悉大学生自我意识发展的特点及矛盾，掌握培养健康自我意识的途径及方法。

能力目标： 通过本章节的学习，学生能够正确而全面地认识和评价自己，能够合理地悦纳和认同自己，能够识别在自我意识发展过程中出现的偏差，并查找原因对其进行调适，最终建立自尊自信的自我意识。

【案例导入】

肖某，女生，今年 18 岁，来自于边远山区，家境贫寒，大学以前的时光都在小山村里度过，性格内向，平时说话不多。在期末考试前一周来到校心理咨询室，向咨询老师倾诉道："老师，我最近特别难受，来到这里上大学，我感觉自己样样不如其他人，自己没见过世面，知识面很窄，在同学面前什么都不懂，个头矮小，长得又不好看，家里不如其他人有钱，甚至连我以前引以为傲的学习成绩在大学里也没有了任何优势。我总觉得自己比别人低人一等，怕身边的同学瞧不起自己，内心特别痛苦和无奈。"

请思考： 肖某认为自己是一个什么样的人？你觉得肖某对自我的认识正确吗？

【心理讲堂】

第一节　自我意识概述

一、自我意识的概念

自我意识是人对自己身心状态及对自己与客观世界的关系的意识，是人的意识发展的高级阶段，是一个包含认知、情感、意志等多种心理机能的完整的心理系统。广义的自我意识是指人对自己的属性、状态、行为、意识活动的认识和体验，以及对自身的情感意志活动和行为进行调节、控制的过程。正是由于人具有自我意识，才能使人对自己的思想和行为进行自我控制和调节，使自己形成完整的个性。

自我意识不仅是人脑对主体自身的意识与反映，而且人的发展离不开周围环境，特别是人与人之间关系的制约和影响，所以自我意识也反映人与周围现实之间的关系。自我意识是人类特有的反映形式，是人的心理区别于动物心理的一大特征。首先，自我意识是认识外界客观事物的条件。一个人如果还不知道自己，也无法把自己与周围相区别时，他就不可能认识外界客观事物。其次，自我意识是人的自觉性、自控力的前提，对自我教育有推动作用。人只有意识到自己是谁，应该做什么的时候，才会自觉自律地去行动。一个人意识到自己的长处和不足，就有助于他发扬优点，克服缺点，取得自我教育积极的效果。最后，自我意识是改造自身主观因素的途径，它使人能不断地自我监督、自我修养、自我完善。可见，自我意识影响着人的道德判断和个性的形成，尤其对个性倾向性的形成更为重要。

二、自我意识的结构

自我意识的结构是指自我意识由哪些心理成分或者基本表现形式所构成。自我意识是一种多维度、多层次的复杂心理现象，按照不同的划分标准自我意识可以有多种分类，如表 4-1 所示。

表 4-1　自我意识的结构

划分标准	分类 1	分类 2	分类 3
从形式上划分	自我认识	自我体验	自我调节
从内容上划分	生理自我	社会自我	心理自我
从自我观念上划分	现实自我	投射自我	理想自我

(一)从形式上划分

自我意识从形式上划分，可分为自我认识、自我体验和自我调节，如图 4-1 所示。

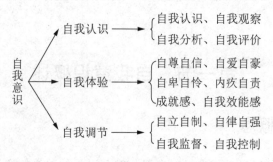

图 4-1　自我意识的结构(从形式上划分)

1. 自我认识

自我认识是自我意识的认知成分。它是自我意识的首要成分，是主观自我对客观自我的认识与评价。自我认识是自己对自己身心特征的认识；自我评价是在自我认识的基础上对自己作出的某种判断，是自我意识发展的主要成分和主要标志，是在认识自己的行为和活动的基础上产生的，是通过社会比较而实现的。正确的自我评价，对个人的心理生活及其行为表现有较大影响。如果个体对自身的估计与社会上其他人对自己客观评价距离过于

悬殊，就会使个体与周围人们之间的关系失去平衡，产生矛盾，长期以来，将会形成稳定的心理特征自满或自卑，将不利于个人心理上的健康成长。因此，要提高我们的自我评价能力，应学会与同伴进行比较，通过比较作出评价。同时，还应学会借助别人的评价来评价自己，学会用一分为二的观点评价自己。

2. 自我体验

自我体验是自我意识的情感成分，是主观的我对客观的我所持有的一种态度，如自信、自卑、自尊、自满、内疚和羞耻等都是自我体验。自我体验往往与自我认知、自我评价有关，也和自己对社会的规范、价值标准的认识有关，良好的自我体验有助于自我监控的发展。

3. 自我调节

自我调节是自我意识的意志成分，主要表现为个人对自己的行为、活动和态度的调控。它包括自我检查、自我监督和自我控制等。自我检查是主体在头脑中将自己的活动结果与活动目的加以比较、对照的过程。自我监督是一个人以其内在的行为准则对自己的言行实行监督的过程。自我控制是主体对自身心理与行为的主动的掌握。自我调节是自我意识中直接作用于个体行为的环节，它是一个人自我教育、自我发展的重要机制，自我调节的实现是自我意识的能动性质的表现。

综上所述，自我认识，即对自己各种身心状况、自己与他人关系的认知；自我体验，是伴随自我认知而产生的情感体验；自我调节，是伴随自我认知、自我情感而产生的各种思想倾向和行为倾向。自我意识是由以上三个子系统构成。因此，自我意识也叫自我调节系统。

(二)从内容上划分

自我意识从内容上划分，可分为生理自我、社会自我和心理自我，如表 4-2 所示。

表 4-2　自我意识的分类(从内容上划分)

类　别	自我认知	自我评价	自我控制
生理自我	对自己身体、外貌、衣着、风度、性别、病痛饱饿等的认识	帅、漂亮、有吸引力、迷人、矮小、普通、胖等	维护身体的外表修饰、物质欲望的满足等
社会自我	对自己的名望、地位、角色、权利、义务、责任、力量的认识	自尊、自信、自爱、自豪、自卑、自怜、自恋	追求名誉地位，与他人竞争，争取得到他人的好感等
心理自我	对自己的智力、性格、气质、兴趣、能力、记忆、思维等特点的认识	有能力、聪明、优雅、敏感、迟钝、感情丰富、细腻、暴躁、温和	追求信仰，注意行为符合社会规范，要求智慧与能力的发展

1. 生理自我

生理自我是个体对自身生理状态的认识和体验，是自我意识最原始的形态。例如，对

自己身高、体重、容貌、身材、性别和健康状况等生理特质的意识等。个体对自己的躯体认识包括：占有感、支配感和爱护感。

2. 社会自我

社会自我是指个体对自己与周围关系的认识与体验，如自己在群体中的地位、名望，受人尊敬、接纳的程度，拥有的家庭、亲友及其经济、政治地位的意识。在情感体验上表现为：自豪或自卑；在意向上表现为：追求名誉地位，与人交往，与人竞争，争取得到他人的好感等。

3. 心理自我

心理自我是指个体对自身心理状态的认识和体验，是个体对自己的心理活动、个性特征、心理品质的认识、体验和愿望，如对自己的感知、记忆、思维、智力、知识、能力、情绪、兴趣、爱好、性格、气质和行为特点等的认识和体验。在情感体验上表现为：自豪、自尊或自卑、自贱；在意向上表现为：追求智慧、能力的发展和追求理想、信仰。

生理自我、社会自我与心理自我是密切联系的、相互影响的，它们都包含着不同的自我认知、自我体验与自我控制，但由于比例和搭配的不同，构成了个体对个体自我意识之间的差异，也使得每个人都有自己的对人、对己、对社会的独特看法和体验。当我们进行自我观察、自我感觉、自我分析和自我评价的时候，我们就形成了自我概念。我们通过经验、反省和他人的反馈，逐步加深对自身的了解。

(三)从自我观念上划分

自我意识从自我观念上划分，又可以分为现实自我、投射自我和理想自我，如图 4-2 所示。

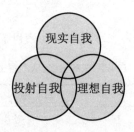

图 4-2　自我意识的分类(从自我观念上划分)

1. 现实自我

现实自我是指我认为自己实际上现在所具有的特征和品质，是我们在现实生活中获得的自我感觉，即按照我们自己的标准对自己目前身心状况和与周围关系的看法。

2. 投射自我

投射自我是在我们自身看来，其他人对自己的评价和看法。投射自我是人们想象他人对自己的评价而由此产生的自我认知。它包含两个部分，一是他人对于我们的真实想法是什么，即是他人的真实评价；二是我们对于这些评价的知觉，即是我们所知觉到的评价。

3. 理想自我

理想自我则是我希望达到的完善形象、生活目标、对未来的憧憬、期待和抱负，以及我希望我能成为什么样的人，具有怎样的特征和品质，对将来或者想象的自我的认识。例如：关于我的身材的认识，我觉得自己身材不够好，如果再瘦一点就比较满意了，这是理想的生理自我；与多数同学相比其实我已经算偏瘦了，这是现实的生理自我；其他同学说我身材不错，这是他人眼中的生理自我，即是投射自我。

现实自我与投射自我，现实自我与理想自我的和谐一致是心理健康的基本保证，这三者存在矛盾冲突就会引起自我意识的矛盾和偏差。

第二节 大学生自我意识的形成与发展的特点

一、自我意识的形成与发展

自我意识不是一生下来就有的，而是在其发展过程中逐步形成和发展起来的。有研究表明，自我意识的形成与发展经历了三个阶段：一是生理的自我；二是心理的自我；三是社会的自我。从生理自我、社会自我和心理自我的角度分析，三个部分有一定的发展过程，在生命降生之初，婴儿是没有自我意识的，基本是生活在主体和客体未分化的状态之中，甚至不能意识到自己同外界事物的区别。大约到 8 个多月时，自我意识的最初形态——生理自我开始萌芽了。从 8 个月到 3 岁主要是对自我的确认，即是生理自我形成发展时期；从 3 岁到青春期主要是对自我的评价，即是社会自我形成发展时期；从 14、15 岁到成年主要是对心理自我的理解，即是心理自我快速发展时期，大学生正处于自我意识的分化、矛盾、统一和稳定时期。以后，经过 20 多年的发展，自我意识才逐渐稳定、成熟。具体内容如下。

(一)自我意识的产生(3 岁前)

从婴儿出生后 8 个月开始至 3 岁左右，是自我意识发展的初始阶段。这是个人对自己身体的意识，是对自身与外界相区别的意识，包括对他物的占有感、对他人的支配感与对自身的爱护感及满足感。他们已体会到自我的存在，不过只是对自己躯体的认识。这个阶段称为生理自我阶段。

新生儿不具有自我意识，最初是先能辨认客体的属性，而后才逐渐认识自己。1 岁前的儿童全然意识不到自己的存在，更不能分辨主客体的区别。他们经常摆弄自己的手指，并把它们放进嘴里吮吸，但并不知道手指是自己身体的一部分，而把它们当作玩具。在以后的生活中，由于不断与外界事物接触，身体器官、神经系统随之不断发展、完善，到 1 岁左右，产生了自我感觉，这是自我意识最原始、最初级的形态。这时，儿童逐渐能将自己和自己的动作区别开来，将自己的动作和动作对象区别开来。2 岁左右知道自己是男孩还是女孩，都是生理自我逐渐成熟的证明。当儿童在 3 岁左右，会用人称代词"我"来表示自己，用别的词表示其他事物时，说明儿童开始意识到了自己心理活动的过程和内容，开始从把自己当作客体转化为把自己当作一个主体的人来认识。这是自我意识的萌芽阶段，也是自我意识发展中的一次质变和飞跃，人的自我意识从此萌生。儿童掌握人称代词比掌握名词困难得多，代词具有很大的概括性，"我"一词可与每一个人相联系，运用时必须要有一个内部转换过程。在语言学习中掌握了物主代词"我的"和人称代词"我"，由此实现了自我意识发展的又一次飞跃，即从把自己看作是客体转变为把自己当作主体来认识，这标志着真正的自我意识的出现。

(二)自我意识的发展(3 岁至青春期)

从 3 岁到青春期，是个体自我意识的发展时期，但这个时期个体的眼光是向外的，他的兴趣的中心是自身以外的外部世界。个体通过幼儿园和学校教育，受到社会文化的影响，增强着社会意识，认识到自己是社会的一员，尽量使自己的行为符合社会标准。这个阶段也称作社会自我时期。

在青春期，自我意识发展逐渐清晰、自觉，开始意识到自己与他人、与集体的关系，意识到自己的内心活动，开始想到自己，开始"发现"了自己。例如，这时会发现自己能想出某个主意，而别人想不出，从而感到自豪、得意；开始关心自己的发展，出现了理想或幻想，还有了许多内心的"小秘密"；开始对周围人们的精神世界、个性品质等感兴趣；欣赏文艺作品时，开始关注人物的内心体验、动机、想法和个性特点等，而不是像小学生那样，只注意作品的情节和人物的外部动作。但这时自我意识的水平还不高，对自己的内心世界了解也不深。

(三)自我意识的成熟(青春期到成人)

从 14、15 岁到成年，抽象思维能力和想象力大大提高，在生理和心理上急剧发展变化的同时，促进了自我意识的成熟，使个体进入心理自我时期。个体把关注的重点转向内部，开始去发现、体验自己的内心世界关心自己的形象，不再简单认同别人的观点，而有了自己的独特理解。

在青年初期，自我意识开始全新发展和逐渐成熟，并在青年期内基本完成。它的显著特征是把原来主要朝向外部的认识活动，转向自己的内心世界，探索自己的内心活动。例如，这时的青年会提出一系列的问题要自己回答：我是一个什么样的人？我要成为一个什么样的人？我的长相如何？我的脾气、性格怎样？我有什么样的特长和才能？我能成就什么样的事业？我在别人心目中的形象如何？我怎样走人生之路？等等。这是在个体智力成熟、生理成熟、社会地位和社会化迅速发展的基础上达到的。

青年时期自我意识发展中的一个突出特征是自我意识的分化与统一。为了摆脱分化所带来的痛苦和不安，解除分化带来的矛盾，青年人会想方设法去解决这种矛盾，求得自我意识的重新统一。这种重新统一，一般要到青年晚期才逐渐实现。自我意识能积极统一的，即现实的自我能与正确的理想自我趋于一致，则往往心情舒畅，生活如意；消极统一的，即不惜牺牲理想自我而趋同现实自我以达统一，则往往胸无大志，得过且过，悲观失

望；而那些自我意识难以统一的，则往往内心苦闷，忧心忡忡，产生强烈的失落感和失败感。这些都会对个性的形成和以后个性的发展产生深远的影响。

二、大学生自我意识发展的特点

处于青年初期的大学生自我意识的特点，可以归结为以下四个方面。

(一)自我意识中独立意向的发展，独立意识逐渐形成

青年人已完全意识到自己是一个独立的个体，要求独立的愿望日趋强烈，与少年期不同的是，这时独立性的要求是建立在与成人和睦相处基础上的，与他人保持相互尊重。与此同时，大学生的自我观察、自我评价、自我体验、自我监督和自我控制等得到高度的发展。

(二)自我认识途径增多，自我认识的内容更加深刻和丰富

就读大学后，大学学习、生活环境为大学生提供了一个新天地。在大学生活中，博览群书、广交朋友、学生活动和社会实践等不同途径为其提供了新的认识自我的方法。在大学中，与不同同学、老师的接触，社会实践中与社会的接触为大学生提供了广阔的视野，更深入和接触社会，从而增加了自我认识的途径。

自我认识的内容更加深刻和丰富，强烈地关心着自己的个性成长。青年初期的学生十分关心自己在个性方面的优缺点，对别人或自己进行评价时，也特别重视个性方面的特点。

(三)自我评价的兴趣增加，能力增强

进入大学后，与不同同学、朋友的交往使得我们的社会比较增多，更多地将自己的能力、相貌、学习和娱乐等与其他人作比较，也尝试通过老师、同学对自己的评价来认识自己。但是也有可能存在自我评价过高或过低的情况。

(四)自我体验丰富复杂，有较强的自尊心

大学阶段是一生中"最善感"的年龄阶段，大多数学生喜欢自己，满意自己，独立、自信、好胜。随着大学生对自身认识的发展、自我评价的增多，对社会的规范、价值标准的进一步认识而导致更加丰富深刻的内心情绪体验，也就是主观的自我对客观的自我所持有的一种态度，如自信、自卑、自尊、自豪、内疚、羞耻以及挫败感等。

大学生自我体验的丰富、深刻性还表现在对外部世界和自己内心世界的某些方面非常敏感，涉及"我"及与"我"相关的事情事物等，都容易迅速引起情绪上的反应。青年初期个体自尊心变得脆弱而敏感，当行为受到肯定时，产生强烈的满足感；反之，自尊心长期得不到满足时会导致低自尊、抑郁情绪以及普遍的失望甚至绝望，产生挫折感。

第三节　大学生自我意识发展的偏差及其调适

一、大学生自我意识发展的偏差

大学生在自我意识完善过程中，有时不能客观地认识和评价自我，出现自我认知偏差，甚至造成自我认知障碍。大学生自我意识的偏差主要有以下几种。

(一)过度自卑

自卑感是对自己不满、否定的情感，往往是自尊心屡屡受挫的结果。过度自卑者的表现主要是：自我认识不客观，往往只看到自己的缺点而忽略了自己的长处，不能容忍自己的缺点和弱点；否定、抱怨、指责自己，看不到自己的价值，夸大自己的不足，感到自己什么都不如他人，处处低人一等，丧失信心。自卑常以一种消极防御的形式表现出来，如嫉妒、猜疑、羞怯、孤僻、迁怒、自欺欺人、焦虑紧张和不安等。自卑使人变得十分敏感，经不起任何刺激。自卑感是在自己的想法与自己实际价值比较之后产生的一种否定性心理。自卑对人的心理发展有很大影响。心理学家阿尔费雷德·阿德勒(Alfred Adler)认为，每个人都有先天的生理或心理欠缺，这就决定了每个人的潜意识中都有自卑感存在。处理得好，会使自己超越自卑去寻求优越感，处理得不好就将演化成各种各样的心理障碍或心理疾病。有自卑感的人轻视自己，过分看重自身短处，否定自己的长处或对长处没有足够的认识，因而常表现出胆怯、畏惧、怀疑，担心被人嫌弃和拒绝，行为中采取逃避方式。形成这种软弱无力的心理品质的原因很多，如生理缺陷、成绩不好、能力差、失恋和社会地位低下等。

李某，男，18岁，重点工科大学一年级学生。主诉内容为："我来自农村。农村孩子上学不易，我自幼勤奋刻苦，学习成绩很好，好不容易考上了重点大学，全家人、全村人都为我高兴。可是来到学校以后，我并不高兴，总觉得自己处处不如人，心里很不是滋味。我满口的家乡话常引同学们发笑；穿着、举止动作都显得土里土气；我上中学时学校不重视体育，现在上体育课时自己的动作显得很笨拙，觉得很难堪；又没什么业余爱好和文艺才能；在宿舍聊天时来自城市的同学侃侃而谈，见多识广，自己没见过什么世面说起话来笨嘴拙舌，常常惹得同学们哄堂大笑，自己觉得很丢脸。我有一种先天不如人的感觉，很自卑。但我又不甘心如此，于是拼命学习，想以优异的学习成绩来显示自己的才能，补偿其他方面的不足。我深怕考试失败，那就证明了自己真是先天不如人。我每天拼命地学习，但有时却学不进去，总是惶惶不可终日，学习时注意力也不集中，生怕考不好。现在我晚上很难入睡，白天又看不进去书，我该怎么办呢？"

点评：李同学自卑的原因来自很多方面，需要进行合理的自我认知，在学习和生活中不断地去突破自我才能克服自卑。

(二)过度自负

过度自负就是盲目自大，过高地估计个人的能力，失去自知之明。一般表现为：自视过高，有强烈的优越感；固执己见，具有排他性，独立自主，但又缺乏客观性；过度防卫，有明显的嫉妒心理；孤独离群，人际交往困难。大学生的自尊心特别强烈，为了保护自尊心，在交往挫折面前，常常会产生两种既相反又相通的自我保护心理，一种是自卑心理，通过自我隔绝，避免自尊心的进一步受损；另一种就是自负心理，通过自我放大，获得自卑不足的补偿。例如，一些家庭经济条件不很好的学生，害怕被经济条件优越的同学看不起，装清高的样子，在表面上摆出看不起这些同学的样子，这种自负心理是自尊心过分敏感的表现。自负必须建立在客观现实的基础上，脱离实际的自负不但不能帮助事业成功，会影响生活、学习、工作和人际交往，严重的还会影响心理健康。

胡某，某大学学生会主席，心高气傲，总爱抬高自己贬低别人，把别人看得一无是处，总认为自己比别人强很多；固执己见，唯我独尊，总是将自己的观点强加于人，在明知别人正确时，也不愿意改变自己的态度或接受别人的观点。在人际关系当面很少关心别人，与他人关系疏远。他经常从自己的利益出发，不太顾及别人。大家都知道他是个自我膨胀的家伙，很多干事都对他有意见，他的工作也难以展开，在人际关系方面出现了很多问题。

点评：胡某在性格方面有一定缺失，太过自负，在为人处世方面不够宽容，这种性格注定在生活中会遇到很多障碍和困难。

(三)虚荣心理

虚荣心是一种扭曲的自尊心，是自尊心的过分表现，是一种追求虚表的性格缺陷，是人们为了取得荣誉和引起普遍的注意而表现出来的一种不正常的社会情感和心理状态。虚荣心表现在行为上主要是盲目攀比，好大喜功，过分看重别人的评价，自我表现欲太强，有强烈的嫉妒心等。虚荣心强的人有比较强的依赖性，独立性不够，能力上自认为有欠缺。例如，某些大学生对生活、前途、人生的态度过分追求外在的虚华，讲排场，摆阔气，大吃大喝，攀比等现象都是虚荣的表现。

小王，某高职学校大一学生，来自农村，父母务农，他来到大城市进入大学，羞于自己的农村身份，向同学隐瞒自己的家庭背景，甚至编织自己来自大城市的谎言，不努力学习，寻欢作乐，大把青春丢在网吧、酒吧，学别人挥霍，交女朋友应付恋爱开销，拿着父母的血汗钱维持自己的面子，支持自己的虚荣心。

点评：小王因为自己的农村背景而心生自卑，用虚荣心来隐藏自卑，不利于其身心健康发展。

(四)逆反心理

大学生由于缺少经验，会表现出过分的独立意向，如喜欢独来独往，不愿听从他人的

意见，专门喜欢与他人、社会的正确要求和行为方式作对。少数大学生的独立意向不成熟，形成了逆反心理，他们把独立理解为独来独往、我行我素，万事不求人，其结果是拒绝正当的教育要求，违反校纪校规，产生过激行为。

小易，某高校计算机专业大四学生。因在寝室进行盗窃，被送进了铁窗。他坦言，作案是为了让自己失败得更彻底。在此之前他一直认为自己能当"领导"、做"伟人"，但连续几年的学业与班干部竞选中均受挫折。于是他经常逃课，放弃努力，成了全系最差的学生，无法正常毕业。面对自己的失败，他归咎于当初专业选择的错误，并最终以犯罪的方式来宣泄自己的苦闷。

点评：小易的逆反心理导致了他不可挽回的错误行为，在生活中受到挫折，耐受力不够，最终走向负面极端。

(五)自我中心

大学是自我意识发展最强烈的阶段，大学生强烈关注自我，往往从自我的角度和标准去认知、评价和行动，从而容易出现以自我为中心的倾向，但过度地以自我为中心会扭曲自我。以自我为中心的表现主要是：凡事从自我出发，不能设身处地地进行客观思考；只关心自己，遇事先替自己打算，不顾及他人的感受和需要。例如，某些大学生在人际交往中表现出自我中心，将自己困在狭窄的自我圈子里，竭力为外界建立一个完美的自我形象，不愿意接受任何人的意见，自以为是。

丽丽是一名自我中心很强的同学，从小父母长辈非常宠爱她，一味地顺从她的意思，满足她的各种需求，进入大学后，同寝室的同学不顺从她的意思，她就会哭闹，在与人交往中，她的个性很要强，很多事情都爱用哭来解决，在集体活动中，她远离人群，喜欢一个人玩，即使是共同活动，她也是经常自己做自己的，不理睬他人，影响了她正常的社会行为，不能与人合作，不能适应社会环境。

点评：丽丽就是典型的以自我为中心的性格，凡人凡事都要依从她的想法，在人际交往中表现孤僻，这样的性格不利于她的自我发展。

二、健康的自我意识标准

自我意识的每一个发展阶段都与心理健康有密切的联系，而且不同阶段的个体的心理健康特点也有所不同。心理健康不等于自我意识成熟，而成熟的自我意识将是心理健康的标志。积极的自我意识对人的心理健康起着很重要的作用，它促进人格的发展和完善。健康的自我意识标准包括：

(1) 自我意识统一程度较高，自我认识、自我体验和自我调节协调一致，能较好地进行自我整合；

(2) 对自我的态度是现实的、客观公正的，能正确评价自我；

(3) 自我行动的方式被认为是积极的、协调一致的，有较强的自我判断性；

（4）自我独立，同时又与外部世界的关系是和谐一致的或能较快达成一致；

（5）极少自我挫败，较明显的自我激励，主动发展自我，自我的发展变化具有积极向上的倾向。

三、大学生健康自我意识的调适及完善

大学生如何做到拥有正确而客观的自我意识，首先必须了解自我，直面真实的自我，接受不完美的自我，然后对自己不完美的部分进行自我控制，进而超越自我，不断突破自己的极限，不断去完善自我，最终形成健康的自我意识。

(一)了解自我

健康的自我意识首先是能够正确认识自我，正视自己，用积极的思维认识自我。你认识你自己吗，你知道你是谁吗？表面上这是很简单的问题，但是事实上很多人并不一定真正了解自己。古诗有云"不识庐山真面目，只缘身在此山中"，或说"当局者迷，旁观者清"，说明要真实地了解自己真的很难。

1. 了解自我的途径

了解自我的途径主要有三种：一是自我观察与自我分析，二是借助他人认识自己，三是与他人比较认识自己。

1) 自我观察和自我分析

自我意识是个体实践活动的反映，自己在实践活动中的表现和取得的成果也会成为一面镜子，通过这面镜子能反映出自己的体力、智能、情感、意志和品德等特性，从而使之成为自我认识、评价的对象。例如，一个学生，在学习上或一项竞赛中取得了好成绩，他会从中体验到一种自信，对自己和自己的能力就会有新的认识。

2) 借助他人认识自己

一个人对自己的认识，在很大程度上受他人评价的影响。这如同人对着镜子来认识自己的模样一样，儿童认识自己是把别人对自己的评价当作一面镜子，来不断认识自我的，包括自己的优点和缺点。由于人的活动范围比较大，经常从属于不同的团体，接触不同的人，每个团体、每个人对你的评价就是一面镜子，这样就可以通过不同的镜子来照出多个自我，这样个体就能较全面地认识自己，从而促使自我意识的不断发展。

3) 与他人比较认识自己

人最初是以别人来反映自己的，个体往往把对他人的认识迁移到自己身上，像认识他人那样来"客观"地认识自己。例如，当看到别人对长者很有礼貌并受到大家称赞时，就来对照反思自己的言行，从而认识到自己平时对长者的态度。经过多次对比，就会促进个体对自我的认识，形成相应的自我概念。

2. 久哈里之窗

只有当我们从自己和他人的角度客观地认识自己，才能了解真正的自己，有清晰的自

我意识。但是在自我评价与他人评价的比较过程中，我们眼中的自己和别人眼中的自己可能会不一样。美国心理学家乔瑟夫·勒夫(Joseph Luft)和哈里·英格拉姆(Harry Ingram)在 20 世纪 50 年代提出久哈里之窗，这个理论可以帮助我们去理解自我评价和他人评价为何不同。

久哈里之窗展示了关于自我认知、行为举止和他人对自己的认知之间在有意识或无意识的前提下形成的差异，由此分割为四个区域，如图 4-3 所示。公开区是别人和自己都看得到的；盲点区是别人看得到，而自己毫无知晓；隐藏区是因为本性害羞或隐私而未公之于世；未知区则是神秘莫测，为潜意识或无意识。

图 4-3 左上角那一扇窗称为 Open(开放我)，也称"公开区"，属于自由活动领域。这是自己清楚别人也知道的部分，所谓"当事者清，旁观者也清"，如我们的性别、外貌、婚否、职业、工作生活所在地、能力、爱好、特长和成就等。"开放我"的大小取决于自我心灵开放的程度、个性张扬的力度、人际交往的广度、他人的关注度以及开放信息的利害关系等。"开放我"是自我最基本的信息，也是了解自我、评价自我的基本依据。

	自己知道	自己未知
他人知道	Open 开放我 (公开区)	Blind 盲目我 (盲点区)
他人未知	Hidden 隐藏我 (隐藏区)	Unknown 未知我 (未知区)

图 4-3　久哈里之窗

图 4-3 右上角那一扇窗称为 Blind(盲目我)，也称"盲点区"，属于盲目领域。这是自己不知道而别人却知道的部分，所谓"当事者迷旁观者清"。该区域的盲点可以是一些很突出的心理特征，例如有人轻易承诺却转眼间忘得干干净净；也可以是不经意的一些小动作或行为习惯，例如一个得意的或者不耐烦的神态和情绪流露，本人不觉察，除非别人告诉你。盲目点可以是一个人的优点或缺点。因为事先不知、不觉，所以当别人告诉自己时，特别是听到与自己初衷或想法不相符合的情况时，或惊讶、或怀疑、或辩解。"盲目我"的大小与自我观察、自我反省的能力有关，通常内省特质比较强的人，盲点比较少，"盲目我"比较小。而熟悉并指出"盲目我"的他者，往往也是关爱你的人，欣赏你的人，信任你的人(虽然也可能是最挑剔你的人)。所以，我们要学会用心聆听，重视他人的回馈，不固执，不过早下结论，学会感恩。

图 4-3 左下角那一扇窗称为 Hidden(隐藏我)，也称为"隐藏区"，属于逃避或隐藏领域。这是自己知道而别人不知道的部分，与"盲目我"正好相反。就是我们常说的隐私、个人秘密，留在心底，不愿意或不能让别人知道的事实或心理。身份、缺点、往事、疾患、痛苦、窃喜、愧疚、尴尬、欲望和意念等，都可能成为"隐藏我"的内容。相比较而

言，心理承受能力强的人，隐忍的人，自闭的人，自卑的人，胆怯的人，虚荣或虚伪的人，隐藏我会更多一些。适度的内敛和自我隐藏，给自我保留一个私密的心灵空间，避去外界的干扰，是正常的心理需要。没有任何隐私的人，就像住在透明房间里，缺乏自在感与安全感。但是隐藏我太多，开放我就太少，如同筑起一座封闭的心灵城堡，无法与外界进行真实有效的交流与融合，既压抑了自我，也令周围的人感到压抑，容易导致误解和曲解，造成他评和自评的巨大反差，成为人际交往的迷雾与障碍，甚至错失机会。勇于探索自我者，不能只停留在"开放我"的层面，还应敢于直面"隐藏我"的秘密和实质。

图 4-3 右下角那一扇窗称为 Unknown(未知我)，也称为"未知区"，属于"潜在我"领域。这是自己和别人都不知道的部分，有待挖掘和发现。通常是指一些潜在能力或特性，例如一个人经过训练或学习后，可能获得的知识与技能，或者在特定的机会里展示出来的才干，也包含西格蒙德·弗洛伊德(Sigmund Freud)提出的潜意识层面，仿佛隐藏在海水下的冰山，力量巨大却又容易被忽视。对未知我的探索和开发，才能更全面而深入地认识自我、激励自我、发展自我、超越自我。学着尝试一些全新的领域，挖掘潜力，会收获惊喜。勇于自我探索者，要善于开发"未知我"。

久哈里之窗的提出，目的是希望帮助人们更好地了解自己，清楚地掌握自己的四个部分，并且找到改变自我的方法。

通过对自我坦诚，我们能够更深入地了解隐藏我。通过对别人开放自我，可以帮助我们发展出更理想、更统一的自我人格，如图 4-4 所示。

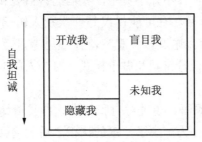

图 4-4　通过自我坦诚开放自我

通过自我坦诚，我们常能引发别人的回馈，进而更有助于减少盲目我的部分。当我们从别人那里得到某些回馈的时候，我们会更了解自己，在这种人际主动关系下，我们会越来越愿意对朋友述说自己的隐藏我，如图 4-5 所示。

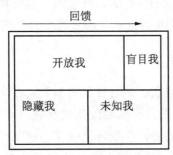

图 4-5　通过反馈开放自我

通过自我坦诚和回馈的综合作用，我们可以逐渐地缩小盲目我和隐藏我的部分，使得开放我更加广阔，我们变得更加透明，更加容易被别人接受，如图4-6所示。

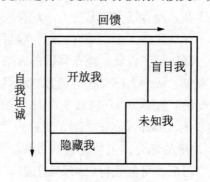

图 4-6　通过综合作用开放自我

那么，该如何缩小未知我的部分呢？具体我们可以从以下几个方面入手。

(1) 在生活中多去做新的尝试。很多时候在陌生的环境中人是很难知道自己真正的反应。我们往往会通过没有基础的臆想来构建未来可能产生的情势。由于我们的臆想缺乏基本信息，所以，这种臆想的错误的概率非常大。多尝试在不同的环境反应不同的行为，我们才能更加了解自己。

(2) 通过自我观察获得新的了解。从婴儿开始，我们通过行动，以及行动获得的反应，来构建我们的世界模型。在不知不觉中，我们的价值观和做事模式开始形成。但是，这种自发形成的模式非常盲目，有可能仅仅是一次别人错误的反馈，而导致我们深刻的印象，并影响到相关的行为。通过自我观察，仔细思考，逐渐增加新的了解，改变那些过去通过错误渠道获得的错误价值观和做事模式，对个人的成长和提高来说，都是十分重要的。

(3) 通过自我觉察获得顿悟。通过对自我行为、自我情绪和自我思考过程的观察，来了解真正的自我，当对自我行为产生了一定的认识之后，便会形成一个顿悟，一个相对完整的自我形象就产生了。

了解自我的方法是多种多样的，我们可以通过久哈里之窗了解一部分，我们还可以通过心理学、人类学、管理学和哲学等专门学科了解自我；我们还可以通过实践中的经验、反馈来了解自我。通过多种渠道，我们会逐渐看到自己真正的面目，看到我们自己的思考方式、判断问题的方式、价值观等内在的、深层的，指引我们行动的种种思维。通过改变这些内在的、深层的思维，我们可以逐渐了解最真实的自我。

(二)接受自我

接受自我就是积极地悦纳自我，是对自己的本来面目持肯定、认可的态度，是自我意识健康发展的关键所在。一个人只有欣然地接受自我，才能有信心去面对真实的我，自尊，自爱，珍惜自己的人格和名誉，注重自我修养，使自己发展到一个较高境界。当前大学生需要培养自身健康的心理、健全的人格与成熟的心态，坦然、愉悦地接纳真实的自

己，不仅接纳自己的优点，也要接纳自己的不足和缺点。

1. 看到自己的长处，喜欢自己

悦纳自我首先要接纳自己、喜欢自己、欣赏自己，看到自己身上的闪光点，具有成长的潜能，具有存在的价值。你要知道当你如此排挤、讨厌自己的时候，你根本提不起精神去改善自己的处境。所以第一件你需要做的事是要多照些镜子，并不断对镜中的自己说"我真的很不错，我真的真的很不错！"走到现在的自己，你也经历了一些或大或小的挫折、阻碍，也会有成功的喜悦。挫折和阻碍会变化成为你成长的财富，所以你也有理由把右手放在你的胸口，大声地告诉自己："我为自己骄傲！"

2. 保持乐观，性情开朗

同一事物，不同的人看待会有不同的结果。我们心情的不同往往不是由事物本身引起的，而是取决于我们看待事物的不同方式。乐观的性格可以使我们充满热情地投入工作学习，使我们心胸宽阔，诚恳接受善意的批评，以乐观态度对待不如意的事；也可以使我们更加明辨是非，与思想积极、乐观爽朗的人交往，形成相互的积极影响。在大学生活中，我们可能会面临各种生活、学习、人际交往的压力，时常会遇到各种挫折和冲突。如果我们遇事保持乐观的心态，不对自己太过苛责，接纳自己偶尔也会犯错、也有短处或缺点，这样反而会给自己更自由的成长空间，会有一个更为理想的心理健康状态。

3. 全面看待自己的优缺点

每个人都会有优点，也会有缺点。但是我们在生活和学习中，会发现有的人只能片面地看待自己，要么只能看见自己全是缺点，一无是处，这样的人活得自卑痛苦；要么觉得自己全是优点，问题和缺点都是别人的，这样的人充满优越感而自负满满。不管是自卑，还是自负，都会成为我们成长路程上的阻碍。全面看待自己的优缺点，才能认识真实的自己，在与人交往中才能进退有度。

(三)控制自我

自我控制是个人对自身的心理与行为的主动掌握，是个体自觉地选择目标，在没有外部限制的情况下，克服困难，排除干扰，采取某种方式控制自己的行为，以保证目标的实现。自我控制表现为人的意识对自我的协调、组织、监督、校正、调节的作用，使自己的整个心理活动系统作为一个能动的主体与客观现实相互作用。自我控制能力并非生来就有，它是在后天的环境中，随着认知的发展和教育的影响而不断形成和发展起来的。

通过自我监督与自我教育来完善自己，个体在不断地反省自己中，发现现实自我与理想自我的差距，一方面通过自我监督，来克制、约束自我，服从既定目标；另一方面通过自我教育，按社会要求对客体自我自觉实施教育，以实现现实自我与理想自我的积极统一。总之，自我监督，着眼于"克制"，而自我教育，着眼于"发展"，二者共同承担自我意识的不断完善。自觉调节控制自己是健全自我意识完善的根本途径，大学生要控制自我，应该做到以下几个方面。

1. 培养顽强的意志力

很多大学生为自己树立了远大的目标和理想。但在努力的过程中，没有足够的自制能力和坚强的意志力，经受不住挫折和打击，无法实现自我理想。大学生经常说："我想早起，可就是没有恒心""我想学习，可就是学不进去"。培养顽强的意志，发展坚持性和自制力，增强挫折耐受力，使自己能自觉主动地认清目标，为实现目标而努力排除干扰，克服困难。

2. 战胜自卑，培养自信心

美国心理学家研究表明，儿童时期如果各项活动取得成绩而得到老师、家长及同伴的认可、支持和赞许，他们的自信心、求知欲便会增强，内心获得一种快乐和满足，就会养成一种勤奋好学的良好习惯。相反，他们会产生一种受挫感和自卑感。个体自卑感的形成主要是社会环境长期影响的结果。自卑的浅层感受是别人看不起自己，而深层的感受是自己看不起自己，即缺乏自信。自卑就是自己看不起自己，又以为别人也看不起自己的一种心理状态。自卑是影响大学生人际交往的严重心理障碍。有自卑心理的大学生常常缺乏自信，想象失败的体验多，在交往过程中畏首畏尾。如果遭到一点挫折，便变怨天尤人；如果受到别人的耻笑与侮辱，便忍气吞声。他们缺乏足够的耐挫力，常常把失败归因于个人能力、性格或命运，因而灰心丧气，意志消沉。而这又常使有自卑心理的大学生对自己主观上认为的缺点、短处总是设法掩饰，深怕别人知道。具有自卑心理的学生往往对自己的不足和别人对自己的评价很敏感，常把别人无关的言行看成是对自己的轻视。由于担心自己的缺陷被人知道，因而特意加以掩饰或否认。自卑感人人都有，只有当自卑达到一定程度，影响到学习和工作的正常进行时，才会被认为是心理疾病。在人际交往中，主要表现为对自己的能力、品质等自身因素评价过低；心理承受力脆弱，经不起较强的刺激；谨小慎微、多愁善感、常产生疑忌心理；行为畏缩、瞻前顾后等。

大学生要勇于去战胜自己内心的自卑心理，从活动实践中去树立自己的自信心。美国思想家拉尔夫·沃尔多·爱默生(Ralph Waldo Emerson)说："自信心是成功的第一个秘诀。"自信心是个体对自己的认可、肯定、接受和支持的积极感受，就是相信自己，对自己力量充分估计的一种自我体验。自信是自我意识的一个重要组成部分，属于自我意识的情感形式，是对自我的积极的情感体验。自信的人相信自己，相信自己的能力和价值，相信自己追求的目标是正确的，也相信自己有能力去实现目标，遇事有主动精神。培养自信心可以大胆积极地表现自己的长处，从小事、容易成功的事做起，通过小的成功来增强自信。树立恰当的目标，一小步一小步地做，一有进步就强化；坚持每天记下一件成功的大小事，只要是成功的、可以增强自信的事都简单记下来；学会积极争取他人的帮助，增强成功的概率；循序渐进地积累成功的经验，淡化失败的体验；从积极方面去总结失败，吸取教训，变为成功之母，自信心也就逐渐培养起来了。建立自信，就要相信自己有能力干好每一件事，要把自己驳倒，用已过去的成功例子不断告诉自己："我能行。"

3. 建立支持资源

在控制自我方面，我们需要一定的支持系统，需要其他富有资源的人给予协助和友

谊。最好的方法和途径是：找个朋友，和一个"谈话的伙伴"合作，能帮助我们进行有效的自我管理和控制。运用自己扮演的角色寻找盟友，争取同意建立合作关系，建立自我发展的小组，或加入这样的小组，这些支持资源可以帮助我们更好地控制自我。

(四)完善自我

了解自我、接受自我、控制自我，都是为了超越自我、完善自我。哈佛大学著名教授威廉·詹姆斯(William James)曾说："生活中的成功并非取决于我们与别人相比做得如何，而是取决于我们所做的与我们所能做到的相比如何。一个成功的人总是与他们自己竞赛，不断创造新的自我纪录，不断改善与提高。"对于大学生理智的分析自我，不断地发展超越自我，才能在激烈的竞争中立于不败之地。争取在有限的时间里，尽可能地超越自己，在精神上，表现为对于优秀品质的追求；在行为上，则表现为良好习惯的养成。

在这个不断地自我修炼的过程中，清醒认识自己的短处并加以改正是必经的途径。要完善自己，就有全面分析自己的能力，要全面看待自己的优势和弱势。只有在了解自己的前提下，才能够不断激励自己，最终超越自己。美国心理学家发现，一个从来没有或者很少进行自我激励的人最多只能发挥自身全部能力的 30%，而那些经常进行自我激励的人，成功的概率超过了 80%，几乎是前者的 3 倍。如同激励他人一样，常常进行自我激励能帮助我们提高情绪状态，更加积极地面对生活。面对失败、突如其来的困难和恐惧时，青年大学生要学会对自己说："直面困难和恐惧，我的未来可以更美好，自我也会变得更好。"

处于青年期的大学生应该勇于挑战，保持一颗旺盛的进取心，不断提升自己的全面能力和素质，不断努力培养和改变自我意象，不断激励自我、改变自我、超越自我，而不是将自我隐藏或遮掩起来。生命是有限的，超越自我不能只等待岁月的积累，而要善于抓住时间和重点。目标、努力和挑战是超越自我的三个必经阶段。设立目标，努力实现，取得成功，再设定目标，这四个阶段是循环往复良性互动的，在这循环往复中不断跨越巅峰，挑战是永无止境的，大学生必须相信自己，不断激励自己，并付诸行动，跨越极限，完善自我。

▦ 心理训练营

操作模块一：自我意识的评估

通过自我和谐量表(SCCS)对自我意识进行评估，下面是一些个人对自己看法的陈述，填答时，请您看清每句话的意思，然后选一个数字("1"代表该句话完全不符合您的情况，"2"代表比较符合您的情况，"3"代表不确定，"4"代表比较符合您的情况，"5"代表完全符合您的情况)以代表该句话与您现在对自己的看法相符合的程度，每个人对自己的看法都有其独特性，因此答案是没有对错的，您只要如实回答就行了。

题　目	完全不符合			完全符合	
1．我周围的人往往觉得我对自己的看法有些矛盾	1	2	3	4	5
2．有时我会对自己在某些地方的表现不满意	1	2	3	4	5
3．每当遇到困难，我总是首先分析造成困难的原因	1	2	3	4	5
4．很难恰当表达我对别人的情感反应	1	2	3	4	5
5．我对很多事情都有自己的观点，但我并不要求别人也与我一样	1	2	3	4	5
6．我一旦形成对事物的看法，就不会再改变	1	2	3	4	5
7．我经常对自己的行为不满意	1	2	3	4	5
8．尽管有时候做一些不愿意的事，但我基本上是按自己意愿办事的	1	2	3	4	5
9．一件事好是好，不好是不好，没有什么可含糊的	1	2	3	4	5
10．如果我在某件事上不顺利，往往会怀疑自己的能力	1	2	3	4	5
11．我至少有几个知心朋友	1	2	3	4	5
12．我觉得我所做的很多事情都是不该做的	1	2	3	4	5
13．不论别人怎么说，我的观点决不改变	1	2	3	4	5
14．别人常常会误解我对他们好意	1	2	3	4	5
15．很多情况下我不得不对自己的能力表示怀疑	1	2	3	4	5
16．我朋友中有些是与我截然不同的人，这并不影响我们的关系	1	2	3	4	5
17．与朋友交往过多容易暴露自己的隐私	1	2	3	4	5
18．我很了解自己对周围人的情感	1	2	3	4	5
19．我觉得自己目前的处境与我的要求相距太远	1	2	3	4	5
20．我很少去想自己所做的事情是否应该	1	2	3	4	5
21．我所遇到的很多问题都无法自己解决	1	2	3	4	5
22．我很清楚自己是什么样的人	1	2	3	4	5
23．我很能自如地表达自己所要表达的意思	1	2	3	4	5
24．如果有足够的证据，我也可以改变自己的观点	1	2	3	4	5
25．我很少考虑自己是一个什么样的人	1	2	3	4	5
26．把心理话告诉别人不仅得不到帮助，还可能招致麻烦	1	2	3	4	5
27．在遇到问题时，我总觉得别人都离我很远	1	2	3	4	5
28．我觉得很难发挥出自己应有的水平	1	2	3	4	5
29．我很担心自己的所作所为会引起别人的误解	1	2	3	4	5
30．如果我发现自己某些方面表现不佳，总希望尽快弥补	1	2	3	4	5
31．每个人都在忙自己的事，很难与他们沟通	1	2	3	4	5
32．我认为能力再强的人也可能遇上难题	1	2	3	4	5
33．我经常感到自己是孤独无援的	1	2	3	4	5
34．一旦遇到麻烦，无论怎么做都无济于事	1	2	3	4	5
35．我总能清楚地了解自己的感受	1	2	3	4	5

计分方法及分数解释：

本量表经因素分析得到三个分量表："自我与经验的不和谐""自我的灵活性"及"自己的刻板性"。各分量表的得分为其所包含的项目分直接相加。三个分量表包含的项目分别为：

自我与经验的不和谐	1、4、7、10、12、14、15、17、19、21、23、27、28、29、31、33，共16项
自我的灵活性	2、3、5、8、11、16、18、22、24、30、32、35，共12项
自我的刻板性	6、9、13、20、25、26、34，共7项

自我与经验的不和谐	自我的灵活性	自我的刻板性	总　分

计算三个量表总分的方法是将"自我的灵活性"项目反向计分，再与其他两个分量表得分相加，得分越高自我和谐程度越低。在大学生中，可以以低于 74 分为低分组，75～102 分为中间组，103 分以上为高分组。

操作模块二：了解自我

练习一：通过反省了解自我。

(1) 从积极和消极两面分析自我，填写下表。

表　我是个_____人

积极的我	消极的我
1. 我是一个	11. 我是一个
2. 我是一个	12. 我是一个
3. 我是一个	13. 我是一个
4. 我是一个	14. 我是一个
5. 我是一个	15. 我是一个
6. 我是一个	16. 我是一个
7. 我是一个	17. 我是一个
8. 我是一个	18. 我是一个
9. 我是一个	19. 我是一个
10. 我是一个	20. 我是一个

(2) 归类。将上述 20 个句子根据内容做以下归类。

① 身体状况(你的外貌、身高、体型等)

编号：_____

② 心理状况(你常持有的情绪情感，如开朗、内向、心烦、多愁善感；你的才智状况，如能力、灵活、迟钝等)

编号：_____

③ 社会状况(与他人的关系，对他人常持有的态度和原则，如乐于助人、爱交朋友、坦诚的和孤独的等)

编号： _____

(3) 检查你的答案里是不是包括了这些方面？如果没有的话，再补充一些句子从三个方面去认识一下自己。

_____

_____

_____

_____

练习二：从他人的评价中了解自我。

(1) 下面是一些描述个人特征的形容词，分别选出最符合自己的描述，比较符合自己的描述，完全不符合自己的描述，填写在下表"我心目中的我和他人眼中的我"中。

(2) 做完上述练习后，请将下面同样的表给你的同学，让他根据对你的了解，分别将符合你的描述也填写在下表"我心目中的我和他人眼中的我"中。

(3) 根据久哈里之窗理论，分析你的自我意识中的公开区、盲点区、隐藏区和未知区，填写在表"久哈里之窗"中。

朴实的	单纯的	成熟的	有才华的
内向的	爱发脾气的	助人的	温和的
固执的	律己的	随便的	有信用的
冒险的	乐观的	勇敢的	独立的
刻苦的	慷慨的	热情的	腼腆的
顺从的	不服输的	有同情心的	外向的
自私的	快乐的	有进取心的	幽默的
认真的	爱表现的	懒惰的	有毅力的
果断的	谨慎的	可靠的	合群的

表　我心目中的我和他人眼中的我

	最 符 合	比较符合	完全不符合
我心目中的我 (自我评价)			
他人眼中的我 (他人评价)			

表　久哈里之窗

公开区：	盲点区：
隐藏区：	未知区：

操作模块三：接受自我——自信训练

自信训练的活动内容包括以下几个方面。

(1) 将难度不同的题目分配给自信水平不同的学生，要求他们在闹市区的中心广场做即兴的主题演讲，规定时间不得少于 5 分钟。

(2) 让学生在大街上随机挑选一个陌生人，说服对方帮自己一个忙，具体的帮忙内容根据不同自信水平的学生而定。

(3) 让学生挑选一个自己最敬畏的人，主动邀请他(或她)与自己共同完成一件事情，具体事情视学生的不同自信水平而定。

反思体验：

(1) 分组讨论自己在训练活动中的感受和收获。

(2) 讨论是否还有更多的训练自信的方法。

操作模块四：完善自我

小组讨论：每位同学按下表写出未完成语句。四人一组每人在小组成员中读出自己所写内容。当别人朗读时，请认真聆听，思考哪些与我所写相同，哪些不同，为什么？

1. 我最欣赏自己的外表是_____
2. 我最欣赏自己对朋友的态度是_____
3. 我最欣赏自己对学习的态度是_____
4. 我最欣赏自己的一次成功是_____
5. 我最欣赏自己的性格是_____
6. 我最欣赏自己对家人的态度是_____
7. 我最欣赏自己做事的态度是_____

自我反思：

1. 你能改变自己吗？

(1) 改变自己并不困难；

(2) 人的潜能无限；

(3) 过去的就让它过去吧；

(4) 完善自我，把握未来。

2. 你想成为一个什么样的人?

(1) 设定理想自我;

(2) 目标应符合自己的个性;

(3) 制订一份切实可行的计划;

(4) 充分展示你自己。

3. 完善自我: 人生的意义在于行动。

(1) 怎样克服自卑, 建立自信心?

(2) 通过分析自己的优势与限制, 提出完善自我的计划。

心理加油站

1. 关于自我意识的书籍

麦克斯维尔·马尔茨(Maxwell Maltz)所著的《心理控制术》中通过大量案例, 包括许多著名奥运选手、职业运动员、教练、高尔夫球手、竞技牛仔、运动心理专家、企业管理人员、推销员以及娱乐界人士等的切身经历, 阐明了心理控制在改变人们生活中的神奇作用。这本著作里讲述了如何唤醒自动成功机制;"心灵剧院"如何帮你自信、有力地推销和谈判; 如何让你从错误信念的催眠中苏醒过来; 如何让你更加充满勇气地生活; 如何培养一种快乐的习惯; 等等。阅读这本著作可以帮助大家观察自我意象, 由内而外地改变自己。

2. 关于自我意识的电影

女性追求自我意识与价值的影片《蒙娜丽莎的微笑》, 这是关于一个加州艺术史教师Katherine 来到很保守的卫斯理女校的故事, 背景是 20 世纪 50 年代中期的美国, 那时人们的观念很保守, 女子要穿紧身衣、塑腰、穿腹带、要以结婚为神圣的使命。在这个背景下, Katherine 来到卫斯理, 在教学的过程中把加州开放的思想通过艺术教育无形地传播给她的学生们, 这部电影从正面描写了女性追求自我意识与价值, 其中探讨了包括离婚、结婚、婚外恋、女性与家庭的关系等, 女性应该如何活着, 如何有价值地活着。

3. 关于自我意识的实验

这里介绍一个著名的心理实验——"罗森塔尔效应", 它解释了自信从何而来。罗森塔尔效应产生于美国著名心理学家罗森塔尔的一次有名的实验中: 他和助手来到一所小学, 声称要进行一个"未来发展趋势测验", 并煞有介事地以赞赏的口吻, 将一份"最有发展前途者"的名单交给了校长和相关教师, 叮嘱他们务必要保密, 以免影响实验的正确性。其实他撒了一个"权威性谎言", 因为名单上的学生根本就是随机挑选出来的。8 个月后, 奇迹出现了, 凡是上了名单的学生, 个个成绩都有了较大的进步, 且各方面都很优秀。罗森塔尔认为, 可能是因为老师们认为这些大器晚成的学生开始崭露头角, 予以特别照顾和关怀, 以致使他们的成绩得以改善。这就是著名的罗森塔尔效应。罗森塔尔效应留给我们这样一个启示: 赞美、信任和期待具有一种能量, 它能改变人的行为, 当一个人获得另一个人的信任、赞美时, 他便增强了自我价值, 变得自信、自尊, 运用到自我意识的塑造上, 我们可以通过自我暗示或者自我肯定来获得自信。

能力检测

练习一：通过反省了解自我。

1. 从积极和消极两面分析自我，填写下表。

表　我是个_____人

积极的我	消极的我
1. 我是一个	11. 我是一个
2. 我是一个	12. 我是一个
3. 我是一个	13. 我是一个
4. 我是一个	14. 我是一个
5. 我是一个	15. 我是一个
6. 我是一个	16. 我是一个
7. 我是一个	17. 我是一个
8. 我是一个	18. 我是一个
9. 我是一个	19. 我是一个
10. 我是一个	20. 我是一个

2. 归类。将上述 20 个句子根据内容做以下归类。

(1) 身体状况(你的外貌、身高、体型等)

编号：_____

(2) 心理状况(你常持有的情绪情感，如开朗、内向、心烦、多愁善感；你的才智状况，如能力、灵活、迟钝等)

编号：_____

(3) 社会状况(与他人的关系，对他人常持有的态度和原则，如乐于助人、爱交朋友、坦诚的、孤独的等)

编号：_____

3. 检查你的答案里是不是包括了这些方面？如果没有的话，再补充一些句子从三个方面去认识一下自己。

_____

_____

_____

练习二：从他人的评价中了解自我。

(1) 下面是一些描述个人特征的形容词，分别选出最符合你的描述，比较符合你的描

述，完全不符合你的描述，填写在下表"我心目中的我和他人眼中的我"中。

(2) 做完上述练习后，请将下面同样的表给你的同学，让他根据对你的了解，分别将符合你的描述也填写在下表"我心目中的我和他人眼中的我"中。

(3) 根据久哈里之窗理论，分析你的自我意识中的公开区、盲点区、隐藏区和未知区，填写在表"久哈里之窗"中。

朴实的	单纯的	成熟的	有才华的
内向的	爱发脾气的	助人的	温和的
固执的	律己的	随便的	有信用的
冒险的	乐观的	勇敢的	独立的
刻苦的	慷慨的	热情的	腼腆的
顺从的	不服输的	有同情心的	外向的
自私的	快乐的	有进取心的	幽默的
认真的	爱表现的	懒惰的	有毅力的
果断的	谨慎的	可靠的	合群的

表　我心目中的我和他人眼中的我

	最符合	比较符合	完全不符合
我心目中的我 (自我评价)			
他人眼中的我 (他人评价)			

表　久哈里之窗

公开区：	盲点区：
隐藏区：	未知区：

练习三：自信训练。

自信训练的活动内容包括以下几个方面。

(1) 将难度不同的题目分配给自信水平不同的学生，要求他们在闹市区的中心广场做

即兴的主题演讲，规定时间不得少于 5 分钟。

(2) 让学生在大街上随机挑选一个陌生人，说服对方帮自己一个忙，具体的帮忙内容根据不同自信水平的学生而定。

(3) 让学生挑选一个自己最敬畏的人，主动邀请他(或她)与自己共同完成一件事情，具体事情视学生的不同自信水平而定。

反思体验：

(1) 分组讨论自己在训练活动中的感受和收获。

(2) 讨论是否还有更多的训练自信的方法。

练习四：制订完善自我计划。

小组讨论：每位同学按下表写出未完成语句。4 人一组，每人在小组成员中读出自己所写内容。当别人读时，请认真聆听，思考哪些与我所写的相同，哪些不同，为什么？

1. 我最欣赏自己的外表是＿＿＿＿＿＿＿＿＿＿＿＿＿＿＿＿＿＿＿＿＿＿

2. 我最欣赏自己对朋友的态度是＿＿＿＿＿＿＿＿＿＿＿＿＿＿＿＿＿＿＿＿

3. 我最欣赏自己对学习的态度是＿＿＿＿＿＿＿＿＿＿＿＿＿＿＿＿＿＿＿＿

4. 我最欣赏自己的一次成功是＿＿＿＿＿＿＿＿＿＿＿＿＿＿＿＿＿＿＿＿＿

5. 我最欣赏自己的性格是＿＿＿＿＿＿＿＿＿＿＿＿＿＿＿＿＿＿＿＿＿＿＿

6. 我最欣赏自己对家人的态度是＿＿＿＿＿＿＿＿＿＿＿＿＿＿＿＿＿＿＿＿

7. 我最欣赏自己做事的态度是＿＿＿＿＿＿＿＿＿＿＿＿＿＿＿＿＿＿＿＿＿

自我反思：

1. 你能改变自己吗？

(1) 改变自己并不困难；

(2) 人的潜能无限；

(3) 过去的就让它过去吧；

(4) 完善自我，把握未来。

2. 你想成为一个什么样的人？

(1) 设定理想自我；

(2) 目标应符合自己的个性；

(3) 制订一份切实可行的计划；

(4) 充分展示你自己。

3. 完善自我：人生的意义在于行动。

(1) 怎样克服自卑，建立自信心？

(2) 通过分析自己的优势与限制，提出完善自我的计划。

项目五 欲善其事，先利其器
——大学生学习心理辅导

知识目标：了解学习的含义，熟悉掌握大学生学习的主要策略，了解大学生学习动机的类型，熟悉影响大学生学习的非智力因素。

能力目标：通过本章的学习，能将学习的主要策略应用到自身学习中去，或者学生自身能够在这些学习策略基础上开发出适合自身的更好的学习方法，能够分析自身影响学习的非智力因素，从而挖掘自身的学习潜力。

【案例导入】

囊萤映雪和凿壁偷光

晋朝的车胤、孙康、匡衡，家里都很穷，连点灯的油都买不起。夏天的晚上，车胤用纱布做成一个小口袋，捕捉一些萤火虫装进去，借着萤火虫发出的光亮看书，功夫不负有心人，几年下来，车胤读了许多书，终于成为一个很有学问的人；孙康在严寒的冬夜坐在雪地里，利用白雪的反光苦读；匡衡在墙上凿了个小洞，"偷"邻居家的一点灯光读书。车胤、孙康、匡衡都是历史上很有学问的人，成语"囊萤映雪"和"凿壁偷光"也是出自于此。

请思考：车胤、孙康、匡衡的故事给你有哪些启示呢？

【心理讲堂】

第一节 学习概述

一、学习的定义

许多心理学家和教育学家从不同的角度提出了学习的定义。心理学家桑代克(Thorndike)说："人类的学习就是人类本性和行为的改变，本性的改变只有在行为的变化上表现出来。"教育心理学家罗伯特·加涅(Robert Gagne)说："学习是人类倾向或才能的一种变化，这种变化要持续一段时间，而且不能把这种变化简单地归为成长过程。"美国心理学家希尔加德(Hilgard)说："学习是指一个主体在某个现实情境中的重复经验引起的，对那个情景的行为或行为潜能变化。不过，这种行为的变化不能根据主体的先天反应倾向、成熟或暂时状态(如疲劳、醉酒、内趋力)来解释的。"国际教科文组织在 1987 年所作的《学习，财富蕴藏其中》报告中指出：学习是指个体终身发展、终身教育的理念。

　　总的来说，广义的学习是指基于经验而导致行为或行为潜能发生相对一致变化的过程，是由于经验或反复练习而引起的心理和行为的变化。我们在理解学习时要注意几个要点：第一，学习的变化可以是外显的(可以观察到的)行为，也可以是内隐的(意识不到的)心理过程；第二，学习的变化是相对持久的，而由于适应、疲劳、创伤和药物所引起的行为变化是短暂的，一旦原因被消除行为就能恢复到原来状态，因而不叫学习；第三，学习产生于经验而不是来自成熟，学习由经验产生，是后天习得的，是个体与环境相互作用而产生的，排除了由成熟或先天因素所引起的变化。因为个体的成熟也会使行为产生持久改变(如青春期开始，男生的嗓音改变)，但成熟不属于个体经验，所以由成熟所产生的行为改变不叫作学习。

　　狭义的学习，专指学生的学习，是学生在教师的指导下，有目的、有计划、有组织、有系统地进行的。其内容大致可以分为三个方面：一是经验、知识和技能的获得与形成。俗语说，"吃一堑，长一智"，这句话即形象地反映了经验的获得与积累的过程。二是智力(包括能力)和非智力因素的发展与培养。三是道德品质(包括政治品质和思想品质)的提高和行为习惯的培养。

　　在本节中我们将从大学生的学习、大学生学习的主要策略、大学生的学习动机以及影响学习的非智力因素等方面来学习了解有关大学生学习心理辅导的相关内容。

二、有关学习的理论

　　关于学习的心理学理论有许多，影响较大的有以下几种：联结理论、认知理论和人本主义理论。这些理论都对学习做了较深入的探讨，在教育界有一定的影响，但限于篇幅，这里只能对它们做一下非常简要概括的介绍。

(一)联结理论

　　学习的联结理论是 20 世纪初由爱德华·李·桑代克(Edward Lee Thorodike)首先提出来的，后经行为主义心理学家华生(J. B. Watson)、赫尔(C. L. Hull)、斯金纳(B.F.Skinner)等人的进一步发展，而成为一个较为完整且影响较大的学习理论。这一理论是用刺激与反应的联结即条件反射来解释学习过程的。它解释了学习发生的原因以及影响学习的主要因素。

(二)认知理论

　　学习的认知理论以格式塔(Gestalt)心理学派、托尔曼(E. C. Tolman)的符号学习说、瑞士让·皮亚杰(Jean Piaget)和美国杰罗姆·布鲁纳(Jerome. S. Bruner)的认知发展说等为代表。格式塔关于学习的理论强调在整体环境中研究学习，同时还强调知觉经验组织的作用。他认为学习是知觉的重新组织，这种知觉经验变化的过程不是渐进的尝试与错误的过程，而是突然领悟的。托尔曼关于学习的理论受格式塔理论的影响，他认为外在强化并不是学习产生的必要因素，不强化也会出现学习。另外，他还强调内在强化的作用，在学习过程中存在着尝试与错误的过程，在多次尝试中，有的预期被证实，有的则未被证实，预期的证实是一种强化，这就是内在强化，即由学习活动本身所带来的强化。布鲁纳是美国当代著名认知学家，他认为学习是认知结构的组织与重新组织。他强调学生的发现学习，认为学习是积极主动的过程。他也非常重视内在动机与内在强化的作用。

(三)人本主义理论

人本主义兴起于二十世纪五六十年代的美国，主要代表人物是亚伯拉罕·马斯洛(Abraham H. Maslow)与罗杰斯(C. R. Rogers)。学习的人本主义理论的代表人物则是罗杰斯。罗杰斯的学习理论可以概括为以下几点：①学习是有意义的心理过程，是不机械的刺激和反应联结的总和。②学习是学习者内在潜能的发挥。人类的学习是一种自发的、有目的、有选择的学习过程。教学任务就是创设一种有利于学生学习潜能发挥的情境，使学生的潜能得以充分的发挥。③从学习的内容上讲，罗杰斯认为应该学习对学习者有用的、有价值的经验。④最有用的学习是学会如何进行学习，罗杰斯特别强调对学习方法的学习和掌握，强调在学习过程中获得知识和经验。

三、学习的类型

对学习活动进行分类，有利于认识不同类型的学习特点及其特殊规律，便于提高学习的效果。但是，由于学习本身的复杂性，分类有一定困难，加上心理学家们对学习所持的观点和对学习进行分类的角度不同，分类各不相同。这里简要介绍几种重要的学习分类。

(1) 我国心理学家冯忠良依据学习内容的不同，将学生的学习分为知识的学习、技能的学习和社会规范的学习三类。

① 知识的学习，即知识的掌握，是通过一系列的智力活动来接受和掌握知识，在头脑中构建相应的知识结构。例如，英语语法的学习，文言文知识的学习，数学公式、化学元素周期表以及物理的定理定律的学习等。知识的学习要解决的是知与不知、知之深浅的问题。

② 技能的学习，通过学习或练习，建立符合规则的活动方式的过程，如广播体操的学习。技能的学习比知识的学习更加复杂，不仅要对活动有一个认识，还包括活动或动作的实际执行问题，即不仅要知道做什么、怎么做，还要能够实际作出动作。技能学习最终解决的是会不会做的问题。

③ 社会规范的学习，是将外在的行为规范转化为个体内在的行为要求的内化过程。社会规范的学习既包含对规范的认识问题，又包含执行及情绪体验问题。因此，社会规范的学习比知识、技能的学习更为复杂。

(2) 我国教育心理学家潘菽将学习分为：知识的学习，技能的学习，心智的、以思维为主的能力的学习，道德品质和行为习惯的学习等四类。其中知识的学习，包括学习知识时的感知和理解等；技能的学习，主要指运动的、动作的技能的学习和熟练。

(3) 美国教育心理学家罗伯特·加涅，按照学习效果将学习分为：言语信息的学习、智慧技能的学习、认知策略的学习、态度的学习和运动技能的学习等五类。

(4) 美国当代著名的教育家和心理学家布卢姆(B.S.Bloom)为了用于课程设计，以教育目标和教育任务为出发点，将教育目标分为认知、情感和动作技能三大领域。认知领域的学习分为六类，即：知识，对知识的简单回忆；理解，对解释所学的认识；应用，在特殊情况下使用概念和规则；分析，区别和了解事物的内部联系；综合，把思想重新综合为一种新的完整的思想，产生新的结构；评价，根据内部的证据或外部的标准作出判断等。在学习过程中，可以根据不同的学习分类，采用不同的学习方法，提高学习效果。

四、大学生学习的特点

活到老，学到老，只有通过学习才能达到自我完善与自我发展的目标。《三字经》上说："玉不琢，不成器，人不学，不知义"，就从一个侧面说明学习的重要性。

作为大学生，学习是主要任务。大学生正处于智力发展的高峰期，记忆力、观察力、思考力、逻辑思维能力与创造性都有很大的发展并趋于成熟。大学生学习既不同于儿童的学习，也不同于成人的学习。大学生学习既有一定的专业性、目的性和探索性，又有深刻的社会意义，表现出广泛的兴趣和各种各样的学习方法。大学生学习有其特殊性，主要表现为：其一，大学生的学习是一种特殊的认识活动，是掌握前人积累的科学文化知识，即间接的知识经验，虽然在学习中会有发现与创造，但其主要内容还是学习前人积累的知识与经验；其二，大学生的学习是在教师的指导下，有目的、有计划、有组织地进行的，是以掌握系统的科学知识为前提的；其三，大学生的学习不但要掌握知识经验与技能，还要发展智能，培养品德及促进健康个性的发展，形成科学的世界观。同时，大学生的学习也具有如下特点。

(1) 大学生学习主体的变化。中、小学时期的学习以教师为主，以教师组织教学为主，大学生学习是以教师为主导、学生为主体进行的，这就决定了大学的学习带有一定的创造性，即学生不仅能举一反三、学以致用，还能提出自己的独到见解。

(2) 大学生学习的自主性。无论从学习内容、学习时间及学习方式都更加强调学生在学习活动中承担角色，强调学习的自觉性与能动性。①大学生对学习内容具有较大的选择性，特别是随着高等教育改革的深化，大学的课程安排更加科学合理，既有公共必修课、专业基础课、专业选修课，还有辅修课程、选修课以及第二专业等，学生可以根据自己的专长、爱好、兴趣，自由选择。大学生选择课程学习内容主要考虑以下几方面：学科内容与职业的契合性、学科的实用性、自己兴趣及将来的职业生涯选择以及对自身素质的拓展等。如计算机、外语始终是学生学习的重点与热点，就是因为科技发展日益显示出其重要性。再者，大学生可以控制自己的学习时间、学习方法与学习内容。自学能力与自我管理能力已经成为衡量大学生学业拓展能力的重要指标。②高校教育更加重视学习知识的应用能力，课程设计、学年论文、毕业设计与毕业论文都体现着知识的运用能力，也充分体现学生的主观能动性。

(3) 大学生学习的专业性。大学生的学习是在确定了基本的专业方向后进行的，因此其学习的职业定向性较为明确，即为将来走上工作岗位，适应社会需要所进行的学习；专业与学科群的划分也为大学学习与未来职业生涯紧密联系在一起，而专业学习要求大学生既要了解本专业的前沿知识与经典理论，又要掌握与专业相关的基础知识、专业基础及专业相关的实践技能。

(4) 大学生学习方式的多样性。信息时代，教师不再是知识的中心，网络又开辟了一条学习的新途径。大学开放式的教学为学生提供了多种多样的成功之路，除课堂教学外，课外实习、课程设计、实训课程、科研训练计划、学年论文、专家讲授、学术报告及走向社会的顶岗实习、社区服务等都为大学生学习提供了广阔的道路。

(5) 能力、素质的培养与知识的学习并重，甚至重于知识的学习。目前正在进行的高等教育改革一再强调知识技能的学习与实践能力的培养同样重要。受长期应试教育的影响，那种只重视学生学习具有实用价值的知识，忽视学生创造能力的培养，必须摒弃。

(6) 大学生学习的研究探索与创新性。大学生的学习已具有一定的探索性，即对书本之外的新观点、新理论进行深入的钻研与探索。探究知识的形成过程与科学的研究方法，了解学科发展前沿、存在的问题及解决的思路。目前，高等学校普遍加强大学生创新能力的培养，在课程设置、课程安排和课程衔接上突出学生的主体地位，体现创新，加大了学生实践环节的培养，旨在提高大学生的创新能力和研究探索能力。

五、大学生的学习心理障碍

(一)学习心理障碍的表现

在学习的过程中，不少的大学生都会体验到不同程度的困扰，在心理学上可以称之为学习心理障碍，一般表现为认知失调、情绪失调和学习定式等。

1. 认知失调

认知失调是指一个人的态度和行为等认知成分相互矛盾，从一个认知推断出另一个认知而产生的不舒适感、不愉快感。常见的认知失调有：不正确的归因、根据片面作出错误的推论、不能正确的区分现实与理想的差别、过低或过高的自我评价等。

严重的认知失调会引起抑郁症。抑郁症患者往往把失败人为地夸大，将失败看作自己的能力和身心方面的缺陷，从而对自我产生否定态度，认为自己毫无价值。这种态度又会影响到自己对未来的看法，致使对自己的生活和前途失去信心，失去行为的动力。

认知失调的原因大致有以下三个方面。

(1) 自我认同危机。几乎所有的年轻人都存在自我同一性的矛盾，主要表现在理想自我和现实自我两方面。面对多种价值观念的冲击、多种动机的内在冲突以及市场经济条件下社会的飞速发展，会使得个体人生观的确立和人生道路的选择变得更加困难，更加摇摆不定。这种动摇和模糊又会影响个体对学习活动的评价，使得个体在遇到困难和挫折时不能正确对待，从而产生认知失调。自我认同危机是产生认知失调的根本原因。

(2) 特殊的生活阅历。随着年龄的增长，与现实生活不断接近，个体要面对很多现实的问题。例如，少年时的幻想归于破灭，须直接面临调整自己努力方向的问题。

(3) 思维方式的片面性。个体在认识自我时往往容易将自己的某一方面与周围人中最突出的一面比较，对自己缺乏全面客观的认识。

2. 情绪失调

情绪失调是指由于片面的或错误的认知而引起的自我否定、焦虑、恐惧和抑郁等不良情绪，其主要有以下三种表现。

(1) 学习冷漠症。这是指对学习毫无兴趣，缺乏学习动机，学习时感到厌烦，注意力不集中，记忆不能持久，思维不能很好展开的一种情绪状态。患有学习冷漠症的学生往往处于一种消极的心境当中，一般自己能在思想上意识到这种情绪是不健康的，但却无法自拔。国外的心理学家认为，学习冷漠症是大学生或者说是高等学历青年中特有的一种现象。学习成为单一目标是冷漠症的主要根源。高中阶段，考上大学是学生们的主要人生目标，因此，许多兴趣、爱好被压抑，同时由于升学竞争的压力，有些学生长期超负荷学习，身心均感到疲惫，一旦进入大学，目标已经实现，对大学的追求和向往被现实所取代，学习动机削弱，学习冷漠症悄然而至。另外，有一部分学生，对所学专业不满意或不感兴趣也同样会造成消极的情绪反应。

(2) 学习无助感。这是指个体在被动地接受某种刺激后，感到无力去应付或不能学会去应付的一种情绪状态。学习无助感主要反映在那些缺乏学习能力、学习基础差或学习方法不正确而导致多次学习失败的学生身上。这些学生往往感到力不从心，无法驾驭学习，认为自己低人一等。这种失败感又导致消极认识的扩散，认为自己不能对外部事物发生任何影响，起不了任何作用，产生自卑的沮丧心理，表现出压抑、消沉的情绪及嗜睡等生理特点，在认识上主要表现为消极的判断和评价，如无兴趣、无望、无助；在自我矛盾方面表现为程度不同的自责、自罪和孤立感。轻度的学习无助感较为常见，并不构成疾病，但长期存在或程度加深则会对个体生活起消极作用，构成畏缩、退避、易激怒、易攻击的极端行为反应方式。

(3) 学习焦虑症。这主要是指以学习成绩好坏作为自身价值评判唯一标准而导致自信心不足的一种症状。虽然有些具有学习焦虑症的人学习并不差，甚至良好，但却特别害怕失败，总感到莫名其妙的焦虑。患有学习焦虑症的人主要的心理特点是：学习动力主要来自外部目标，而不是个体自身对学习的兴趣，他们把学习成绩作为学习的唯一目标，不考察掌握科学知识的手段，由于害怕失败，而为自己能否始终保持优异的成绩而忧心忡忡；他们缺乏创新要求与完成任务的魄力，又害怕甚至嫉妒其他人超过自己；如果学习失败，即使是偶然失败也会有强烈的情绪反应，并怀疑自己的能力，产生紧张、不安的情绪症状。由于焦虑是一种唤醒的情绪反应，因此，心理应激与生理应激相互影响，致使患有学习焦虑症的人表现出睡眠不稳、注意力不集中等现象。

情绪失调还是认知失调的一个诱因，它对学习构成严重威胁。情绪失调的原因大致有以下几个方面：一是强烈的自尊心和情绪的不稳定性，特别是对大学生来说，这种原因更明显，他们大多是中学的优等生，在学业上多次获得成功，老师、同学、家长给予很多鼓励，自尊心尤为突出，对自尊的体验强烈，则情绪波动很大，表现为对挫折往往以点带面，内心既敏感又脆弱，容易受到伤害，是发生心理障碍的高峰期。二是竞争压力过大。社会对人才的素质要求越来越高，学习环境竞争激烈，紧迫感和心理压力增加。三是心理素质脆弱。只能成功不能失败，经不起失败的打击。四是心理发展过程中的矛盾冲突。一方面受文化结构、逻辑思维能力和思维成熟程度影响，容易对问题产生偏激和片面的理解。另外，外界刺激与内心认知的冲突也容易产生各种矛盾，如自立与依赖、知与行、理智与情绪等方面的冲突，如果这些冲突过大，时间长了就会产生情绪失调。

3. 学习定式

学习定式也称学习定向，是指一个人进行学习活动时的心理准备状态。已有的愿望、态度、思维方式和知识经验等都是构成一个人学习的心理准备状态，使后续的学习活动有了一定的倾向性，朝一定的方向进行。学习定式的消极作用在大学生身上表现为学习动机缺乏、学习方法不当、学习效率不高、考前紧张及注意力难以集中等。

产生学习定式的原因主要包括：第一，缺乏较强的动机，学习目的不明确；第二，缺乏科学指导，不知道学什么、怎么学，视野狭隘、思路不开阔；第三，自我控制能力差。同样的学习环境中，有的人能主动适应，积极缩短适应过程，而有的人适应能力差，适应困难，易于产生心理障碍。

(二)学习心理障碍的调适

学习心理困扰不仅会造成心理环境混乱，而且也会对身体造成伤害。因此，按照科学的方法预防和克服心理困扰，保持良好的学习心理，就显得十分重要和必要。调适学习心理、克服学习障碍的方法有以下几种。

1. 坦然对待得失，克服"唯分数"等功利倾向

作为当代大学生，学生应该从整个人生的角度来看待问题，一次考试、一次奖学金甚至一学期的成绩都只是一件小事。要从长远计议，努力学习，但并不是每分必争。

2. 培养对知识的真正兴趣

快乐学习是学习的最好的方法，如果对知识形成真正的兴趣，学习就会成为一种享受。对于大学生来说，要特别注意矫正学习是为了考试、考试是为了及格、及格是为了毕业的消极思想。这是因为，这种思想把学习看作是单纯完成任务的活动，是不可能唤起人的学习热情的。

3. 锻炼学习能力

患焦虑中的人，往往杂念多且不能摆脱，结果阻碍了对有关知识的回忆与再认识、判断与推理的正常进行。从生理机制来看，这是由于大脑皮层上的神经活动产生了负诱导，引起了抑制，因而阻碍了思维的正常进行。因此，要保持健康的学习心理，就要注意培养自己的毅力，提高自控能力。我们要有意识地通过自我放松训练，学会把注意力集中在学习目标本身而不是自己的内部情绪上，敢于并善于向焦虑挑战。

4. 回味成功经验，维持自信心

从心理学上讲，人的自我感觉在很大程度上取决于对过去经验的认识，自卑的人往往注意过去的失败，而自信的人往往注意自己过去成功的方面。因此，回味自己的成功经验，是一种积极的心理暗示，有利于自信心的提高。个体要学会对自己干得出色的每件事，以及周围环境中的肯定性评价予以充分重视，从中获得成功的内心体验。

5. 主动与老师、同学进行交流

从心理学角度看，与老师的语言、思想交流有利于增进感情交流，而感情交流又有利于知识交流。因此，每个人都要积极参加各种活动，争取机会与老师同学进行交流，形成泰然的心态，努力营造融洽有好的人际关系，为自己的学习创造良好的人际氛围。

六、大学生的主要学习策略

学习策略是指学习者为有效地达到学习目标而采取的具体学习过程或学习步骤。对大学生而言，进行专业的学习，掌握一定技能，选择一定的学习策略，对提高学习的效率和学习能力具有重要的意义。这里重点介绍以下四种常用而有效的学习策略。

(一)MURDER 策略

MURDER 是六种策略的英文单词字母的缩写，即：心境设置或心境维持(M，Mood setting or mood maintaining)；理解(U，Understand)；回忆(R，Recall)；消化(D，Digest)；扩展(E，Expand)；复查(R，Review)，由丹瑟洛(D. F. Dansereau)于 1985 年提出。该学习策略系统包含相互联系的两组：一是基本策略系统，主要用于对学习材料进行直接操作，即直接作用于认知加工过程。该组策略主要包括领会与保持策略和提取与应用策略。二是支持策略系统，主要用于确立恰当的学习目标体系，维持适当的学习心态。而该组策略又包括三个方面：计划与时间安排策略、专心管理策略、监控与诊断策略。可以看到，基本策略与支持策略是相互联系的，二者协同作用完成学习活动。在基本策略中，领会与保持策略主要用于信息的获得和储存；提取与应用策略主要用于信息的恢复和输出。这两组策略虽然在结构和程序上基本相同，但它们分别指向不同的目标、不同的学习阶段，具有不同的作用。

在领会与保持策略中，理解(U)是指自动地分析所学内容中的重点和难点；回忆(R)是指不看课本，用自己的言语表达或重新解释所学的内容；消化(D)是指根据回忆结果来矫正错误，达到真正意义上的理解；扩展(E)是指通过自我提问的方式对前面所理解的内容进行再次的加工，以求融会贯通；复查(R)是指对整个学习过程进行全面的复习，并通过测验来加以考察。

在提取与应用策略中，理解(U)是只在某种具体的情景中，对所面临的问题和任务的理解，形成有关问题的条件、目标和性质等心理表征；回忆(R)是指回想与问题解决有关的要点；解释(D)是指具体详细的回忆和解释要点；扩展(E)是指把提取出来的信息加以整理和

组织，形成解决问题的方案；复查(R)是指对问题解决的适当性进行检查和评价。

从上述分析中可以看到，领会与保持策略和提取与应用策略是相互联系的，前者是基础，后者是深入与提高。因此，丹瑟洛将前者称为第一级策略，后者称为第二级策略。然而仅有基本策略还不足以顺利地完成学习活动，支持策略在学习活动中也是非常重要的。支持策略，顾名思义，是对基本策略的支持，属于辅助性的策略，但这并不意味着它是可有可无的。支持策略由三类策略构成：计划与时间安排策略、专心管理策略和监控与诊断策略。计划与时间安排策略主要指确定学习的目标与进程。根据目标的大小、范围等的不同，可以设置一个目标体系，该体系包含了大、中、小，远、中、近等一系列的目标。可以根据所设立的目标来安排学习进程，同时也可以根据学习进程适当地调整学习目标。

专心管理策略是支持策略的中心，包括心境设置与心境维持两种策略。心境设置(mood-setting, M)是指在学习之前使学生处于积极的情绪状态，克服并减少消极的情绪。心境维持(mood-maintenance, M)是指在心境设置的基础上，使积极的情绪状态在整个学习过程中都得到保持。监控与诊断策略和基本策略系统中的复查策略相似，但它主要是对整个学习策略系统的监控与诊断。支持策略与基本策略是密切联系的，它们共同决定了学习策略的有效执行及学习活动的顺利完成。

(二)复习策略

复习策略解决如何对所学内容进行适当的复习，主要用于信息的长时记忆与保持。根据遗忘发生的规律(见图 5-1 和图 5-2)，采取适当的复习策略来克服遗忘，即在遗忘尚未产生之前，通过复习来避免遗忘。

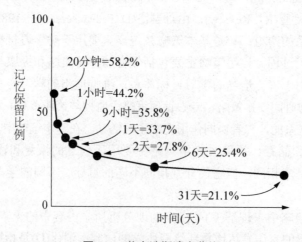

图 5-1　艾宾浩斯遗忘曲线

(1) 复习的时间。应该注意及时复习和系统复习。及时复习可以较大程度地控制遗忘，但也不是一劳永逸的，要想长时间保持所学的内容，还必须进行系统的不断的复习。根据有关研究，有效的复习时间最好作如下安排：第一次复习：学习结束后的 5～10 分钟，如下课后将要点加以背诵；或者阅读后尽快用自己的语言来表述所学的内容。第二次复习：学习当天的晚些时候或学习结束后的第二天，重读有关内容，将要点用自己的语言表述出来。第三次复习：一个星期后。第四次复习：一个月后。第五次复习：半年后。在

每次复习时，究竟用多长时间是最有效的呢？是否复习时间越长，记忆效果越好呢？对人类记忆的研究发现，人们对事件的开始和结尾具有较强的记忆，而对中间的记忆较差，如图 5-3 所示。例如，若连续复习 3 个小时，那么只有一次开始和结尾，可能产生两头记忆效果好而中间记忆效果差的现象。为解决这一问题，可以将连续的集中复习时间加以分散，分为几个小的单元时间，中间穿插短暂的休息。这样就能够增加开始和结尾的数量，进而提高记忆效果。至于每一单元的复习时间，可根据学习材料的趣味性与难易程度而定。

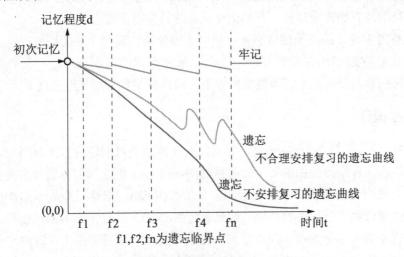

图 5-2　艾宾浩斯遗忘曲线的应用

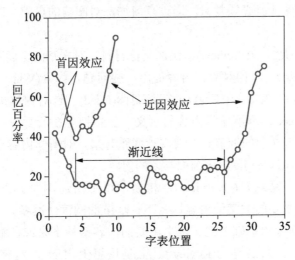

图 5-3　记忆系列位置曲线

(2) 复习的次数。学习完某一新内容后，复习多少次最有利于记忆？这涉及过度学习的问题。过度学习，即在恰能背诵某一材料后再进行适当次数的复习学习。这种重复学习绝不是无谓地重复，相反，它可以加深记忆痕迹以增强记忆效果。一般而言，过度学习的程度达 50%～100%时效果较好。例如，某一材料你读 6 遍刚好能够记住时，那么最好你再多读两三遍。但需要注意的是，这并不意味着重复次数越多越好，超过 100%的过度学习反而会引起疲劳、注意力分散甚至厌烦情绪等不良效果。

(3) 复习方法。要注意选择有效的复习方法。研究发现，许多人经常反复地、一遍遍地阅读某种材料，以期达到记忆的目的。这种方法虽然也能够使学习者最终记住有关内容，但事实上，它并不是一个非常有效的复习方法。较好的方法是尝试背诵法，即阅读与背诵相结合：一面读，一面试着背诵。这样可以使注意力集中于学习中的薄弱环节，避免平均分配学习时间和精力，进而达到提高学习效率的目的。此外，还应尽量地调动起多种感官来共同地进行记忆，眼到、口到、耳到、手到、心到，多种形式的编码和多通道的联系增加了信息的储存和提取途径，自然就使记忆的效果得到增强。

复习策略的主要目的在于使信息在头脑中牢固保持。而一系列的研究证明，只有理解了的信息才比较容易记忆并长久保持，反之，呆读死记的东西既难记，又容易遗忘。因此，复习策略应该与其他的学习策略协同作用，共同促进学习效果的提高。

(三)阅读策略

(1) SQ3R 法。一是浏览(Survey)，阅读的第一步就是对阅读内容进行浏览，从整体上把握文章脉络，为仔细阅读做准备。二是提问(Question)，把文章的标题及主要内容转化为问题的形式，在问题的提示下深入阅读。三是阅读(Read)，根据问题提示阅读内容并寻找问题答案，主要依赖于学习者的理解。四是背诵(Recite)，经过上面的阅读过程，学习者已经理解了课文中的大部分内容，现在学习者把课本合上，看看有多少课本内容已经能够记住，还有哪些没有能够透彻理解并记下来，需要进一步加工。五是复习(Review)，阅读过的内容要在脑中长期保持就必须复习。通过复习加深对阅读的巩固、理解，并建立有关内容之间的联系。

(2) PQ4R 法。一是预习(Preview)，快速浏览材料，对文章的主题和主要标题有一大致了解。二是提问(Question)，针对阅读内容提出一些问题，如谁(Who)？什么(What)？时间(When)？为什么(Why)？怎么样(How)？ 三是阅读(Read)，针对内容进行阅读，全面了解内容。四是沉思(Reflect)，理解所学内容的意义，包括把现在所学内容与学习者已有的知识相互联系起来，把课文中的细节和主要观念联系起来，对所学内容作些评论等。五是背诵(Recite)。六是复习(Review)，巩固前面学习的内容。

(3) OK5R 法。一是纵览(Overview)，相当于以上所述浏览。二是提出关键点(Key idea)，即列出文章中主要的关键的内容，为下一环节的阅读做准备。三是阅读(Read)。四是摘录(Record)，在阅读的基础上把文章中主要的内容摘抄下来或在脑中重点加以阅读理解。五是背诵(Recite)。六是复习(Review)。七是反思(Reflect)，对整个阅读过程进行反思，包括有无理解、记住内容、阅读速度是否合适、有哪些方面需要加以改进等。这一环节在阅读过程中显得尤为重要，它体现了阅读策略的核心。因此在阅读时，必须充分重视这一环节。

(四)问题解决的 IDEAL 方法

成功地解决问题，既取决于个体所拥有的相关知识，又需要个体的解题策略。解题策略分为两大类：一类是通用的一般问题解决策略，该类策略不受具体问题的限制，是一般

性的方法与技能；另一类是适合于某一学科的问题解决的具体的思维策略，与具体的学科内容有关。这里仅就一般的解题策略加以介绍。

IDEAL 是布兰斯福德和斯坦恩(J. D. Bransford & B. S. Stein)于 1984 年提出的解决问题的一般策略，以问题解决的一般策略的五个步骤的英文首字母命名，即为：识别(Identify)，注意到、识别出所存在的问题。例如，注意到内容中的不一致、不全面之处；或者意识到自己学习过程中所遇到的困难等。界定(Define)，确定问题的性质，对问题产生的过程和产生的原因进行解释。该过程直接影响着以后所确定的解决问题的方法。探索(Explore)，搜寻解决问题的可能方法。该过程受到前面的问题界定的影响。实施(Act)，将解决问题的方法付诸实施。审查(Look)，考察问题解决的成效，搜集有关的反馈信息，以便为进一步改善解决方法、更有效地解决问题奠定基础。

总之，学习虽然是一种非常普遍的活动，但其中蕴含着极其丰富的规律。随着研究的不断发展，对学习规律的探讨也将更加深入和更为准确，从而也更有利于指导人们进行科学而有效的学习。为了自身的成长与完善，更好地适应和改造环境，以促进社会的进步和发展，大学生了解并充分利用有关的学习规律都是非常必要的。

第二节　学 习 动 机

你在为"谁"而玩?

一群孩子在一位老人家门前嬉闹，叫声连天，老人觉得很吵，就出来劝阻道："孩子们，你们能不能去其他地方玩？我老了，很需要安静，请你们去其他地方玩好吗？" 这群孩子根本不理会，照常玩自己的。几天过去，老人实在难以忍受。

于是，他想了个办法，给每个来玩的孩子 25 美分，对他们说："你们让这儿变得很热闹，我觉得自己年轻了不少，这点钱表示谢意。"

孩子们很高兴，第二天仍然来了，一如既往地嬉闹。老人再出来，给了每个孩子 15 美分。他解释说，自己没有收入，只能少给一些。15 美分也还可以吧，孩子仍然高高兴兴地玩耍，然后兴高采烈地走了。

第三天，老人只给了每个孩子 5 美分。

孩子们勃然大怒，"一天才 5 美分，知不知道我们多辛苦！"他们向老人发誓，他们再也不会为他玩了！

点评：这个寓言中，老人的方法很简单，他将孩子们的内部动机"为自己快乐而玩"变成了外部动机"为得到美分而玩"，当外部动机(钱)失去诱惑力，孩子们就不愿去玩了。

其实，学习也是一样的道理，"你在为谁而学？"是出于内部动机还是外部动机？如果因内部动机去学习，我们就是自己的主人，越学越有动力。如果驱使我们学习的是外部动机，我们就会被外部因素所左右，成为它的奴隶，当外部因素失去诱惑力，那我们就会丧失学习的动力。

学习是否有效，主要取决于两大因素：一是会不会学，二是愿不愿学。前者属于学习方法、策略，后者即是学习动机问题。许多教师和家长甚至学生自己反映，现在的学生真正自己要努力学习的不多，而不爱学习的、应付学习的占有相当的比例。在这里我们先来看这样一个例子：

张某和李某是玩得很好的同学，两人一起写家庭作业，还剩一点儿就要完成了。

"快点，我们先走吧，晚会马上要开始了，要不然待会就没座位了。"张某催促道。

"等等，一会儿就要好了，1 分钟……"李某嘟哝道，"怎么回事啊，每一个步骤都是正确的呀，为什么得出的答案是错误的呢？难道我漏掉了什么关键的条件了？我想我大概要算出来了。"

"你可以晚上玩完了回来再做嘛，大家都走了，再不去，待会真没座了啊。"张某抱怨道。

"你先去吧，我过一会儿赶过去，让我再好好想想，我就是想知道这到底是怎么一回事儿。"李某说道。

点评：学生的学习效果、学习活动并不仅仅只受到智力因素的制约，还与学生本人的需要、动机、兴趣、信念、意志、性格和情绪情感等诸多非智力因素密切相关，从上面的例子可以看出，学习动机对学生的学习起着直接的推动作用。

一、学习动机的作用及类型

(一)学习动机的作用

动机是推动人从事某种活动，并朝一个方向前进的内部动力。它是激励或推动人去行动以达到一定目标的内在动因。大学生学习动机是直接推动学习的内部力量，也是一种学习的需要，这种需要是社会和教育对学生学习的客观要求在学生头脑中的反映。对大学生而言，学习动机在学习中发挥着重要作用。第一，学习动机决定着学习方向，学习动机是以学习目的为出发点的，它是推动学生为达到一定的学习目的而努力学习的动力。没有明确的学习目标的学生自然不会产生动机力量，因此，学生动机首先要求学生懂得为什么学，朝着什么方向努力。第二，学习动机决定着学习过程，学生是否能持之以恒，差异在学习动机。美国心理学家约翰·阿特金森(John William Atkinson)于 1980 年全面探讨了有关动机研究，得出了"完成某项学习任务所需要的时间与对这项任务的动机水平为正相关"的讨论。第三，学习动机影响着学习效果。沃尔伯格(H. J. Walberg)研究了动机水平与学习成就的关系后得出"学习动机越强烈的被试，其学习成绩越好，其正相关达 98%"的结论。

(二)学习动机的类型

1. 按动机影响范围和持续作用时间划分

学习动机按照动机影响范围和持续作用时间的不同，可以分为间接的远景性学习动机

与直接的近景性学习动机。前者是与社会意义相联系的动机，这是社会要求在大学生学习中的体现，如早年周恩来"为中华崛起而读书"的理想，毛泽东将理想称为"人生之鹄"，20 世纪 80 年代大学生的学习以"为振兴中华而读书"，所有这些都与大学生的人生观、世界观有着密切的联系。这种动机具有较大的稳定性和持久性，能在较长时间内发挥作用。而后者直接的近景性学习动机是与学习活动直接联系的动机，是由对学习的直接兴趣，对学习活动的直接结果的追求引起的，如大学生为获得毕业证或学位证，为了通过某门课的考试而学习，其作用短暂而不稳定，容易因情景变化而变化。

2. 按学习动机的来源划分

根据学习动机的来源不同，可以将学习动机分为内部动机和外部动机。凡是大学生根据自身的意志、兴趣、爱好而进行学习的动机因素都是内部动机，如明确的学习目的与强烈的求知欲是内部动机力，它具有持久性、主动性等特点；与此相反，在外因的驱使下，如由家长、教师等一些学习者以外的人所提供的奖励(如奖学金、荣誉、零花钱)、惩罚手段，或者其他诱因来推动学习者学习，这是外部动机。这种动机是短暂的，引起的学习是被动的。所以，为了达到更好的学习效果，我们应该培养自己的内部动机，树立长远的学习目标，形成间接的远景性学习动机。

二、大学生学习动机的特点

学习动机是直接推动学生进行学习的一种内部动力，是激励和指引学生进行学习的一种需要，是受社会环境、教育过程和个体身心发展水平的影响而发展起来的。随着大学生身心发展与社会化，大学生的学习动机呈多元化特点。

(1) 大学生的学习动机具有多元性。大学生学习动机的多元性主要表现为以下四大类。

第一类是报答性和附属性学习动机。为了报答父母的养育之恩，为了不辜负老师的教诲，为了取得其他同学的认可和获得朋友的支持等。

第二类是自我实现和自我提高的学习动机。为了满足荣誉感、自尊心、自信心以及满足求知欲等而学习。

第三类是谋求职业和保证生活的学习动机。例如，为了获得一个理想的职业和高回报的收入而学习。

第四类属于事业成就的学习动机。例如，希望自己在专业上有所建树，希望自己能对社会有所贡献，深感使命感、责任感和义务感等。

大学生学习动机的四种类型，实际上也表现出大学生在学习中的不同层次和水平。在同一个大学生身上，其学习动机也是多种多样的，而不是受其中单一的动机所支配，但它们有主次之分。研究表明，大学生四种主导性学习动机主要是：求知探索的动机、友情交往的动机、成就建树的动机和自尊自主的动机。这说明大学生是以求知、求学需要为主要的，同时具有珍视友谊、重视自尊和荣誉、追求成功的特点，其主流是健康的、积极向上的。

(2) 大学生的学习动机具有间接性。随着个体年龄的增长，直接性学习动机(如分数赞赏、奖励、避免惩罚等)会逐渐减弱；而间接性学习动机，如求知欲、探索、成就、创造和贡献等，随年级的升高而逐渐加强。大学生的学习动机以间接性学习动机为主。教育实践的经验也表明，低年级大学生对考试分数很重视，常常因不能取得高分而苦恼。随着年级的升高，学生对分数仍重视，但注重的程度减弱了。相当多的高年级学生，在某些课程上只要求通过考试，在另一些课程上则特别注重广泛吸取知识，参与创造性的探索工作，掌握现代化的科学研究方法。这也说明了随着年级的提高，大学生的直接性学习动机逐渐减弱，而间接性学习动机则逐渐增强。

(3) 大学生的学习动机具有职业性。我国的在校大学生，虽然绝大多数是按其报考志愿录取的，但学生的高考志愿往往并非出自学生个人的意愿(如由于高考分数的限制或听从父母的意见等)而带有相当大的盲目性。因此，部分大学一年级学生对专业认识不够深入。但是随着年级的升高，学生对所学专业了解的日益加深，认识到所学专业的作用，从而对自己所学专业的喜爱程度逐年加深，职业化的学习动机开始逐渐巩固。当然，大学生学习动机的发展也存在着很大的个体差异。造成这种差异的原因是多方面的，例如，社会、家庭、学校、教师及大众传播的影响，学生集体的相互关系，个人的成败经验及成就动机，都直接影响大学生的学习动机。

【心理测验】

学习动机之镜——学习动机自我测试

建立正确的认知模式，认识和调整不现实的学习目标；进行恰当的自我评价，对自己的能力要有充分的正确认识；使自己的抱负和期望切合自己的能力发展水平；以宽容的心态对待自己，降低对学习成败的敏感度。

这里为大家提供的测验主要是了解学生在学习动机、学习兴趣和学习目标制定上是否存在行为困扰。该测验共 20 个题目，测验时请在与自己情况相符的题前填"Y"，不相符合的题前填"N"。

(1) 如果别人不督促你，你极少主动地学习。

(2) 当你读书时，需要很长的时间才能提起精神。

(3) 你一读书就觉得疲劳与厌烦，只想睡觉。

(4) 除了老师指定的作业外，你不想再多看书。

(5) 如有不懂的，你根本不想设法弄懂它。

(6) 你常想自己不用花太多的时间成绩也会超过别人。

(7) 你迫切希望自己不用花太多的时间成绩也会超过别人。

(8) 你常为短时间内成绩没能提高而烦恼不已。

(9) 为了及时完成某项作业，你宁愿废寝忘食、通宵达旦。

(10) 为了把功课学好，你放弃了许多你感兴趣的活动，如体育锻炼、看电影与郊游等。

(11) 你觉得读书没意思，想去找个工作做。

(12) 你常认为课本上的基础知识没什么好学的，只有看高深的理论、读大部头作品才带劲。

(13) 只在你喜欢的科目上狠下功夫，而对不喜欢的科目放任自流。

(14) 你花在课外读物上的时间比在教科书上的时间要多得多。

(15) 你把自己的时间平均分配在各科上。

(16) 你给自己定下的学习目标，多数因做不到而不得不放弃。

(17) 你几乎毫不费力就实现你的学习目标。

(18) 你总是同时为实现几个学习目标忙得焦头烂额。

(19) 为了对付每天的学习任务，已经感到力不从心。

(20) 为了实现一个大目标，你不再给自己制定循序渐进的小目标。

上述 20 个题目可分成 4 组，它们分别测查学生在学习欲望上 4 个方面的困扰程度：

(1)～(5)题测查学习动机是不是太弱；

(6)～(10)题测查学习动机是不是太强；

(11)～(15)题测查学习兴趣是否存在困扰；

(16)～(20)题测查学习目标上是否存在困扰。

假如被试者对某组(每组 5 题)中的大多数题目持认同的态度，则一般说明他们在相应的学习欲望上存在一些不够正确的认识或一定程度的困扰。

第三节　影响大学生学业的非智力因素

心理学研究表明，影响大学生学业成绩的主要因素是学业中的非智力因素。学习中的非智力因素主要是指兴趣、情感、意志、性格和态度等方面对学习的影响。

一、兴趣与学习

俗话说："兴趣是最好的老师"，充分说明了兴趣与学习的关系。浓厚的兴趣能推动个体进行探索性的学习，对某一学科有着强烈而稳定兴趣的大学生，会将此学科作为自己的主攻方向，学习中主动克服困难，排除干扰。

(一)关于大学生学习兴趣的发展规律

大学生学习兴趣的发展一般要经过有趣、乐趣和志趣三个阶段。有趣是兴趣发展的低级水平，往往是由某些外在的新异现象所吸引而产生的直接兴趣。其特点是：不够稳定，为时短暂。乐趣是兴趣发展的中级水平，是在有趣的基础上逐步定向而形成起来的。其特点是：基本定向，持续时间较长。志趣则是兴趣发展的高级水平，与崇高的理想和远大的奋斗目标相结合，是在乐趣的基础上发展起来的。其特点是：积极自学，持续时间长。兴趣只有上升到了志趣阶段，才会使学生全身心地投入到学习活动中去。经历中学阶段的学习，大学生进入专业学业领域阶段，面临学习兴趣的再确认任务，对学习的理解已脱离了有趣，而向着乐趣与志趣发展，从对专业的不了解到了解专业，再拓展到喜爱专业，需要

培养专业兴趣。

(二)中心兴趣与广阔兴趣相互促进

根据兴趣广度的不同，可将兴趣分为中心兴趣和广阔兴趣。中心兴趣是对某一方面的事物或活动有着极浓厚而又稳定的兴趣；广阔兴趣是对多方面的事物或活动具有的兴趣。信息时代要求大学生具有广阔的兴趣，知识广博，并在此基础上对某一专业进行深入钻研，培养起中心兴趣。现代社会需要的 T 型人才就是指在广博基础之上的专业型人才，而目前倡导的复合型人才需要坚实宽厚的计算机与外语基础和精深的专业知识。这二者的结合，实际上也就是学习中的博与专的结合。正如掘井，如果井口太小，不可能挖出一口深井；如果井口太大，井口消耗过大，没有能力挖成一口深井。

(三)好奇心，求知欲、兴趣密切联系，逐步发展

好奇心是人们对新奇事物积极探求的一种心理倾向，它可以说是一种本能。好奇心人皆有之，在儿童期最为强烈，它主要表现在好问、好思考等方面。求知欲是人们积极探求新知识的一种欲望，带有一定的情感色彩。青少年时期是求知欲望最旺盛的时期。某一方面的求知欲如果反复地表现出来，就形成了一个人对某一事物或活动的兴趣。兴趣是人们积极认识某种事物或关心某种活动的心理倾向。从横的方面看，好奇心、求知欲、兴趣是互相促进、彼此强化的；从纵的方面看，三者又是沿着好奇心、求知欲、兴趣的方向发展的。在学习活动中，好奇心不仅可以成为学生学习的动力，甚至会导致具有重大意义的发明或发现；而求知欲不仅是学生走上科学之路的诱因，并且是促使学生进行创造性活动的主要动机。因此，我们一方面要促使好奇心尽快地向求知欲发展，最终培养良好的学习兴趣；另一方面也要珍惜好奇心，增强求知欲，提高兴趣水平，使这三种心理因素都得到培养和发展。

(四)兴趣与努力不可分割、相辅相成

兴趣可以通过后天的培养，努力是通往成功的必经之路，而兴趣使这条路走得更顺利。兴趣与努力是大学生成才的两个重要方面。大学生可能对自己所学的专业不感兴趣，经过刻苦学习，大学生在专业学习上取得了一定的成绩，也会激发学生的专业兴趣。大学生有学习兴趣后，可以促进他们刻苦钻研，向着更高目标迈进。因此，学生的学习活动既离不开学习兴趣，又离不开勤奋努力，兴趣与努力不断互相促进，才能获得预期的学业成就。

二、情感与学习

我国著名的教育家孔子将学习分为三个不同层次的认识，正所谓"知之者不如好之者，好之者不如乐之者"。三个层次呈递进状态，乐学是最高层次的学习热情。现代的教育实践也表明，与学习相联系的情感活动主要有以下特点。

(一)情绪逐步向情操发展

人的情感并非与生俱有，而是随着年龄的增长、交往的扩大、经验的增加，在教育与社会的影响下逐渐发展起来的。情绪与情操这两种形式的情感又往往交织在一起，在同一个人的身上表现出来。情绪是比较低级的情感形式。它一般与人的生理需要相联系，但与社会需要也有联系；它持续的时间比较短暂，但也有比较持久的；它的外部表现比较显著，但也有不太明显的。其主要表现形式有激情、心境和热情，统称为情绪状态。而情操则是习得的、比较高级、比较复杂的情感。它与人的社会需要相联系。其主要表现形式有理智感、道德感和审美感，统称为高级社会情感。在学习活动中，适当的激情、良好的心境、饱满的热情是学习的重要心理品质；而情操则是推动学习的强大动力，是一个人取得学业成就大小的先决条件。人是自己情感的主人，在学习过程中，学生既要通过学习活动形成和发展自己的情操，又要保持和激发积极的情绪状态，满腔热情地投入到学习中去。

(二)情感与认识相互促进，相互干扰

情感是认识的基础上产生和发展起来的，它既可能推动和加深人们的认识，也可能妨碍对事物的进一步认识，甚至产生不正确的认识。心理学的研究表明，情感的产生虽然与生理上的激活状态紧密联系，但它并非单纯地由生理激活状态所决定，而必须通过人的认识活动的"折射"才能产生。美国心理学家沙赫(S. Schachter) 提出了"情绪三因素说"，认为情绪的产生归于三个因素的整合作用，即刺激因素、生理因素和认知因素，而认知因素在情绪的形成中起着重要的作用。事实证明：对客观事物没有一定的认识，就不可能产生什么情感。人的情感越丰富、越深刻，则认识也同样丰富与深刻。同时，人的情感又可以反作用于人的认识活动。心理学的有关研究表明，人们回忆那些愉快的经历较之回忆那些痛苦的经历要容易得多，也深刻得多。一般来说，一个在学业上取得较大成就的学生，是与他对学习活动的满腔热情分不开的。但是，情感与认识又是互相干扰的。对某一事物的认识不当，也会使人对该事物产生不适当的情感；对某一事物产生了不适当的情感，也会妨碍对该事物进行深入的认识，甚至产生不正确的认识。学生的学习热情是在学习过程中培养起来的，丰富的知识可以使之产生丰富的情感。我们要学会用理智支配情感，做情感的主人，以克服消极的情感，防止它们对学习活动产生阻抑作用。

(三)情感与需要相互制约

一方面，情感是在需要的基础上产生与发展起来的；另一方面，情感又可以调节一个人的需要。只有当客观事物与人的主观需要处在一定的关系之中时，才能使情感产生。一般而言，凡是与主观需要相符合，并能使之得到满足的事物，就会产生肯定的、积极的情感，反之就会产生否定的、消极的情感。学生将学习活动、求知欲望当作自己的优势需要，就会产生热爱学习、立志成才的需要；反之，一个厌恶学习的学生将学习当作负担。在学习活动中，大学生必须明确学习目的，培养合理正当的需要，以利于形成自己的高尚情操；同时，又必须使自己的较为低级的情绪服从较为高级的情操，从而使自己的需要受

到这种高尚情操的支配和调节。

三、意志与学习

对于意志在学习中的作用，古今中外的学者都有深刻的认识。荀子提出"骐骥一跃，不能十步；驽马十驾，功在不舍；锲而舍之，朽木不折，锲而不舍，金石可镂"；苏轼也说："古之成大事者，不惟有超世之才，亦必有坚忍不拔之志"；朱熹说："立志不坚，终不济事"；陶行知先生将育才学校的创业宗旨总结为十句话："一个大脑，二只壮手，三圈连环，四把钥匙，五路探讨，六组学习，七体创造，八位顾问，九九难关，十必克服"。有人对大学生的学习曾做了这样的描述，大学生差别最小的是智力，差别最大的是毅力，因此，意志在大学生的学习中起着重要作用。

(一)意志由简单意志发展到复杂意志，由软弱意志发展到坚强意志

人的意志不是与生俱来的，而是随着年龄的增长、体质的增强、知识的丰富、交往的扩大而逐步发展起来的。意志的发展逐步由简单到复杂、由软弱到坚强。简单与软弱性意志的体现是：其一，愿望不稳定，此所谓有志者，立长志，无志者，常立志；其二，容易冲动，不能克制自己；其三，易受暗示，容易模仿别人。学习是一项艰苦的脑力劳动。要使学习活动坚持下去并取得较好的效果，就必须有复杂而又坚强的意志参与。人是自己意志的创造者，大学生应有意识地培养和锻炼自己的意志。当然，意志的培养不是一蹴而就的，我们必须从简单的事情入手，逐步学会不怕劳苦、持之以恒、勇于攀登，才能成为一个意志坚强的人。

(二)意志过程的三个阶段，即决心、信心、恒心密切联系、互相促进

决心是意志过程的第一阶段。这个阶段中往往有一系列复杂的心理活动：认清客观条件，积极进行思维。下定决心主要表现在两个方面：一是确定行动的目的；二是选择达到目的的行动方式。信心是意志过程的第二阶段，包括树立确信感，建立坚定信念，形成远大理想。信心的树立主要取决于三个因素，即活动的结果、他人的态度和自我评价。恒心是意志过程的第三阶段，具有更为本质的意思。恒心的确立主要在于两点：一是要善于抵制不符合目的的主观因素的干扰；二是要善于持久地维持已经开始符合目的的行动。意志过程的三个阶段密切联系，缺一不可，形成一个整体，又互相交织，彼此促进。在学习活动中，学生第一要下定决心，明确学习目的；第二要树立信心，相信自己的力量；第三要持之以恒，百折不挠，才能取得学习的成功。

(三)意志和行动不可分割

人的意志总是在一定的行动中表现出来的，它的发生、发展和形成都离不开行动。人的行动按其目的性、意识性的程度，可分为无意行动和有意行动两种。同时，按是否有意志参与为标准，又可将有意行动分为一般行动和意志行动两种。所谓意志行动，就是有意

志参与的一种有意行动。意志只是意志行动中的主观方面，它是在意志行动中体现出来的。没有意志，也就没有意志行动。意志行动必须包含意志因素，它是人的意志的一种外部表现。正因为如此，我们也可以把意志过程称为意行过程。在学习过程中，必须通过具体的学习、工作来培养自己的意志，必须通过攻克难关、迎战困难来锻炼自己的意志。总之，要利用一切机会和环境培养自己良好的意志品质。只有那些在学习上克服重重困难、勇于攀登高峰者才能称为意志坚强的人。

(四)意志的强度与克服困难的大小、多少成正相关性

在一定条件下，一个人的意志越坚强，就越能克服更大更多的困难；一个人的意志越软弱，就只能克服较小较少的困难，甚至于什么困难也不能克服。当一个人确定前进的目标，并向这目标奋进的过程中，总会遇到各种各样的困难。但众多的困难归结起来，不外乎两种：一是来自于外部的困难，亦叫客观困难；二是来自于内部的困难，亦叫主观困难。这些困难阻碍着我们目标的实现，影响了活动的顺利进行。只有意志坚强的人，才能克服众多的、难以想象的困难，去赢得成功。在学习活动中，我们要经常给自己设置一些难题，"跟自己过不去"，不断地克服困难、战胜困难，在困难中磨炼自己，使自己的意志日益坚强起来。

四、性格与学习

陶行知先生从教育实践中得出良好的性格特征主要有以下四个方面：一是努力奋斗，"奋斗是成功之父"；二是实事求是，"知之为知之，不知为不知"；三是独立意识，"独立的意志，独立的思想，独立的生计与耐劳的筋骨"；四是创造精神。一个具有优良性格特征的学生，可以保证其具有正确的学习动力机、稳定的学习情绪、持久的学习动力和顽强的学习意志，提高心智活动的水平，获得学业成功。

(一)性格的稳定性与可塑性相互制约

一般而言，性格既具有稳定性也具有可塑性，作用于性格的诸多因素是在不断发展变化的。在学习活动中，我们一方面要看到性格的稳定性，看到它在学习中的作用，进一步认识到培养良好性格的重要性，以使它们在学习中发挥更大的积极作用；另一方面又看到性格的可塑性，看到它是可以通过各种途径培养的。因此，应当重视大学生良好的性格的塑造，改变那些不良的性格。

(二)性格的先天性与后天性相互结合

人的性格的形成，受遗传和环境的相互影响，是先天因素与后天因素的"合金"。性格是在个人先天因素的基础上，在后天诸多因素的共同作用下，通过主体的实践活动逐步形成的。一般认为，先天因素是性格形成的自然前提，而后天因素(主要是环境)则对性格的形成上起决定作用，其中尤以社会环境的影响为大。许多研究表明，对性格形成起重要

作用的最初是家庭,它在儿童的性格形成上有着深远的影响,对性格的影响最为全面、深刻;学校教育对学龄儿童性格的形成具有重要意义,它可全面影响学生的意志特征和理智特征;宏观的社会背景也影响着儿童性格的形成,且在情绪特征中表现尤为突出。在学习活动中,我们既要看到先天因素对性格形成的影响,不排斥这种因素的作用;又要特别重视后天因素在性格形成中的作用,充分利用家庭、学校教育以及宏观的社会因素等方面的一切有利因素,培养自己的良好性格,以期使学习取得成功。

(三)性格与气质相辅相成

心理学的研究表明,性格与气质既有区别又有联系。一般来说,首先,气质主要是先天的。有关研究认为,许多人很难找到自己原始气质特点的外在原因,大约有 30%的被调查者叙述了自己的气质特点和亲生母亲是相同的或相似的;而性格则主要是后天的,更多是体现其社会性特征。气质是性格的基础,每个人的性格必然会打上自己的烙印。其次,具有不同气质类型的人可以形成同样的性格特征,而具有同一气质类型的人又可以形成不同的性格特征。最后,气质影响着性格特征的形成和发展的速度。性格可以掩盖甚至改变气质的某些特性,特别在经历了大的变革后更是如此;而性格对气质某些特性的改变则是由于神经活动类型的先天特性得到改变而实现。因此可以这样说,性格的发展和气质的变化始终是渗透在一起的。大学生学习中,各种气质类型的人都可以培养积极的性格特征。因此,大学生不必为自己的气质类型而烦恼,而应在各自气质的基础上,培养诚实、勤奋、独立、创新、勇敢和果断等良好的性格特征。

五、态度与学习

态度是个体对特定对象(人、观念、情感或者事件等)所持有的稳定的心理倾向。这种心理倾向蕴含着个体的主观评价以及由此产生的行为倾向性。它包括认识、情感与意向三种成分。学生的学习态度是指学生在学习情境中表现出来的比较稳定的心理倾向。大学生的学习态度直接影响其学习行为和学习成绩。影响大学生学习态度的因素主要有:①教师授课方式、教师的人格魅力与教学水平直接影响学生的学习兴趣,很多情况下,学生会有意或无意地吸取或模仿教师的某些行为,把教师作为自己心目中的楷模,学习会产生积极的态度,否则会产生消极态度;②教学过程中所涉及的学科内容、组织方式、授课艺术和讲课策略都会影响到学生的学习态度,如有的学生对专业不感兴趣,会直接影响其课程学习。许多研究表明:以不同教学形式与各种课堂活动情境下呈现出严谨而不失趣味的教学内容,易使学生产生积极的学习体验,从而形成或改变其学习态度;而消极的学习态度,往往伴随着枯燥的学习内容、呆板的教学形式和沉闷的课堂情境。

第四节　创造性思维与学习

　　创新与创造性思维是近年来教育学研究的热点。黄希庭和徐凤姝指出大学生创造性培养涉及六个方面的个人因素：强烈的好奇心和求知欲、联想的独特性和新颖性、个性的独立性、知识的有效性、不怕犯错误、正确的价值观。美国《创新杂志》给创新所下的定义是：运用已有知识想出新办法、建立新工艺、创造新产品。创新的特点包括：一是创新必须经过人的努力才能产生；二是创新需要战胜社会成见的挑战；三是创新需要付出艰辛的劳动并承担一定的风险；四是创新来自原动力、责任感和坚强的毅力；五是人们可以对创新加以识别、学习和应用。创新人才是指能够孕育出新观念，并能将其付诸实施，取得新成果的人。创新人才通常具有灵活、开放、好奇、精力充沛、坚持不懈、注意力集中、想象力丰富以及富有冒险精神等特点。大学生创造性思维的培养是创新人才培养的前提条件。

一、创造性思维的特点

　　创造性思维具有以下特点。

(一)思维的流畅性

　　思维的流畅性是指在限定时间内产生观念数量的多少。在短时间内产生的观念多，思维流畅性大；反之，思维缺乏流畅性。心理学家吉尔福特(J. P. Guilford)把思维流畅性分为四种形式：①用词的流畅性，是指一定时间内产生含有规定的字母或字母组合的词汇量的多少；②联想的流畅性，是指在限定的时间内能够从一个指定的词当中产生同义词(或反义词)数量的多少；③表达的流畅性，是指按照句子结构要求能够排列词汇的数量的多少；④观念的流畅性，亦即能够在限定的时间内产生满足一定要求的观念的多少，也就是提出解决问题答案的多少。前三种流畅必须依靠语言，后一种既可借助语言也可借助动作。

(二)思维的灵活性

　　思维的灵活性是指摒弃以往的习惯思维方式，开创不同方向的那种能力。例如，让学生"尽可能举出报纸的用途"，他会有"学习用""包东西""当坐垫""折玩具""剪成碎片扬着玩""裹在身上取暖"及"用来引火"等各种各样的答案。富有创造力的人思维比一般人的思维出现的想法散布的方面广、范围大，而缺乏创造力的人思维通常只想到一个方面而缺乏灵活性。

(三)思维的独特性

　　思维的独特性是指产生不寻常的反应和打破常规的那种能力，此外还有重新定义或按新的方式对我们的所见所闻加以组织的能力。例如，在吉尔福特的"命题测试"中，向被试提出一般的故事情节，要求他们按照自己的意思给出一个适当的题目，富有创造力的人

给出的题目较为独特，而缺乏创造力的人常常被禁锢在常规思维之中。

当然，创造性思维者还要对新颖独特的观念具有高度的敏感性，具有及时把握它们的能力。

二、创造性思维的培养

创造性思维的培养需要多方面的努力，首先教师要善于利用教学方法或者不同的教学评价模式鼓励和培养学生的创造性思维；同时，学生本身也要有意识地培养自己的创造性思维。

在教学中，教师鼓励学生对学生创造性有着不可或缺的作用，教师要让学生明白：他们的创造性会受到赞扬。老师接受还是拒绝新奇和想象，对鼓励或抑制创造性至关重要。除了在与学生的日常交往中鼓励创造性外，教师要帮助学生检查各种可能解决方案，教师可以试一试"脑激励法"(又称大脑风暴法)，其核心思想就是把产生想法和评价这种想法区分开来。其基本做法是：教师先提出问题，然后鼓励学生寻找尽可能多的答案，不必考虑答案是否正确，教师也不作评论，一直到所有可能想到的答案都提出来了为止。在我们平时的讨论中，常常有这样的现象：本来是想找出创造性解决问题的方法，但转变成了对一种方法好坏的争论，参与者的情绪都没了。脑激励法的原则就是尽可能地产生想法，不管这个想法初看起来如何片面。只有当所有可能的建议都已提完，才开始对这些想法进行评价、讨论和批评。用这种方法，一种想法可能启迪另一种想法。更重要的是，人们不会因怕受到批评而怀疑可能的创造性解答。当所有的想法都列完后，人们就可以评价、修改和合并这些想法而产生一个创造性的答案。

在课堂教学中，常常采用班组讨论的方法来解决问题。通过集体讨论，每个学生从各自不同的角度提出不同的见解，大大拓宽了解决问题的方法的范围，有时，一个学生的发言能启发另一个学生悟出或改进解决问题的方法。此外，小组讨论能产生社会心理学家称之为"社会促进"的现象，即当一个人看到其他人正在完成某个任务时，自己也会积极去思考。当然，小组讨论对创造性思维也有不利的一面。在小组讨论中，某几个同学的发言能支配其他同学的思维。而且也有研究表明，有高度创造性才能的人，往往喜欢独自思考和工作。当他独自一人时，工作得最好。

下面分别介绍心理学家吉尔福特的培养创造性思维的策略和教育学家弗里德里森(Frederickson)的教学策略。

1. 吉尔福特的策略

吉尔福特在总结了大量的有关培养创造性思维的文献和实验的基础上，提出了一套前后有序的培养创造性思维的策略。

(1) 拓宽问题。例如，我们不应该问："我们如何改进灭蚊器？"而是应该问："我们怎样才能消灭蚊子？"这样就为寻找更多更好的解决办法打开了大门。

(2) 分解问题。问题越具体、越明确，就越有可能为我们提供提取信息的线索，从而增加问题解决的机会。

(3) 常打问号。在整个问题的解决过程中，创造性思维的一个特征是不断发出疑问。

(4) 快速联想与中止评判。在解决问题中最广泛使用的策略，也许就是快速联想。这种策略一般是在群体思维或小组讨论时使用的，但个人也可采用。快速联想要与中止评判策略结合起来使用，若没有中止评判，很可能会产生抑制的效果。在这期间，要严格禁止使用任何方式的批评。这就是说，要鼓励学生"自由放任"，想提什么观念就提什么。重点是在数量上，质量是次要的。产生出来的观念越多，形成好观念的机遇就越大。事实上，人们在后面形成的观念在质量上往往比前面形成的观念的质量更高些。

(5) 延长努力。产生观念的努力不应该过快地终止。一般来说，产生观念的速度是刚开始时最快，然后随着时间的推移而减慢。也许，一般人认为自己已竭尽全力了，然而，记忆是不可能干枯的。据统计，后面部分产生的观念，有 78%比前半部分产生的观念质量更高些，因此，观念的质量一般是随时间推移而提高的。正如著名教育学家艾·诺·怀德海(Alfred North Whitehead)所说的，"第 1000 个观念也许正是改变世界的观念"。

(6) 列举属性。采用列举属性的策略，可以对事物重新分类，从而使它们更便于使用于不同寻常的场合。

(7) 形成联系。形成新奇观念的一种可能的途径，是迫使自己把两种完全不同的事物联系起来，这种联系是自己以前从未听到过的，如带橡皮的铅笔就是橡皮与铅笔的组合。

(8) 尝试灵感。对某一问题的实际工作停顿一会儿，但仍保持解决该问题的愿望，而得到的，往往是灵感，即在没有料想到的情况下，突然涌现出极妙的想法。爱迪生、彭加勒、爱因斯坦等科学家也都有过这种体验。

2. 弗里德里森的教学策略

弗里德里森的教学策略主要有以下六种。

(1) 酝酿。创造性地解决问题，不同于分析式的一步一步的过程。在创造性解决问题的过程中，一个重要的原则是避免立即达成一个解答，而是要反复思考问题。罗杰用 15 分钟在他的烤箱里烤 1 个苹果派，烤 3 个苹果派要花多长时间？许多人不假思索地脱口而出：45 分钟×3。但是，如果稍微花点时间思考，多数人就会意识到，在同一个烤箱里烤 3 个和烤 1 个苹果派，所花的时间一样多。在教学过程中，教师一定不要给学生施加时间压力。教师应当评价学生思想的巧妙性和细密性，而不是速度。

(2) 中止判断。在创造性解决问题中，应鼓励学生中止判断，要考虑所有的可能性后，才尝试选择某个解答。以这种原则做指导的一个具体方法是"脑激励法"。

(3) 适当的气氛。松弛、甚至玩乐的环境能促进创造性地解决问题，更为重要的是，学生参与创造性解决问题时，教师一定要使他们感到，他们的想法是会被接受的，因此，建立适当的气氛是重要的一步。

(4) 分析。人们常常提到的一种创造性地解决问题的方法，是分析和列出问题的主要特征和具体的要素。

(5) 思维技能。教师可以教学生一些创造性解决问题的具体策略。例如，考虑不平常的想法，产生许多想法，作计划，列出所有可能性，综合许多事实，在头脑中厘清问题等。

(6) 反馈。创造性问题解决的最有效的方法也许是向学生提供大量的各种不同的实践，并给实践提供反馈。不仅要对解答的正确性予以反馈，而且要对解答的过程提供反馈。但是，在解决复杂的问题中，不要过分强调带有反馈的练习。当然，没有长时间的对简单问题的反馈练习，是不可能解决复杂问题的。

心理训练营

1. 花样翻新

目的：训练你的形象思维力、空间想象力和动手能力。

时间：15 分钟。

道具：80 厘米长的线绳。

操作：拿一根 80 厘米长的线绳，把绳的两端连接在一起，结为环形，用手指来挑、钩、穿成几何图形，看看谁能变出更多的花样。

分享：

(1) 在这个简单的游戏中，你能变出哪些花样？

(2) 你邻近的同学能变出哪些和你不一样的花样，对你的启示是什么？

2. 鳄鱼潭

目的：启发创意。

形式：10～12 人为一组。

时间：60 分钟。

道具：大圆胶桶 3 个(约高 1 米)、长方形木板两块(长 3 米，宽 0.2 米，厚 0.04 米)。

程序：

(1) 用绳子或粉笔在地上画两条相距 15 米的直线。

(2) 两块木板搭在 3 个圆胶桶上，所有队员都站在木板上。

(3) 限定时间内，在人和木板不着地、桶不倒的情况下，全体队员尽快通过 15 米长的沼泽地。需要提示的是，沼泽地里有鳄鱼。需要注意的是，任何人或木板均不可触碰沼泽地面；木板若触碰地面，将被没收；队员若掉进河中或身体任何部分触碰地面，全组须由起点重新开始；队员在木板上时应注意平衡；圆胶桶应直放在地上；确定木板没有裂缝；队员不可由木板或圆胶桶上跳跃到地面；避免木板夹到手指。

分享：

(1) 策划在整个活动中的重要性有多大？

(2) 如何有效地进行人员分配？

(3) 在活动过程中，你们小组在沟通和相互协调方面表现得如何？

(4) 每位成员在活动中有什么特殊感受？

心理加油站

期望效应

人们通常用这样来形象地说明期望效应："说你行，你就行；说你不行，你就不行。"要想使一个人发展更好，就应该给他传递积极的期望。期望对于人有巨大的影响。期望就如同一把"双刃剑"，积极的期望促使人们向好的方向发展，消极的期望则使人向坏的方向发展。只有当人们正确地去确立目标时才能有好的效应，这就要求人们拥有好的学识素养和健康的心理素质。

期望效应又叫作"皮格马利翁效应""罗森塔尔效应"。这个效应源于古希腊一个美丽的传说。相传古希腊雕刻家皮格马利翁深深地爱上了自己用象牙雕刻的美丽少女，并希望少女能够变成活生生的真人。他真挚的爱感动了爱神阿劳芙罗狄特，爱神赋予了少女雕像以生命，最终皮格马利翁与自己钟爱的少女结为伉俪。后来以美国哈佛大学教授罗森塔尔等人为代表的许多心理学家进行一系列研究，表明学生的智力发展与老师对其关注程度成正比关系。

效应实验

美国哈佛大学的著名心理学家罗森塔尔曾经做过一个教育效应的实验。他把一群小老鼠一分为二，把其中的一群(A 群)交给一名实验员说："这一群老鼠是属于特别聪明的一类，请你来训练"；他把另一群(B 群)老鼠交给另外一名实验员，告诉他这是智力普通的老鼠。两名实验员分别对这两群老鼠进行训练。一段时间后，罗森塔尔教授对这两群老鼠进行测试，测试的方法是老鼠穿越迷宫，结果发现，A 群老鼠比 B 群老鼠聪明得多，都先跑出去了。其实，罗森塔尔教授对这两群老鼠的分组是随机的，他自己也根本不知道哪只老鼠更聪明。当实验员认为这群老鼠特别聪明时，他就用对待聪明老鼠的方法进行训练，结果，这些老鼠真的成了聪明的老鼠；反之，另外那名实验员用对待笨老鼠的办法训练，也就把老鼠训练成了不聪明的老鼠。

罗森塔尔教授立刻把这个实验扩展到人的身上。1968 年他和雅各布森(A. L. Jacobson)教授带着一个实验小组走进一所普通的小学，对校长和教师说明要对学生进行"发展潜力"的测验。他们在 6 个年级的 18 个班里随机地抽取了部分学生，然后把名单提供给任课老师，并郑重地告诉他们，名单中的这些学生是学校中最有发展潜能的学生，并再三嘱托教师在不告诉学生本人的情况下注意长期观察。8 个月后，当他们回到该小学时，惊喜地发现，名单上的学生不但在学习成绩和智力表现上均有明显进步，而且在兴趣、品行和师生关系等方面也都有了很大的变化。这一现象被称为"期望效应"，后来人们借用古希腊神话中皮格马利翁的典故，称这种现象为"皮格马利翁效应"。

名词分析：

假信息真效果：罗森塔尔和雅各布森认为，由他们提供的"假信息"最后出了"真效

果"的主要原因，是"权威性的预测"引发了教师对这些学生的较高期望，就是这些教师的较高期望在 8 个月中发挥了神奇的暗示作用。这些学生在接受了教师渗透在教育教学过程中的积极信息之后，会按照教师所刻画的方向和水平来重新塑造自我形象，调整自己的角色意识与角色行为，从而产生了神奇的"期望效应"。

罗森塔尔试验说明，教育者只要诚心诚意寄希望于受教育者，那么受教育者将会按教育者的期望去发展。教师对学生的期待，是一种信任，一种鼓励，一种爱，犹如催化剂、加热剂。如果我们帮助学生建立起适宜的期望目标，就如在学生心中点燃了知识大厦阶梯上的一盏盏闪亮的明灯，促使他们不断前进，不断攀登。

但是，并不是所有的受教育者都能按教育者的期望发展。学生的气质、个性特点不同，原有经历不同，知识基础、智力水平各有差异，对自己的要求也有高有低。教师要因材施教，对学生提出恰如其分的希望与要求，要切合学生已有的知识、智力水平，既不过高，又不偏低。这样才能增强学生学习的自觉性，取得良好的学习效果。

启示

第一，期望要合情合理。合理就是要符合国家、社会、学校和个人的需要，符合时代的潮流，对社会和个人的发展具有积极的作用。

第二，期望要具有可行性。这里的可行性是指符合行为主体的主客观条件，即具有实现的可能性。如果从客观上讲是合理的，而主体行为上是不可能的，那么这种期望还是不能转化为主体需要，更不能内化为主体动力。

第三，期望要具有挑战性。只有那些具有挑战性的，超出于原有水平，但通过努力可能达到的期望，才有吸引力，才有激励性。可望而不可即的或随手可得的期望都是不可取的，俗话说：跳一跳可摘到的桃子最甜。

第四，期望要内隐。教育者的期待不应当是赤裸裸的"现金交易"，而应当是温情脉脉的感化；不应当是口头上的说教，而应当是满怀期望，含而不露地潜入学生的心灵。大喊大叫只会激起学生的逆反心理。

第五，期望要持久。期望要有信心、决心和耐心，即使一时看不出明显的效果，也不要灰心丧气。须知学生领会，接受师长的期望，需要一个过程，在活动中作出成绩，也需要时间，任何急躁情绪，都将适得其反。

第六，不要把期望变成负担。

能力检测

一、简答

1. 什么是学习？

2. 大学生常见的学习心理障碍有哪些？出现学习心理障碍时应如何进行调适？

二、分析与讨论

1. 2014 年 5 月 4 日，习总书记在北京大学师生座谈会上讲到："要勤学，下得苦功夫，求得真学问"。知识是树立核心价值观的重要基础。人生只有一次，应该好好珍惜。学习贵在勤奋、贵在钻研、贵在有恒。

请问：作为大学生，谈谈你对大学生学习的认识。

2. 联合国教科文组织提出：未来的文盲不是不识字的人，也不是识字很少的人，而是不会学习的人。从 20 世纪 20 年代开始，随着科学技术的迅猛发展，把人类带进了信息时代，新知识的巨增和旧知识的快速老化，要求人们善于学习、并不断地进行学习。青少年是社会主义现代化建设事业的接班人，必须与时俱进，学会学习，不断掌握先进的科学知识，才能肩负起历史赋予的重任。

请问：在教学中，有哪些激发学生学习动机的方法，使学生享受到学习的魅力和应用的乐趣，从而把学习当成自身的需要，变"要我学"为"我要学""我爱学"？

项目六　驾驭情绪，理性生活
——大学生情绪管理

知识目标：了解大学生情绪的特点以及常见的负性情绪；理解情绪需要个人主动调控的道理；掌握调节自己情绪的有效方法，以及在合适的场合、用合理的方式表达情绪。

能力目标：掌握适于自己的情绪调节的有效方法；具有自我调适、自我控制的能力，能够比较理智地调控自己的情绪。

【案例导入】

地震中的父与子

1994 年发生在美国洛杉矶一带的大地震，在不到四分钟的时间里，成千上万的人受到伤害。

在混乱中，一位年轻的父亲安顿好受伤的妻子，冲向他 7 岁儿子的学校。那个昔日充满孩子们欢声笑语的漂亮的三层教学楼，已变成一片废墟。

他顿时感到眼前一片漆黑，大喊："阿曼达，我的儿子！"跪在地上大哭了一阵后，他猛地想起自己常对儿子说的一句话："不论发生什么，我总会跟你在一起！"他坚定地站起身，向那片废墟走去。

他知道儿子的教室在一层楼的左后角处，便疾步走到那里，开始动手挖。

在他清理挖掘的时候，不断地有孩子的父母急匆匆地赶来，看到这片废墟，他们痛哭并大喊："我的儿子！""我的女儿！"哭喊过后，他们便绝望地离开了。有些人上来拉住这位父亲，说："太晚了，他们已经死了。"

"这样做无济于事，回家去吧！"

"冷静些，你要面对现实。"

这位父亲双眼直直地看着这位好心人，问道："你是不是来帮助我的？"没人给他肯定的回答，他便埋头挖了起来。

消防队长挡住他："这里太危险了，随时可能起火爆炸，请你快点儿离开！"

这位父亲说道："你是不是来帮助我的？"

警察走过来："你很难过，难以控制自己，可以理解，但这样干很危险，请马上回家去吧！"

这位父亲说道："你是不是来帮助我的？"

人们摇头叹息着走开了，都认为这位父亲因为失去孩子，过于悲痛而精神失常了。

这位父亲心中只有一个念头："儿子在等着我！"

12 小时，24 小时，36 小时，没人再来阻挡他。他满脸灰尘，双眼布满血丝，浑身上下的衣服破烂不堪，到处都是血迹。到第 38 小时，他突然听见底下传出孩子的声音："爸爸，是你吗？"

是儿子的声音！父亲大喊："阿曼达！我的儿子！"

"爸爸，真的是你吗？"

"是我，是爸爸！我的儿子！"

"我告诉同学们不要害怕，说只要我爸爸活着就一定会来救我，也能救大家。因为你说过，不论发生什么事，你总会和我在一起！"

"你现在怎么样？有几个孩子活着？"

"我们这里有 14 位同学，都活着，我们都在教室的墙角，房顶塌下来架成个大三角形，我们没被砸着。我们又饿又渴又害怕，现在好了。"

父亲大声向四周呼喊："这里有 14 个小孩，都活着！快来人！"

过路的几个人赶紧上前来帮忙。

50 分钟后，一个安全的小出口开辟出来了。

父亲声音颤抖地说："出来吧！阿曼达。"

"不！爸爸。先让别的同学出去吧！我知道你会跟我在一起，我不怕。不论发生了什么，我知道你总会跟我在一起。"

这对了不起的父子，在经历了这场巨大的磨难后，无比幸福地紧紧拥抱在一起。

（《小小说选刊》1996 年第 4 期　马克·汉林，美国作家）

请思考：该案例中的父子出现了哪些情绪，他们是如何面对这些情绪的？

【心理讲堂】

第一节　情　绪　概　论

公元前 202 年，西楚霸王项羽被韩信布置的十面埋伏围困在垓下(今安徽灵璧县东南)。项羽和江东子弟们杀出重围来到乌江，感叹天欲亡我，无颜见江东父老，在本可以东山再起的局面下，自刎于乌江。在消极情绪的影响下，一代霸王项羽英雄气短，令人唏嘘长叹。明代大将吴三桂，因为爱妾陈圆圆被夺，愤怒之下引清军入关，留下千古骂名。从这些历史故事中可以看到，情绪在某些时候改变着人类的历史。

情绪对我们的日常学习生活也产生着重要的影响，情绪就像影子一样，每天与我们相伴相随。在生活、工作中各种事情都会让我们的情绪起伏变化，例如，别人的一个眼神，一句充满负面情绪的话语，分分钟钟都会将我们拉入情绪的旋涡。随时随地都会发生喜怒哀乐等情绪的起伏变化，我们的一切活动无不打上情绪的印迹。

一、情绪的概念和状态

(一)情绪的概念

美国心理学家罗伯特·利珀(Robert Ward Leeper)把情绪定义为"情绪是一种具有动机

和知觉的积极力量，它组织、维持和指导行为"。美国心理学家丹尼尔·戈尔曼(Daniel Goleman)认为"情绪是感觉及其特有的思想、心理和生理状态及行动的倾向性"。总之，情绪是个人的主观体验和感受，是对外界刺激所产生的心理反应以及附带的生理反应，如喜、怒、哀、乐、悲、忧等。它左右人的精神状态，驱使人们去行动。行为在身体动作上表现越明显就说明其情绪越强，如喜会是手舞足蹈、怒会是咬牙切齿、悲会是痛心疾首、忧会是茶饭不思等就是情绪在身体动作上的反映。

除了情绪的概念外，在心理学上还经常使用情感这一概念，情绪和情感通常称为感情。情绪和情感都是人对客观事物所持的态度体验，两者有着紧密的联系：①情绪是情感的表现形式，情感是情绪的本质内容。②情绪带有极大的情境性，情感则带有很大的稳定性。③情绪较为强烈，冲动性大，具有明显的外部表现。④情感一般较微弱，较少有冲动性，外部表现也不明显。⑤情绪更倾向于个体生理需求欲望上的态度体验，而情感则更倾向于社会需求欲望上的态度体验。

(二)情绪的状态

人的情绪和情感的表现形式是多种多样的，根据情绪发生的强度、持续时间和紧张度，可以将情绪的状态分为心境、激情和应激。

1. 心境

心境是一种微弱平静而持续的情绪状态，如心情愉快或闷闷不乐等。所谓"忧者见之则忧，喜者见之则喜"，这种情绪的蔓延状态就是一个人在这段时间内的心境。心境变化的原因是多种多样的，外界的情景如重大生活事件、工作的顺利或挫折和人际关系等，都可成为引起心境的原因。心境还可由自己身体的自我感觉所引起，如身体的健康水平、精力充沛或疲劳状态等。此外，自然环境的变化也能引起心境的变化，如春光明媚、秋高气爽，会引起心境振奋舒畅。消极心境则易使人陷于颓废，降低工作和学习效率。积极心境有助于工作和学习，勇于克服困难，发挥主动性和创造性。

2. 激情

激情是一种迅速强烈地爆发而时间短暂的情绪状态，如狂欢、暴怒和痛哭等。激情常常是由对个体具有重大意义的强烈刺激或突如其来的意外事件所引起。在激情状态下，人的一切心理过程和全部行动会随之产生显著变化。激情产生的过程十分猛烈，强度很大，有明显的外部行为表现，并使人体内部突然发生剧烈的生理变化，如咬牙切齿、面红耳赤、捶胸顿足等，有时还会出现痉挛性的动作或言语紊乱。同时当个体处于激情状态时，往往失去意志力对行为的控制，有一种情不自禁、身不由己的感受。激情虽然可以使理解力和自制力有所降低，但并非全然不能自制，因为大脑皮层在强烈的情绪中仍能起主导作用，一般正常人在强烈的情绪状态下也仍有一定理智控制。积极的激情与冷静的理智和坚强的意志相联系，能激励人们攻克难关，成为正确行动的巨大动力。

3. 应激

应激是在出现意外事件和遇到危险情景的情况下所出现的高度紧张的情绪状态。人在突如其来或十分危急的情况下，必须迅速果断地作出反应的时刻，往往会出现应激状态。例如，人们遇到突然发生的火灾、地震等自然灾害时，刹那间人的身心都处于高度紧张状态之中，这时，人所产生的特殊紧张的情绪体验就是应激状态。在应激状态中，要求人们迅速地作出判断，瞬间作出选择，同时还会引起机体一系列的明显的生理变化，如心跳、血压、呼吸、腺体活动以及紧张度等都会发生变化。适当的应激状态，使人处于警觉状态之中，并通过神经内分泌系统的调节，使内脏器官、肌肉、骨骼系统的生理、生化过程加强，并促使机体能量的释放，提高活动效能。而过度地或者长期地处于应激状态之中，会过多地消耗掉身体的能量，引起疾病和导致死亡。人在应激状态时，可能会有两种表现：一种是动员身体各种潜能，使活动积极起来，急中生智，沉着镇定，以致能超乎寻常地应付危急局面；另一种是使活动抑制或完全紊乱，手足无措，呆若木鸡，有些人甚至会发生临时性的休克等症状。在应激状态下，人们会出现何种行为反应取决于个体的适应能力、个性特征、知识经验以及意志品质等性格特点。应激的积极状态是可以训练的，如军人的实战训练、学生的模拟考试等，目的都在于促成应激状态下的积极反应。

二、情绪与身心健康

情绪对身心健康的作用表现在正、反两个方面：不良情绪压抑过久，或是某种情绪表现过激都会影响人的身心健康；而合理控制情绪的变化，巧妙地运用情绪来调节人体生理指标，又会增进人的身心健康，情绪能致病亦能治病。

(一)情绪与生理机制的关系

我国古代就注重情绪对身心健康的作用。例如《黄帝内经》中指出："心者，五脏六腑之主也，忧愁则心动，心动则五脏六腑皆摇。"古代所讲的"心"不是指心脏，而是指大脑的神经活动，即心理活动，故任何情绪的失调都可伤心，心伤则会引起其他脏腑功能失调。现代科学也进一步证明，情绪可以通过大脑而影响心理活动和全身的生理活动。当我们产生某种情绪变化的时候，我们体内的生理指标都会发生一系列变化，如心跳速率、呼吸的节奏、血压的升降、血管的容积、心电图、脑电图和体内激素的水平等方面都会受到影响。当被人辱骂时，我们的身体马上会产生血流加速、心跳加快和呼吸急促等现象，这就是情绪的生理变化部分。这时你会感到自己非常不高兴，身体的感觉是"我生气了"。

现代科学不断证实情绪和健康之间存在着紧密的联系。美国生理学家艾尔玛·辛吉斯(Irma Hingis)曾做过一个简单实验研究情绪对健康的影响。他将人在不同情绪状态下呼出的气体收集在玻璃试管中，冷却后变成水，结果发现，在心平气和的状态下呼出的气体冷却成水后，水是澄清透明的；在悲伤状态下呼出的气体冷却成水后，水中有白色沉淀；在愤怒、生气状态下呼出的气体冷却成水后，将其注射到大白鼠身上，几分钟后大白鼠死亡。人在生气时的生理反应非常剧烈，同时会分泌出许多有毒性的物质。否定、沮丧、愤怒、忧伤等负性情绪，如果经常、持久地存在则会因为过分刺激人的器官、肌肉以及内分泌腺，生理变化不能复原时，情绪压力就会损害健康，负性情绪长期存在与发展也会转化成为心理障碍和心理疾病。

心理学家约瑟夫·布雷迪(Joseph Brady)做过一个著名的实验：两只被电杆压在椅子上的猴子，每隔 20 秒会被电击一次。其中一只猴子不甘被电击，就开始寻找解决之道，当它意外将电杆推起时，它躲过了一次电击带来的痛楚，于是每次意识到电击将至，它就推起电杆。另外一只猴子却没有丝毫作为，电击时受着，电杆被推开而免于受电击，它也受着。结果逆来顺受的猴子健康无恙，为了抵抗电击而推动电杆的猴子却因为承受过大的压力得了胃溃疡。

行动的猴子由于心理压力过大带来了负性情绪损害了自己的身体健康，反而是那只逆来顺受的猴子对于电击的痛楚和免于电击的庆幸都无所谓，反而身体无恙。医学心理学家还用狗做嫉妒情绪实验：把一只饥饿的狗关在一个铁笼子里，让笼子外面另一只狗当着它的面吃肉骨头，笼内的狗在急躁、气愤和嫉妒的负性情绪状态下，产生了神经症性的病态反应。在竞争激烈的当今社会，我们中的很多人背负着超强的心理负荷和责任感，也有很多人对现实的残酷感到无奈。在现实社会中，你愿意选择扮演行动派的猴子，还是逆来顺受的猴子呢？

(二)情绪的好坏影响人们的身心健康水平

情绪的好坏直接制约着人们的身心健康水平。恐惧、焦虑、抑郁、嫉妒、敌意及冲动等负性情绪，是一种破坏性的情感，它会使人失去心理平衡，强烈或持久的负性情绪还会造成身体生理功能紊乱，甚至引发身心疾病。研究显示，负性情绪对躯体健康的危害大于吸烟、饮酒对躯体健康的危害。负性情绪对人体内部生理变化的影响已经为科学实验所证实。在实验室里，突然给被试一个响声刺激或进行一项紧张作业，结果生理记录仪上的各项指标都会产生明显的变化，如皮肤电反应活跃、血管收缩、心率加快和血压升高等。负性情绪会影响神经系统的正常活动，从而引起植物神经系统功能的失调和新陈代谢障碍而发生疾病。现已知生理上的疾病大多数起因于负性情绪，中医所说的"怒伤肝""恐伤肾""思伤脾"和"忧伤肺"等，说的也是这个道理。

积极的情绪能维护生理机能的正常运转，使人体的免疫系统处于平衡状态，从而增强对疾病的抵抗力，使人精力充沛，延年益寿。莎士比亚说："积极、愉快、坚强的意志和乐观的情绪，可以战胜疾病，更可以使人强壮和长寿。"国内外许多科学家研究都指出：长寿老人最大的特点之一就是具有乐观的情绪。例如，湖北省曾对本省 88 名百岁老人做过调查，发现积极开朗型 45 名，占 51.2%；安静温和型 39 名，占 44.3%；孤僻忧郁型 4 名，占 4.5%，这四位老人虽然孤僻、忧郁、内向，但是自控能力很强。

积极情绪能够改善人的心理状态，提高人的活动能力，充实人的体力和精力，促进人的感知、记忆、思维和意志等心理活动，使人思维敏捷、记忆准确、意志坚定、决策果断。许多实验都证明，愉快的事情令人记忆最清晰，回忆细节也多。积极的情绪也可以调动个人的潜能，提高对环境的适应能力。

第二节 大学生的情绪特点与常见负性情绪

一、大学生的情绪特点

大学生的年龄一般为 18~21 岁，正处于生理、心理及思想急剧变化发展时期，是一个非常关注自我、注重个性表达、情绪体验丰富、情绪波动起伏、自身尚不成熟以及性格不稳定的年龄阶段。该阶段的大学生情绪上有其自身特点，主要体现在以下几个方面。

(一)情绪的丰富性

随着生理和心理的不断成熟和发展，大学生对自尊、交往、爱与被爱、自我发展的需要更加强烈，对亲密关系的渴望愈加明显。他们通过各种活动了解社会，对自己的能力特长、性格特征、身份地位和道德水平等有了更深刻的自我认识和评价，专业成长、恋爱、人际交往和就业等新问题逐一出现在大学生面前，这些需要和问题相应地产生了各种不同的情绪体验，道德感、美感和集体荣誉感等高级情感也有所发展，使大学生的情绪、情感特别丰富，表现出活跃、浪漫、热情，并富有创造性。

(二)情绪的矛盾性

随着大学生离开家庭进入大学、成人感迅速增强，可以自由支配自己有限的财物和时间，让他们初步获得了生活的掌控感，自信心和自尊心也有很大提高，但是这种独立是相对的、短暂的，大学生普遍要依靠父母提供经济支持，才能完成大学学业和生活；另一方面，多数家长认为大学生仍是未经世事的孩子，对他们的生活呵护有加，而学校和社会又把大学生认同为社会成员，按照社会中的成年人要求来规范他们的行为；由于受社会经验和认识习惯的局限，大学生还无法完全依靠自己的力量来处理学习与生活中的一系列复杂问题，对家庭、学校和社会有明显的情绪依赖性。这种依赖性与迅速发展的独立性并存的特点，常使大学生产生强烈的负性情绪。

(三)情绪的冲动性

有的心理学家把青年期形容为"疾风怒涛"时期。大学生处于青年期，对外界事物较敏感，在遇到外界的强烈刺激或突发事件时情绪容易被激发，很容易感情用事。大学生情绪的冲动性一般表现为对外部环境或他人的不满，情绪失控，语言、行动极富攻击性，例如，云南大学学生马加爵因为与宿舍同学不合，一怒之下，把全寝室同学都杀害了，最终自己也被判处死刑；复旦大学林森浩因生活琐事对宿舍室友黄洋不满，逐渐怀恨在心，利用自己做实验的便利将毒药加入到黄洋常喝的水中，致使黄洋死亡，也被依法判处死刑。当青年人之间发生矛盾冲突，往往在愤怒激动的情绪影响下，匆忙作出错误决定，给自己和他人带来不可磨灭的影响。

(四)情绪的不稳定性

大学生处于青春期后期，自我同一性逐渐稳定，这一时期情绪上的起伏与不稳定尤为明显。高兴时忘乎所以，看什么都顺眼；消沉时心灰意冷，看什么都别扭。情绪呈现不稳定状态，甚至有些人会因为今天阳光明媚，而心情好，因为昨天阴雨绵绵而唉声叹气。喜怒哀乐无常、阴晴雾雨变化是大学生情绪常见的现象，风平浪静之后可能就是疾风暴雨。

(五)情绪的掩饰性

大学生随着知识水平的提高，思想内涵的丰富，在情绪反应上较隐晦。他们已具备在一定的情景下压抑控制自己愤怒、悲伤等情绪，而将真实的情绪掩饰起来的能力，形成外在表现和内心体验不一致的特点。他们会根据一定的条件来表达情绪，如对一件事情或对某人明明是厌烦的，但由于种种原因，可能表现出较好的或不在意的态度。例如有的同学明明对异性萌生了爱慕之情，却往往留给对方的印象是冷落人家、满不在乎的外在表现，不愿意或不轻易将真实思想流露，表现出封闭性和掩饰性的特点。

二、大学生常见的负性情绪

现代社会的激烈竞争、快速节奏，文化观念的多元碰撞，加之大学生自身身心发展的矛盾，以及生活、学习的压力与挫折等都可能使大学生产生种种负性情绪。负性情绪是指因生活事件引起的悲伤、痛苦等长时间持续不能消除的状态，是在人们主观预期有挫折、威胁、压力等事件或情境将要来临，自己又感到缺乏有效的应对措施而产生的以紧张为主并伴以忧虑、恐惧、不安等不愉快情绪体验。如果负性情绪反应持续时间过长或者泛化，就会严重影响学习和生活。大学生中常见的负性情绪及表现主要有以下几个方面。

(一)焦虑

在大学生所有的情绪问题中，焦虑是最主要的一种情绪困扰。焦虑是人们对即将发生的某种事件或情境感到担忧和不安，又无法采取有效的措施加以预防和解决，此时心理上会产生紧张的期待情绪，表现出不明原因的忧虑和不安，是一种紧张、害怕、担忧、焦急混合交织的情绪体验。焦虑本身并不是病态的，几乎每个人都曾有过焦虑的体验，有时候焦虑是一种正常的情绪反应，而且适当的焦虑有利于潜能发挥、问题解决、学习效率提高。但过度焦虑则会对大学生带来不良的影响，被焦虑困扰的大学生内心感到紧张着急、惶恐害怕，并且心烦意乱，会无缘无故地紧张，总是担心有什么事情要发生，常常烦躁不安、心事重重，不能放松自己，经常处于警觉的、无所适从的状态，思维迟钝，记忆力减弱，同时伴有头痛、食欲不振等身体反应。

李某，女，大一学生，来自农村，父母对其期望很高，希望李某能多读书，将来有出息，过上好的生活。从小到大，李某成绩一直名列前茅，但高考失利，考上了某大专学校。为了全力升本，李某没有参加顶岗实习。现在进入考试准备关键期了，近一个月来，

李某特别担心自己考不好，压力很大，害怕考试失败，害怕会既没有书读又没有工作，害怕这辈子就完了，不知道自己能干什么了。因此常常失眠、食欲不振、注意力不集中等，一想到考试就焦虑、害怕。但是与父母文化差异大，觉得无法沟通。看到朋友们或已经找好工作，或备考状态良好，不愿与她们交流。眼看就要考试了，心理特别着急、特别烦躁，希望通过咨询能改变现在这种害怕、焦虑的状态。

点评：该案例中李某的焦虑情绪是由考试压力引起的，目前大学生主要有考试焦虑、社交焦虑和就业焦虑三方面的焦虑情绪。考试焦虑是因考试压力引起的一种心理障碍，主要表现在迎考及考试期间出现过分担心、紧张、不安、恐惧等复合情绪障碍，或伴有失眠、全身不适等症状，这种状态影响思维广度、深度和灵活性，降低应试的注意力、记忆力，使复习及其考试达不到应有的效果，甚至无法参加考试。社交焦虑是一种与人交往的时候，觉得不舒服、不自然，紧张甚至恐惧的情绪体验，表现为情绪上的紧张、不安、担心甚至害怕，还伴随心跳加快、出汗、脸红、发抖、呼吸困难等生理表现，行为上还伴有回避行为。大学生就业焦虑是大学生在面对毕业求职问题时，对可能出现的无法实现就业目标时所产生的焦躁不安的情绪体验。

（二）抑郁

抑郁十分普遍，被称作"心理感冒"，是一种持续时间较长的低落消沉的情绪，抑郁的主要行为表现是：情绪低落、思维迟缓、郁郁寡欢、闷闷不乐、兴趣丧失，体验不到生活、学习的快乐，并伴有食欲减退、失眠、疲劳等不良反应。研究表明，长期处于抑郁状态下的个体，其对活动的参与性和主动性会降低，严重者甚至出现辍学、自杀等行为。大学生产生抑郁的主要原因有：性格方面，如内向孤僻、不爱交际、敏感等；学习方面，压力过大、成绩不理想等；人际交往方面，如长期不受欢迎，人际关系紧张、得不到理解与尊重等。处于抑郁状态的大学生，需要的是周围朋友的耐心陪伴和感受到被接纳，同时，更重要的是让抑郁状态的大学生动起来，当行动占据了更多时间，从行动中得到成就感，渐渐建立价值感，抑郁状态就能得到缓解。

小艳，17岁，大一学生，在QQ空间发送了大量自残信息，包括自残的感受、自残的工具照片（小刀）、与流血有关的图片、手上的伤痕等，多次出现"想死""杀了我"等字眼，产生了轻生念头，有自杀倾向。

小艳平时在陌生人面前比较沉默，活动中会独自躲在一角，不与人接触。她不喜欢与他人有身体接触，忍耐，不拒绝他人，认为家人不爱自己，认为父亲的教育方式造成了自己的抑郁。小艳的父亲从事房地产行业，母亲自己开店做生意，家庭经济情况较好，父母工作繁忙，较少时间在家。小艳是家中老大，家人要求她能独立，照顾弟弟妹妹，对她关注较少，父亲教育弟弟妹妹的方式是说道理，教育小艳的方式则为打骂，小艳感到不公平，希望得到家人的关心。在学校里，小艳曾担任班长，得到老师的赏识和关注，对其期望较高，令小艳产生较大压力，采用自残的方式舒缓压力。受小学朋辈交往影响，小艳在朋友交往中多处于被动状态，与同学关系一般。

点评： 本案例中的小艳情绪低落、对生活兴趣索然、常常用自残的方式来缓解内心的痛苦，结合心理测试和临床观察，被诊断为抑郁状态。

(三)愤怒

愤怒情绪表现为：血液涌向四肢、躯干、脑部，心率加快、肾上腺激素分泌增加，产生强大的身心能量，以应付激烈的行动。愤怒、生气、不满、仇视、鄙视等情绪都属于激怒冲动类情绪。这种情绪类型的人，常容易产生难于自控的行为。

2016 年 10 月，某高校一女生宿舍被盗，丢失的东西包括：小哲的 MP4 一部以及笔记本电脑一部，价值人民币 3800 元；小洁的 MP4 一部，价值人民币 315 元；小兰的耳机 1 副，价值人民币 38 元，而同宿舍的小芸则未丢任何东西。辅导员老师接到同学的反映马上去调查监控，发现在丢失东西的时间段，在他们宿舍只有小芸，小芸看到无法狡辩，主动投案认罪，并将所有物品归还了失主。小芸父母均为国家干部，家庭条件很优越，但因与室友不和，小芸便"想教训她们一下"。于是趁室友上课之机，盗得以上物品。

点评： 上述案例中小芸因为和同学发生矛盾，遂产生报复宿舍同学的心理，通过偷盗室友的物品让室友们难受来达到报复的目的，这一案例是典型的因愤怒而产生报复行为最终却给自己带来麻烦。

大学生有愤怒情绪时，首先应调动自己的自制力，并弄清愤怒的根源。也可以采取内心自问方式，如在我的生活中，究竟是谁给我造成了怒气冲冲的感觉，这种感觉从什么时候就开始反复出现的。通过分析会发现，自己的愤怒情绪往往都有历史根源。其次，分析一下发怒、冲动或报复的后果，重要的是对自己会造成什么样的后果。再次，怎样使自己不过分冲动。平常要训练自己的自我约束能力和放松能力，尽量避免冲动后的遗憾。同样是别人不友好的举动，关键在于自己怎样去理解。最后，尝试作出建设性的行动来改善人际关系。

三、负性情绪产生的具体原因

情绪反应通常是对压力进行应对后产生的结果。研究表明，随着压力水平的提高，个体的抑郁、焦虑水平往往呈现上升的趋势。在大学生群体中，负性情绪主要是由就业压力、经济压力、学业压力、人际压力和感情问题等引起的。

(一)就业压力

就业压力是由自身期望、理想与现状及自我实现三个方面构成。目前，大多数毕业生在找工作的过程中会遇到各种各样的困难，即便找到工作了，也和自己的理想存在一定的差距。低薪致使刚刚参加工作的大学生在较长的时间内难以维持自己在城市的基本生存需要，更不用说解决结婚、购房等问题，这种现状使大学生迷茫、彷徨，这是大学生产生负性情绪的主要因素。

(二)经济压力

经济压力由目前费用、打工赚钱和经济保障三个方面构成。学费和生活费使得家庭贫困的大学生承受沉重的心理负担，贫困家庭的大学生无论在生活水平还是消费观念上与富裕家庭的大学生都有较大落差。经济因素制约了人际交往，长期的自卑和压抑易演变为激烈的心理冲突，导致负性情绪产生，甚至导致极端行为的产生。

(三)学业压力

学业压力涉及学业本身、担心将来和家人期望三个方面。多数大学生面临着学习方法不得当，外语过关过级考试几次不能通过，普通话等级证书与自己无缘，考试失败等各方面的压力，造成其精神状态紧张。

(四)人际压力

人际压力则由家人关系、朋友关系和恋人关系三个方面构成。大学生渴望友谊，希望丰富的人际交往，也正因为如此，由交往所产生的苦恼和困惑就显得格外突出。有些大学生的人际关系不良是由于个性过于情绪化，缺乏必要的情绪管理能力。自己高兴就喜欢和别人交往，不高兴就远离别人。对人忽冷忽热，缺乏坚持性。这类学生很难获得稳固的同学关系，更没法交到知心朋友。因此，他们往往是快乐可以和人分享，但苦恼却没人分担，于是内心会感到孤独，甚至会陷入对别人对社会不信任的怪圈，情绪会受到消极影响，变得越来越消极。

(五)感情问题

大学生谈恋爱是一种普遍现象，大学生在恋爱中存在某些情感困惑。大学生恋爱无论是出于青春期的生理冲动，还是出于从众心理，一旦恋爱双方中的一方提出分手，大学生特别是女大学生自尊、自负、虚荣、情感脆弱的特点会使她们心理上受到极大的伤害，造成心理失调，甚至精神崩溃。

在学业和人际压力方面，可通过提高学习或交往兴趣、培养适宜的学习策略或交往技巧，来减少压力和消极情绪；在经济压力方面，可寻求外界帮助，如助学贷款、勤工助学等。此外，学习一些情绪宣泄策略，积极应用那些有助于问题解决和个人情绪释放的应对策略，对负性情绪的缓解有一定帮助。

四、健康情绪的标准、情绪调节的方法

大学生处于青年成长的高峰期，特别是考虑到大学生情绪的特征，不良情绪随时都可发生，学习上如何消除焦虑、紧张等负性情绪；恋爱、情感问题的处理；贫困生受困于压抑、自卑等一系列需要调适的情绪问题，以及毕业生即将进入社会，在未来的事业中，能否取得成功，都在很大程度取决于对情绪问题的深刻了解和驾驭能力。懂得管理自己的情绪，保持积极、健康的情绪，对于大学生的顺利成才具有十分重要的意义。情绪管理就是

通过有效的方法，合理地控制自己的情绪，使自己总是处于一种积极的状态。良好的情绪管理者需要具有对自己情绪的自我认识、自我控制、自我区分等能力和对他人情绪认识与适度的反应能力。因此，对于大学生来讲，管理情绪、调节情绪、驾驭情绪、做情绪的主人，使其能够正确对待各种压力，克服不良情绪，消除负性情绪，才能确保身心健康。

(一)健康情绪的标准

1. 一定的诱因引起相应的情绪

情绪的发生和发展必须是有一定的诱因引起的，例如，可喜事件引起欢乐情绪；不幸事件引起悲哀情绪；挫折事件引起愤怒情绪等。情绪不可能凭空产生，无缘无故的情绪反应、不明缘由的情绪表现都不是正常的情绪。

情绪的反应的强度应与引发情绪的诱因强度相符合。在不同的时间和场合有恰如其分的情绪表达，情绪反应与环境相适应。一般情绪反应有三类表现：情绪反应不足；情绪反应适当；情绪反应过激。两极性的情绪反应对健康有很大危害，极度压抑情绪和过度放纵情绪都对健康无益。

2. 情绪的作用时间随客观情况变化为转移

情绪的作用时间随客观情况变化为转移，在一般情况下，引起情绪的诱因消失之后，其情绪反应也应逐渐消失。例如，孩子偶尔不慎摔碎了一个碗，母亲可能当时不高兴，事情过后，也就不生气了。如果几天都生气，甚至长期生气，这就是情绪不健全的表现。

3. 情绪稳定

健康的情绪应保持相对的稳定性，情绪稳定是指情绪状态比较平稳，情绪反应不强烈。情绪稳定的人，一般不因外界刺激而产生强烈的情绪反应或者引起的情绪反应比较缓慢，那些变幻莫测、波动大、起伏剧烈的情绪反应，是情绪不健康的表现。

4. 心情愉快

心情愉快是情绪健康的另一个重要标志。愉快表示一个人的身心处于积极的健康状态。一个人经常情绪低落，总是愁眉苦脸，心情苦闷，则可能是心理不健康的表现。一个人在生活的道路上难免发生挫折或不幸，如亲友的病故，情绪悲哀，这当然是正常的情绪反应。

5. 能合理调控情绪

善于调节与控制自己的情绪，既能克制又能合理宣泄自己的情绪。那些只懂得掩盖而过分压抑不表现的情绪反应，不但不能有效地适应环境，还会不利于身心健康。懂得如何调控情绪，并能从别人调整情绪的方法中借鉴到一些适合自己的情绪调控方法，是一个情绪健康者最应学会的保持身心健康的一项技能。

(二)情绪调控方法

克服不良情绪，关键就在于情绪的自我调控。情绪调控的方法很多，如运用错觉和幻

觉影响情绪；利用语言和动作进行暗示；发挥积极的想象产生激情；依靠坚强的意志对情绪进行控制等。根据控制的方向，还可以利用心理宣泄、倾诉，使情绪发生转移，用相反的情绪代替形成转化控制；采取措施使强烈的情绪冷静下来的冷化控制；以及自我激励，使自己情绪保持一定的兴奋状态的自激控制。总之，通过控制、调节起到管理情绪的职能。

下面提出几种自我情绪调控的具体实施办法。

1. 合理宣泄

心理学认为，每个人都会经常遭受不同的挫折，可能因忧郁、焦虑、苦闷烦恼、不安、不满乃至愤怒等处于心理不平衡状态。消极地压抑不良情绪，就会在心理上累积侵犯性能量，这种累积往往处于"潜意识层"，成为隐藏于内心深处的暗流，而不会自然消失。它可以通过对内(对自己)侵犯，破坏人体机能平衡协调运行，也可以通过对外(对他人)侵犯，产生攻击行为，以减少一定的能量。过分压抑只会使情绪困扰加重，而适度宣泄则可以把不良情绪释放出来，从而使紧张情绪得以缓解、放松。因此，遇有不良情绪时，最简单的办法就是"宣泄"，以排解消极情绪，恢复正常的情绪状态。

有着丰富的、复杂的、强烈的情绪体验的大学生也应得到情绪宣泄的机会，使不良的情绪得到排解。宣泄的方法有找人倾诉、畅快地哭一场，在旷野中大声喊叫、拳击沙袋、到运动场上猛跑一阵等。但是，在采取宣泄法来调节自己的不良情绪时，必须增强自制力，不要随便发泄不满或者不愉快的情绪，要采取正确的方式、选择适当的场合和对象，以免引起意想不到的不良后果。例如，宿舍熄灯后的"卧谈会"，大学生可以随便探讨一些不便言明的问题，也可以发一下牢骚，互相开开玩笑，在公认的游戏规则允许范围内的嬉闹中使不良情绪得以宣泄。大学生们的打闹、斗嘴等攻击性游戏，甚至痛心疾首的大哭等，其适度运用都有利于不良情绪的排解。合理发泄不等于放纵、任性、胡闹。如果不分时间、场合、地点随意发泄，不仅不能调控好不良情绪，还会造成不良后果。

学会倾诉。当遇到不愉快的事情时，不要自己生闷气，把不良心境压抑在内心，而应当学会倾诉。根据国内有关调查表明，青年人中有了痛苦，最愿对朋友诉说的所占比例远超过对亲属、兄弟姐妹及老师的比例。著名的哲学家培根(Bacon)说过，如果你把快乐告诉一个朋友，你将得到两个快乐，如果你把忧愁向一个朋友倾吐，你将被分掉一半忧愁。当产生不良情绪时，同学朋友们聚一聚，就事论事倾诉一番，把自己积压的消极情绪倾诉出来，以便得到别人的同情、开导和安慰。除了朋友，还有许多非正式群体，如社团、协会、兴趣小组和联谊宿舍等，还有更松散的伙伴关系，这些都是学生充分表达感情、交流信息、建立友情的重要途径，更是他们互相倾诉喜怒哀乐、宣泄情绪的重要渠道。

运动调节。大量的运动释放调查研究表明运动可以减轻焦虑和抑郁症。体育运动能使学生不良情绪得到合理形式的宣泄，情绪烦恼时会产生一种难以释放的负性能量，有节律的运动可以把这样的能量通过汗水释放出去。通过体育运动可以使人的注意力发生转移、情感得到发泄、紧张程度松弛、情绪趋向稳定，可以为积压的各种消极情绪提供一个合理的发泄口，从而消除情绪障碍，达到心理平衡。

2. 调整认知

美国心理学家阿尔伯特·艾利斯(Albert Ellis)认为，人的情绪困扰并不是诱发事件本身引起的，而是由对诱发事件的非理性的解释与评价引起的，正是由于我们常有的一些不合理的认知才使我们产生情绪困扰。久而久之，这些不合理的认知还会引起情绪障碍。

艾利斯经过归纳研究，总结出了不合理信念的几个特征。①绝对化要求。指人们以自己的意愿为出发点，对某一事物怀有认为其必定会发生或不会发生的信念，它通常与"必须""应该"这类字眼连在一起。例如"我必须获得成功""别人必须很好地对待我""生活应该是很容易的"，等等。②过分概括化。这是一种以偏概全、以一概十的不合理思维方式的表现。过分概括化的一个方面是人们对其自身的不合理的评价。例如，当面对失败就是极坏的结果时，往往会认为自己"一无是处""一钱不值""废物"等。以自己做的某一件事或某几件事的结果来评价自己整个人、评价自己的价值，其结果常常会导致自责、自卑、自弃的心理及焦虑和抑郁情绪的产生。③糟糕至极。这是一种认为如果一件不好的事发生了，将是非常可怕、非常糟糕，甚至是一场灾难的想法。这将导致个体陷入极端不良的情绪体验，如耻辱、自责自罪、焦虑、悲观、抑郁的恶性循环之中，而难以自拔。

如果改变了不合理观念、调整了对诱发事件的认知，消极情绪就会改变，就会达到"退一步海阔天空"的效果。对事物的不同认识可以导致情绪的极大不同。通过改变对事物的认知，可以达到调节情绪的目的。应该明白任何事物都有正、反两面，既没有绝对的好事，也没有绝对的坏事。所以，任何事情都有好的一面，也有坏的一面，即使是人人都痛恨的、不愿意接受的失败和挫折，也会有好的一面。能引起我们什么样的情绪，最关键的不是我们遇到了什么样的事物，而是我们会用怎样的方式去看待这一事物。当你闷闷不乐或忧心忡忡的时候，你所要做的第一步是找出原因，分析哪些是导致自己情绪消极的问题，优先或集中解决那些导致自己消极情绪的问题，找出症结所在，调整好自己的认知方式，改变错误观念，树立正确的观点。

3. 正确评价自我

正确地评价自我，是大学生心理健康的重要条件。大学生正值青春年华，青年人在一起又易出现争强好胜、相互攀比的现象。在这种充满了竞争的氛围中，就需要正确地评价自我，增强自己的适应性，提高自信心。现实中，很多大学生的自我评价往往缺乏客观性，出现高估自我或低估自我的倾向，其结果都易导致严重的心理压力，受消极情绪困扰。因此，应学会正确评价自我，对自己进行客观、公正、全面的分析，对自己所拥有的长处不要产生骄傲自大的情绪，对自己存在的不足也不要产生轻视自己的看法，可以通过与别人的比较、与自己过去的比较，来认清自己，以人之长补己之短，不断地修正、调整和提高自己。

4. 积极暗示法

通常会运用内部语言或书面语言对自身进行暗示，例如，默想或用笔在纸上写出下列词语："冷静""三思而后行""制怒""镇定"，等等。可用简短、有力、肯定的语句反复默念："我的能力很强""我一定会考好""我一定会胜利"。只要选择以上任何一

句反复默念几遍，以自我暗示的方法来稳定情绪，也可排除紧张。"胜败乃兵家常事""塞翁失马，焉知非福""坏事变好事"等来自我安慰，以解脱烦恼，缓解矛盾冲突，消除焦虑、抑郁和失望，达到自我激励的目的，这样有助于保持情绪的安宁和稳定。实践证明，这种暗示对人的不良情绪和行为有奇妙的影响和调控作用，既可松弛过分紧张的情绪，又可用来激励自己。

5. 自我放松法

放松训练又称松弛反应训练或自我调整疗法，是一种通过自主调节身体的主动放松来增强自我调控能力的有效方法。只要有一个相对安静的环境，按要求完成一系列动作，通过反复练习，自我放松对缓解紧张焦虑情绪有很好的效果。

自我放松训练中较常用的是渐进性放松法，其原理是通过让你有节奏地控制你的肌肉收缩、放松，并反复交替，使你体验到从紧张到松弛的过程，了解到自己的紧张状态，从而最后能达到全身心放松的目的。

首先是让身心处在一种舒适的状态，从头到脚一点一点通过放松暗示来舒缓身心，呼吸放松，即双眼只看一个固定目标，有意识地放慢呼吸，专注呼吸，做深而且均匀的呼吸，到慢慢忘记呼吸进入一种无我状态，可以调整心率，从而使自己平静下来。也可以通过学习和掌握呼吸调节、放松全身肌肉的方法来消除杂念。先把注意力集中于躯体的一部分(如左手)，尽量使这部分肌肉放松，直至产生温暖感。然后转移注意力到躯体另一部分(如右手)。如此反复训练，可使心情平静，心跳规则，呼吸均匀。也可通过想象达到放松的目的，如静卧后，自我意念想象：心里出现了一幅图画，湖面平静，清澈安宁；一只美丽的白天鹅浮过湖面，或天上洁白的雪花轻轻也飘落着；或金光灿烂的太阳跳出地平线，海洋上浪花激荡；孩子们在草地上嬉戏；清澈的蓝天，团团白云飘浮；在这些诗情画意中，自然会感到心旷神怡，心情格外轻松、舒适和愉快，内心平静极了。

放松需要五个组成部分：①安静的环境；②专注；③顺其自然的态度，不在意自己在做什么；④身体舒适舒展，肌肉张力减到最小；⑤逐渐放慢的、深度的呼吸。

对于放松方法的运用，最好在平时就多加运用，而不是临时抱佛脚，如果平时能熟练掌握，经常使用，到考试时或其他紧张焦虑的场合也能运用自如。反之，如果平时知而不用，临场救急不一定会有好效果。

6. 注意力转移法

当人的情绪激动时，为了使它不至于爆发和难以控制，可以有意识地转移注意力，把注意力从引起不良情绪反应的刺激情境转移到其他事物或使自己感兴趣的事上去，例如，外出散步，看电影、电视，读书，打球，下盘棋，找朋友聊天，更换环境等，有助于使情绪平静下来，在活动中寻找到新的快乐，不良情绪常常可以得到减轻或排解。

7. 音乐调节法

音乐具有明显的调节情绪的功能，情绪主要在人的精神方面，精神世界的波动起伏，显示了不同情绪的情感色彩。因为音乐的节奏、旋律、音色、速度、力度，可以影响人的

情绪变化，所以可用不同情绪的乐曲去诱发全神贯注的听者相应的情绪。节奏明快、铿锵有力的音乐能振奋人的情绪；旋律优美、悠扬婉转的乐曲能使情绪安静、轻松和愉快。实践证明，让神经衰弱、失眠的人听舒缓的民乐、轻音乐等，可以使其情绪平稳、放松、安静。所以，音乐有不同程度的镇静、镇痛、降压作用，能使人心平气和，消除不安和烦躁。对于有焦虑、忧郁症状的人，听柔和、优美、抒情类音乐，能帮助排除忧郁和焦虑。同时，跟乐曲哼唱，可忘记忧愁，沉浸在欢乐之中，无疑有助于改善人的精神状态。

8. 向心理老师咨询

在上述方法都失效的情况下，仍不要灰心，在有条件的情况下，找心理老师进行专业咨询、倾诉，在心理老师的指导和帮助下，克服不良情绪。

情绪调控方法多种多样，可视每个人的情况灵活选用适合自己的方法，更重要的是要坚信不良情绪是可以克服的，情绪是可调控的。为了身心的健康要适时地、不断地对情绪进行自我调控。

自我调控的关键是重获一种自我控制，在自控的感觉下才会有自由选择的能力，在烦恼的时候，仍需知道我们内心还有快乐与轻松。真正的自我情绪调节是一种情绪的平衡，人不能总是快乐，也不能总是不快乐。让情绪处在一种流动的状态，关注、体验它的起伏，并乐在其中。

第三节　大学生的情商培养

这件事情发生在普吉岛的 ClubMed 度假村，那时我在那里担任英文的翻译公关。

有一天，我在大厅里，突然看见一位满脸歉意的日本工作人员，安慰着一位大约 4 岁的西方小孩，饱受惊吓的小孩已经哭得筋疲力尽了。

问明原因之后，我才知道，原来这位日本工作人员，因为那天小孩较多，而一时疏忽，在儿童的网球课结束后，少算了一位，而将这位澳洲小孩留在网球场。

等到她发现人数不对时，才赶快跑到网球场，将这位小孩带回来，而小孩因为一个人在偏远的网球场，而饱受惊吓，哭得稀里哗啦的。

现在澳洲妈妈出现了，看着自己的小孩哭得惨兮兮的。

如果你是这位妈妈，你会怎么做？痛骂那位工作人员一顿？还是很生气地将小孩带离开，再也不参加儿童俱乐部了？还是直接向主管抗议？

都不是！我亲眼看见这位妈妈，蹲下来安慰 4 岁的小孩，并且很理性地告诉他："已经没事了，那位日本姐姐因为找不到你而非常紧张难过，她不是故意的，现在你必须亲亲那位日本姐姐的脸颊，安慰她一下！"

当下我只见那位 4 岁的小孩，踮起脚尖，亲了亲蹲在他身旁的日本工作人员的脸颊，并且轻轻地告诉她："不要害怕，已经没事了！"

（《星火》2005 年第 13 期）

点评： 当你感到难过害怕的同时，也别忘了别人心里的感受；当你对朋友施予帮助，也别忘了不要伤害到其他人。

一、情商的重要意义

根据埃里克森八阶段人格理论，大学生所处的人生阶段是特别渴望亲密关系的，所以大学里很多大学生都渴望拥有爱情，情商高的大学生和情商低的大学生在亲密关系中的表现也有着巨大的差异。

在吃饭，隔壁桌有一对情侣，男的吃鸡蛋番茄，随便夹了一筷子鸡蛋放在女孩子的碗里，说："哪，把我最爱的给你了！"女孩看了看，反问一句："你不是说你的最爱是我吗？"只见男生满脸堆笑对女孩说："我跟鸡蛋说话，你插什么嘴。"

点评： 该案例中的男孩情商较高，面对女朋友的质疑，很巧妙地化解了，并且哄得了女朋友的开心，高情商能够帮助他获得令人满意的亲密关系。

情商对于大学生的学习、生活、未来的工作都是非常重要的，每一位大学生都应该了解情商，认识到情商的内容，提升自己的情商水平。

二、情商概述

情商(Emotional Quotient，EQ)，由两位美国心理学家约翰·梅耶(John Mayer)(新罕布什尔大学)和彼得·萨洛维(Peter Salovey)(耶鲁大学)于 1990 年首先提出，但并没有引起全球范围内的关注，直至 1995 年，时任《纽约时报》的科学记者丹尼尔·戈尔曼(Daniel Golemon)出版了《情商：为什么情商比智商更重要》一书，才引起全球性的 EQ 研究与讨论，因此，丹尼尔·戈尔曼被誉为"情商之父"。对于情感智商的概念，丹尼尔·戈尔曼并没有提出一个精确的概念。但是从丹尼尔·戈尔曼《情感智商》一书的字里行间，人们还是可以看出情感智商概念的端倪。情商通常是指情绪商数，主要是指人在情绪、意志、耐受挫折等方面的品质，其包括导商(LQ)等，属于发展心理学的范畴，美国心理学家认为，情商包括以下几个方面的内容：一是认识自身的情绪，因为只有认识自己，才能成为自己生活的主宰；二是能妥善处理自己的情绪，即能调控自己；三是自我激励，它能够使人走出生命的低潮，重新出发；四是认知他人的情绪，这是与他人正常交往，实现顺利沟通的基础；五是人际关系的管理，即领导和管理能力。

(一)情商的判断标准

情商的水平不像智力水平那样可用测验分数准确地表示出来，它只能根据个人的综合表现进行判断。科学家发现，大脑控制情绪的部分(边缘系统)受损的人，可以很清晰和符合逻辑地推理和思维，但所作出的决定都非常低级。科学家因此断定，当大脑的思维部分与情感部分相分离时，大脑不能正常工作。人类在作出正常举动时，是综合运用了大脑的两个部分，即情感部分和逻辑部分。一个高情商的人是会综合利用大脑中的各个部位的，并在大多数情况下运用其大脑皮层部分。

高情商的典型表现为：自动自发、目光远大、控制情绪、认识自我、人际技巧(即尊重所有人的人权和人格尊严，不将自己的价值观强加于他人)对自己有清醒的认识，能承受压力、自信而不自满、人际关系良好、善于处理生活中遇到的各方面的问题、认真对待每一件事情。

较高情商的典型表现：自信而不自满、很乐观、很幽默、能站在别人的角度想问题、有较好的人际关系、做事不怕难、心理承受能力强、能应对大多数的问题。

较低情商的典型表现：易受他人影响，自己的目标不明确；比低情商者善于原谅，能控制大脑；能应付较轻的焦虑情绪；把自尊建立在他人认同的基础上；缺乏坚定的自我意识；人际关系较差。

低情商的典型表现：自我意识差，没有自信，无确定的目标，也不打算付诸实践，严重依赖他人，说话和做事时从不考虑别人的感受，经常大发脾气，处理人际关系能力差，应对焦虑能力差，生活无序，爱抱怨。总喜欢为自己的失败找借口，推卸责任，做事怕困难，胆量小。心理承受能力差，受不了一点打击，经常流泪，对生活感到悲观绝望。

(二)智商(IQ)与情商(EQ)的区别与联系

IQ 与 EQ 的区别与联系主要表现在以下几个方面。

(1) EQ 是相对于 IQ 提出来的概念，相互独立；

(2) EQ 主要是指人在情绪认知、情绪管理、挫折耐受、人际交往等方面的能力；

(3) EQ 与 IQ 相辅相成，互为影响；

(4) EQ 是一种能力，主要是后天习得，经人指导后可以大幅提升；

(5) EQ 可以采用团队动力方式来进行促进，且在实践中取得重大成效；

总的来讲，人与人之间的情商并无明显的先天差别，更多与后天的培养息息相关。它是近年来心理学家们提出的与智商相对应的概念。从最简单的层次上下定义，提高情商是把不能控制情绪的部分变为可以控制情绪，从而增强理解他人及与他人相处的能力。

三、提升情商的方法

本节通过心理教育、心理训练，着重开发大学生的非智力因素，提高自我心理觉察能力和认知水平，学会自我情绪控制，改善其不适当的情绪行为，提高情商水平，让大学生学会"做自己情绪的主人"，使其树立良好的价值观及具理性信念的人生观，增强其心理适应能力，提高学习能力，以积极的心态应对各种压力和挑战，促进身心健康发展。提升大学生情商的方法主要有以下几种。

(一)做好情绪管理

情商就是指一个人在情绪方面的整体管理能力。所以，首先就是要学习情绪及情绪管

理方面的知识，并有意识地去努力实践，这是提升情商最直接的方法。

有家公司的经理，很有涵养，可以称得上是位儒商。一天，他的一位下属因打扫卫生的小事而和清洁工闹了矛盾，当时这位下属非常气愤，便跑到老板那里去告状。

这位经理静静地听他说完，然后对下属说道："过几天再说吧！"

下属气呼呼地回去了。几天后，下属又来找到经理，还是要判定个是非曲直。

经理依然平静地说："等你心平气和之后再来找我。"

又过了几天，那位下属又来了，说："现在我已经心平气和了！"

经理便笑着答道："既然你已经心平气和了，那就回去工作吧！"

点评： 上述案例中的经理在下属情绪不稳的情况下不急着去处理事情，而是等员工平静下来，达到了事半功倍的效果。

如果我们能抛开干着急的毛病，以平和的心态从容分析事态，制定对策，就能将由于自身原因造成的损害降低到最低程度。情绪的感染有时像野火般快速蔓延，不管是快乐或者悲伤的情绪都具有传染的因子。负面的情绪有时来自他人，有时来自本身，为了不让负面情绪影响到自己，最重要的是让自己对负面情绪有免疫的能力，别迷失在不愉快情境而无法自拔。

当然，对付负面情绪的最大敌人不是别人而是自己，如果负面情绪来自他人，千万不要轻易动怒，先避开当时的环境，出去散步或者和知心好友聊聊，等到情绪平缓后，再来找出问题症结所在。

如果负性情绪来自本身，最好先让自己有独处时间，使内心获得平静，透过自我观照和反省找出问题核心。有时负面情绪是因为学习或生活的压力而产生，这时候必须检讨自己的生活形态，才能真正让负面情绪远离。

(二)培养良好心态

良好心态对于幸福生活是很重要的，良好的心态有助于在出现负性情绪的时候，及时将之转化为正面情绪。

有位太太请了个油漆匠到家里粉刷墙壁。

油漆匠一进门，看到她的丈夫双目失明，顿时流露出怜悯的眼光。可是男主人一向开朗乐观，所以油漆匠在那里工作了几天，他们谈得很投机，油漆匠也从未提起男主人的缺憾。

工作完毕，油漆匠取出账单，那位太太发现比谈妥的价钱打了一个很大的折扣。

她问油漆匠："怎么少算这么多钱呢？"

油漆匠回答说："我跟你先生在一起觉得很快乐，他对人生的态度，使我觉得自己的境况还不算最坏。所以减去的那一部分算是我对他表示一点谢意，因为他使我不会把工作看得太苦！"

油漆匠对她丈夫的推崇，使她落泪，因为这位慷慨的油漆匠只有一只手。

点评： 态度就像磁铁，不论我们的思想是正面抑或是负面的，我们都受到它的牵引。

而思想就像轮子一般，使我们朝一个特定的方向前进。虽然我们无法改变人生，但我们可以改变人生观；虽然我们无法改变环境，但我们可以改变心境；我们无法调整环境来完全适应自己的生活，但可以调整态度来适应一切的环境。

(三)学习情商智慧

《三国演义》里很多人物都是因无法控制情绪而留下了千古遗憾：周瑜被诸葛亮惹怒后激愤难忍，导致自己"赔了夫人又折兵"；曹操在一怒之下斩了蔡瑁、张允，导致自己在赤壁之战中惨败；张飞因关羽的死而情绪失控，把怒气发泄在下属身上，导致下属群反而被杀；刘备又因张飞的死而失去理智，贸然进攻东吴，导致被陆逊火烧连营，加速了蜀国的灭亡……

但是，司马懿却体现出了"忍者"的风范。司马懿战况失利，被蜀军围困于上方谷后便闭门不战。诸葛亮为了使他打开城门迎战，便天天派人在他的城墙下骂阵。司马懿依旧从容地待在城中，不予理会。后来，诸葛亮为了激怒他，便派出使者给他送了一个盒子，里面装着一封书信和一件女人的衣服。诸葛亮在信中骂司马懿是缩头乌龟，胆小如妇人。如果换了其他大将，听完这番辱骂后必然咽不下这口气。可是司马懿呢？他虽然心中大怒，表面上却依旧对来使笑脸相迎，收下衣服然后重赏来使。

点评：面对如此羞辱还能沉稳如泰山，司马懿的情商之高，的确令人叹服。司马懿对诸葛亮的讥讽不以为然，并不是他没有羞耻感，而是在他眼里，受辱是小事，赢得战争胜利才是大事。因此，他强忍内心的愤怒，依旧闭门不战，静等时机的到来。诸葛亮能气死周瑜，却一直对司马懿无可奈何。

司马懿能忍人所不能忍，表明他对自己情绪控制的能力极好，大学生就是要向情商高的人学习，这是提升自己情商的一个快捷的途径，还可以通过读人际交往、沟通等方面的书籍，学习人际交往方面的艺术；另外，可以通过读历史故事或名人传记，来学习情商高的人的情商智慧。

▦ 心理训练营

1. 情绪温度计

情绪温度计的刻度从 0～10 度，分别代表不快乐到快乐的程度，请学生以 0～10 度来表示自己这周的情绪温度。

(1) 依温度的分布情况分成高、中、低三组。

(2) 请各小组成员分享为何选择此情绪温度的原因，并谈一谈影响情绪温度的最大因素。

(3) 请成员分享在小组中对他人印象最深刻、最有感触之处。

2. 情绪表演

(1) 6 名学生分别表演惊奇、愤怒、高兴、害怕、悲伤和厌恶 6 种面部表情。

(2) 将写有这些情绪的卡片分别呈现给 6 位同学，但不能让其他学生看到。

(3) 这 6 名同学分别进行情绪表演，同时播放音乐。

(4) 每一次表演完，同学们猜测是什么情绪，给予适当的评价并谈谈自己的感受。

(5) 思考这一周来自己经常出现的情绪。

▓ 心理加油站

放 松 训 练

放松训练方法简单易学，既可以调节情绪又能消除心理紧张、心理压力，减轻烦恼。坚持使用这种方法一段时间以后，你就会感觉到它能有效保证心理松弛和舒畅。但关键是要做到持之以恒，使其更加熟练。当你熟练地掌握了这种方法之后，就可以随时随地使用，可以坐着练、步行练，甚至在课间也能抽出片刻时间做一做，这样就能够缓解不良情绪，摆脱消极情绪的不良干扰。

1. 放松训练的一般注意事项

(1) 做好放松训练前的准备工作。准备工作最好能寻找一处安静的场所(以单人房间为宜)，配置一把舒适的椅子(以单人沙发为宜)。若这些物质条件不具备，利用自己的卧室和床铺也可以。放松前要松开紧身衣服和妨碍练习的饰物等，减少外界刺激。

(2) 形成一种舒适的姿势。使身体形成一种舒适姿势的基本要求是减少肌肉的支撑力。轻松地坐在一张单人沙发里，双臂和手平放在沙发扶手之上，双腿自然前伸，头与上身轻轻靠在沙发后背上。

(3) 整个放松过程中切忌吸烟、吃零食等多余动作。

(4) 合理安排时间。开始时，最好每天 2 次，每次 15～30 分钟，最合适的是早、晚各 1 次。

(5) 务必做到持之以恒，坚持训练。

2. 放松训练的具体步骤

遵循由下至上的原则，从脚趾肌肉放松开始到面部肌肉放松结束。

(1) 脚趾肌肉放松：将双脚趾缓慢向上用力弯曲，同时两踝与腿部不要移动。持续 10 秒钟后逐渐放松。放松时注意体验与肌肉紧张时不同的感觉，就是微微发热、麻木松软的感觉，像"无生命似的"。20 秒后，做相反动作。将双脚趾缓慢向下用力弯，保持 10 秒钟。

(2) 小腿肌肉放松：将双脚向后上方朝膝盖方向用力弯曲，以使小腿肌肉紧张。10 秒后放松，20 秒后做相反动作。

(3) 大腿肌肉放松：绷紧双腿，使双脚后跟离开地面，持续 10 秒。放松 20 秒后，双腿伸直并紧双膝，保持 10 秒后放松。注意微微发热的感觉。

(4) 臀部肌肉放松：双腿伸直平放于地。用力向下压下腿和脚后跟，使臀部肌肉紧张。10 秒钟后放松。20 秒后，将两半臀部用力夹紧，尽量提高到骨盆位置，10 秒后放松。体会该部肌肉开始发热，并有沉重的感觉。

（5）腹部肌肉放松：高抬双腿以紧张腹部肌肉，同时胸部压低，10 秒后放松。体会由紧张到放松过程腹部的变化感觉。20 秒后做下一个动作。

（6）胸部肌肉放松：双肩向前并拢，使胸部四周肌肉紧张，体验紧张的感觉。10 秒后放松，体会胸部舒适、轻松的感觉。

（7）背部肌肉放松：用力向后弯曲背部，努力使胸部和腹部突出，形成拱状，10 秒后放松。20 秒后，往背后扩双肩，使双肩尽量合拢以紧张其上背肌肉群。保持 10 秒后放松。

（8）肩部肌肉放松：双臂外伸悬浮于沙发两侧扶手上方，尽力使两肩向耳朵方向上提，10 秒后放松。注意体验发热和沉重的放松感觉。

（9）臂部肌肉放松：双手平放于沙发扶手上，掌心向上，紧握拳头，使双手和双前臂肌肉紧张，10 秒钟后放松。接下来将双前臂处弯曲，使双臂的二头肌紧张，10 秒后放松。然后双臂向外伸直，用力收紧，以紧张上臂三头肌，持续 10 秒后放松。

（10）颈部肌肉放松：将头用力下弯，以使下巴抵住胸部，保持 10 秒后放松。注意体验放松时的感觉。

3. 头部肌肉放松

（1）紧皱额头，像生气时的动作一样，保持姿势 10 秒后放松。

（2）闭上双眼，做眼球转动动作。先使两只眼球向左边转，尽量向左，10 秒后还原放松。然后使两只眼球尽量向右边转动，10 秒后还原放松。随后，使眼球按顺时针方向转动 1 周，然后放松。接着，再使眼球按逆时针方向转动 1 周后放松。

（3）皱起鼻子和脸颊部肌肉，保持 10 秒后放松。

（4）紧闭双唇，使唇部肌肉紧张，保持姿势 10 秒后放松。

（5）收紧下腰部肌肉，保持姿势 10 秒后放松。

（6）用舌头顶住上颚，使舌头前部紧张，保持 10 秒后放松。

（7）做咽食动作以紧张舌头背部和喉部，但是要注意不要完全完成这个咽食动作，持续放松。

头部肌肉放松后，整个放松训练便宣告结束。

应该注意的是，放松前的紧张动作是为了体验放松的感觉，这种感觉越强，记忆就越牢固。当感觉清晰地铭刻于记忆中后若时间紧迫，便可去掉紧张部分而只做放松部分。

放松训练对增强机体的能量水准，消除消极情绪，促成积极的心理状态有重要作用。考试焦虑患者可以从中得到明显的改善。

■ 能力检测

你的情绪稳定吗？

学业繁忙，你会不会觉得容易烦躁，心情莫名不好？有一个稳定的情绪对学习来说太重要，你的情绪稳定吗？

1. 看到自己最近一次拍摄的照片，你有何想法？

    A. 觉得不称心　　　　　　B. 觉得很好　　　　　　C. 觉得可以

2. 你是否想到若干年后会有什么使自己极为不安的事？

    A. 经常想到　　　　　　　B. 从来没想过　　　　　C. 偶尔想到

3. 你是否被朋友、同学起过绰号、挖苦过？

    A. 这是常有的事　　　　　B. 从来没有　　　　　　C. 偶尔有过

4. 你上床以后，是否经常再起来一次，看看门窗是否关好等？

    A. 经常如此　　　　　　　B. 从不如此　　　　　　C. 偶尔如此

5. 你对与你关系最密切的人是否满意？

    A. 不满意　　　　　　　　B. 非常满意　　　　　　C. 基本满意

6. 你在半夜的时候，是否经常觉得有什么值得害怕的事？

    A. 经常　　　　　　　　　B. 从来没有　　　　　　C. 极少有这种情况

7. 你是否经常因梦见什么可怕的事而惊醒？

    A. 经常　　　　　　　　　B. 没有　　　　　　　　C. 极少

8. 你是否曾经有多次做同一个梦的情况？

    A. 有　　　　　　　　　　B. 没有　　　　　　　　C. 记不清

9. 有没有一种食物使你吃后呕吐？

    A. 有　　　　　　　　　　B. 没有　　　　　　　　C. 记不清

10. 除去看见的世界外，你心里有没有另外一种世界？

    A. 有　　　　　　　　　　B. 没有　　　　　　　　C. 说不清

11. 你心里是否时常觉得你不是现在的父母所生？

    A. 时常　　　　　　　　　B. 没有　　　　　　　　C. 偶尔有

12. 你是否曾经觉得有一个人爱你或尊重你？

    A. 是　　　　　　　　　　B. 否　　　　　　　　　C. 说不清

13. 你是否常常觉得你的家庭对你不好，但是你又确知他们的确对你好？

    A. 是　　　　　　　　　　B. 否　　　　　　　　　C. 偶尔

14. 你是否觉得没有人十分了解你？

    A. 是　　　　　　　　　　B. 否　　　　　　　　　C. 说不清

15. 你在早晨起来的时候最经常的感觉是什么？

    A. 秋雨霏霏或枯叶遍地　　B. 秋高气爽或艳阳天　　C. 不清楚

16. 你在高处的时候，是否觉得站不稳？

    A. 是　　　　　　　　　　B. 否　　　　　　　　　C. 有时是这样

17. 你平时是否觉得自己很强健？

    A. 否　　　　　　　　　　B. 是　　　　　　　　　C. 不清楚

18. 你是否一回家就立刻把房门关上？

    A. 是　　　　　　　　　　B. 否　　　　　　　　　C. 不清楚

19. 你坐在小房间里把门关上后，是否觉得心里不安？

    A. 是   B. 否   C. 偶尔是

20. 当一件事需要你做决定时，你是否觉得很难？

    A. 是   B. 否   C. 偶尔是

21. 你是否常常用抛硬币、玩纸牌、抽签之类的游戏来测凶吉？

    A. 是   B. 否   C. 偶尔是

22. 你是否常常因为碰到东西而跌倒？

    A. 是   B. 否   C. 偶尔是

23. 你是否需要用一个多小时才能入睡，或醒的比你希望的早一个小时？

    A. 经常这样   B. 从不这样   C. 偶尔这样

24. 你是否曾看到、听到或感觉到别人觉察不到的东西？

    A. 经常这样   B. 从不这样   C. 偶尔这样

25. 你是否觉得自己有超越常人的能力？

    A. 是   B. 否   C. 不清楚

26. 你是否曾经觉得因有人跟你走而心里不安？

    A. 是   B. 否   C. 不清楚

27. 你是否觉得有人在注意你的言行？

    A. 是   B. 否   C. 不清楚

28. 当你一个人走夜路时，是否觉得前面潜藏着危险？

    A. 是   B. 否   C. 偶尔

29. 你对别人自杀有什么想法？

    A. 可以理解   B. 不可思议   C. 不清楚

评分与解释：

以上各题的答案，选 A 得 2 分，选 B 得 0 分，选 C 得 1 分。请将你的得分统计一下，算出总分。得分越少，说明你的情绪越佳，反之越差。

总分 0～20 分，表明你情绪稳定，自信心强，具有较强的美感、道德感和理智感。你有一定的社会活动能力，能理解周围人们的心情，顾全大局。你一定是个性情爽朗、受人欢迎的人。

总分 21～40 分，说明你情绪基本稳定，但较为深沉，对事情考虑过于冷静，处事淡漠消极，不善于发挥自己的个性。你的自信心受到压抑，办事热情忽高忽低、瞻前顾后、踌躇不前。

总分在 41 分以上，说明你的情绪极不稳定，日常烦恼太多，使自己的心情处于紧张和矛盾中。

项目七　人际沟通，从心开始
——大学生人际关系

知识目标：了解人际关系的心理学理论；了解大学生的人际矛盾和不同类型的人际交往问题；掌握调节寝室人际关系的技巧。

能力目标：学会处理人际矛盾；掌握人际交往的基本方法。

【案例导入】

生 日 聚 会

大学生林小冬是 2012 级电子商务班学生，一天晚上，小冬邀请了六个同班同学到她的家里参加她的生日 Party。

下午 5 点钟刚到，小冬家的门铃响了起来，几个同学面带微笑地出现在小冬的面前。

"你家可真难找，怎么住在这个地方？"不请自来的何强强无所顾忌地大声发着牢骚。小冬知道何强强向来说话随便，也不在意。而在厨房里忙着的小冬的奶奶想必也听到了何强强的感叹，她走出来，一边招呼大家坐，一边客气地说："我们家小了点，人一多就挤了些……"

"是呀！你家也太小了，落脚的地方都没有，住着多闷呀！"何强强接着说："房子太破旧了，也应该退休了。我们小区里的房子就不错，价格也不贵，一平方米才 3000 多元。你们家留着钱做什么用呢？"

强强的一席话让小冬奶奶的脸一阵白一阵红，热情的微笑也慢慢地消失了。原来前年小冬的妈妈得了癌症，在病床上躺了一年多，半年前去世了，家里的积蓄全部花光。哪有钱换房子呀！倒是同来的月月听不下去，提醒强强："你说话不要那么豪爽了，好吗？咱们是来做客的。"强强咽下唾沫，表示接受。不一会儿小冬的奶奶陆续把饭菜端出来。强强又说话了："我想鸡肉、猪肉都有了，就缺海鲜了，菜不在多而在精嘛！"

话一出口，小冬和奶奶的脸色有点难看，但小冬奶奶还是笑着说："哟，我们今天可真没有准备海鲜，要不，打电话给小冬她爸，叫他带海鲜回家好不好？"

"不了，不了！我这才知道你们家的小冬怎么长得那么小个子，原来你们家不注意营养搭配，你们看人家月月快超过相扑运动员了……"

"说什么呀，你！"小冬和月月把筷子拍在桌子上，涨红了脸，直喘粗气……

好端端的生日 Party，就这样被强强这个不注意分寸的家伙给搅黄了。聪明的你已经看出来了，强强坏就坏在他的说话无礼上。

请思考：

(1) 强强在这次同学生日 Party 上表现非常失败，请大家想一下问题的根源在哪里？

(2) 你认为成功的交往应该注意哪些事项？

【心理讲堂】

第一节　人际交往的心理学理论

一、人际关系的定义

人的一生就是从"生物人""自然人"逐渐转化为"社会人"的过程，即社会化的过程，也是一个人不断地与他人相互沟通、相互作用与相互影响的过程。最终与他人之间形成稳定的心理联系即人际关系。也就是说，人际关系是人们在各种现实的环境中，通过人与人之间的交往互动建立起来的稳定的心理联系。大学生的人际关系是指大学生在其所处的特定学习生活与社会实践环境中建立起来的心理联系。

1. 什么不是人际关系

人际关系不是交际应酬、逢迎巴结或虚应故事。这些行为可能可以帮助你建立良好的公共关系，却不一定能帮助你建立美好的人际关系。人际关系也不是人脉。虽然良好的人际关系可以帮助你建立广大的人脉，但是人脉广大却不一定就表示你有良好的人际关系。你之所以能建立广大的人脉，可能是因为你位高权重，也可能你握有某些关键资源，其实你的人际关系可能很糟糕。

2. 什么才是人际关系

任何社会组织、任何人的群体中，大到整个社会，小到一个小企业、小单位里，都有两种基本的人与人之间的关系存在，即权力关系和人际关系。

权力关系是指因为你在这个群体中的身份地位，而与他人建立的关系。例如，你是市长，他是局长，你们之间有从属关系，你们之间因为从属关系所产生的任何人际互动，都是权力关系。人际关系则是指非因利害、从属、血缘等任何因素，人与人之间所建立起的关系。这种关系建立的前提是人们的互相尊重与接纳。

人的群体中的这两种最基本的人际关系是有起初的源头，这些源头多半都与利害、从属或血源相关，所以人与人之间所建立的最早的人际关系通常都是来自于亲人之间。换句话说，人际关系不一定与权力关系相冲突，我们多半都与人先有权利关系，然后才有人际关系。例如，一家企业的总经理与他所领导的副总经理，一开始可能纯粹是权力关系，然而久而久之，双方可能建立真正的交情，最后退休后两人乃至两个家庭还持续长期来往，这就表示他们已建立真正的人际关系了。同样的道理，如果你是业务人员，你与顾客一开始可能是基于利害因素而建立关系，因为他想买东西买得便宜些，所以要与你套交情；而你想卖东西卖得多，所以也要与他套交情，所以你们一开始是基于利害而发生的业务关系、公共关系，后来通过多次接触，你们还是可能发展出真正的人际关系。

社会组织的结构越复杂，人与人之间的权力关系越明显，人际关系则越淡化；反之亦然。例如，在大企业、大事业单位里，上下层级分明，人情味相对就比较淡薄；反之，在

小企业里，权力关系模糊，人情味则较浓。

　　权力关系的运作需要有制度、法律等来加以规范；人际关系的运作则不然，人际关系的运作越自然越好，不需要经过刻意的安排和条款限制就可以直接与他人互动。因此，如果你要查验你与别人之间是否有人际关系，或者人际关系好不好，就看你能否即兴与他人互动即可。简而言之，就是你能否很自然地与他人互动，就可以反映出你的人际关系好不好。

二、舒茨人际关系三维理论

　　社会心理学家舒茨(W.Schutz)认为每一个人都需要他人，因而都有获得人际关系的需求，不管出于何种需求，其目标都是想拥有和谐的人际关系。他根据个体的三种人际需求(即包容需要、支配需要、情感需要)和两种满足方式(即主动表现和被动表现)，把人际关系取向分为以下六种形式。

1．主动包容式

　　主动包容式的主要特征是交往一方主动与他人交往，并积极参与社会活动，这是交往主动方出于某种明确的目的，以极大的热情主动与他人交往的强烈需求而产生的人际关系。例如，刘备为了请诸葛亮出山而三顾茅庐，当他第三次光顾诸葛茅庐时，诸葛亮正在睡觉，出于诚意，刘备一行三人静静地守候在门外，直至诸葛亮醒来。

2．被动包容式

　　被动包容式的主要特征是交往一方期待他人接纳自己，而自己往往表现为退缩。这种人际关系取向常陷入矛盾的怪圈中，交往方一方面希望别人接纳自己，另一方面由于害怕不被别人接纳，而在人际交往活动中表现出退缩、不合群等特点。例如，自卑感很强的人一方面非常希望周围的人们接纳他，但另一方面由于害怕受到打击或遭遇挫折，又回避与人交往，把自己孤立起来。

3．主动支配式

　　主动支配式的主要特征是交往主体常常运用权力控制他人，这种人际关系取向中的一方处于支配地位，另一方处于被支配地位。例如，教师指导学生和家长训斥子女时所建立的人际关系。

4．被动支配式

　　被动支配式的主要特征是交往一方期待他人引导，愿意追随他人。有着这种人际关系取向的人大多表现出追随他人与受人支配的倾向，甚至表现出抗拒权威与忽视纪律的倾向。例如，非正式群体中的部分青少年学生就倾向于追随他们的"头儿"而失去主见。

5．主动情感式

　　主动情感式的主要特征是交往主体表现出对他人的喜爱、友善、同情、亲密。例如，恋人之间、母子之间在表达相互爱恋、彼此关心与理解、尊重与被尊重过程中所形成的人际关系就属于主动情感式。

6. 被动情感式

被动情感式的主要特征是一方对另一方显得冷淡，负面情绪较重，这时一方表现出疏远对方甚至厌恶与憎恨对方的情感，但内心期待另一方对自己亲密。例如，父母管教子女太严时，子女也常常会产生这样的情感。一方面，由于严厉的管教，子女极力回避与父母进行沟通；另一方面，子女渴望得到父母的肯定和理解。

总而言之，每个人的人际关系都极具多样性。对于同一个人，幼小时候在父母面前可能会表现出被动支配式；成年后对于下属会表现出主动支配式；对于自己所仰慕的对象如恋人、偶像等会表现出主动包容式；在工作中遇到困难时，又很容易表现出被动包容式；对于母亲、父亲、爱人等表现出主动情感式；对于苛刻的领导、不公正的老师，则会表现出被动情感式。基于不同交往对象、交往情境等因素建立的人际关系有着各自的特征，形成不同的类型。个体在社会交往舞台上扮演的社会角色不同，外显的交往行为也各有差异。因此，在交往中应尽量使言谈举止与扮演的角色身份相符，这样才能取得良好的人际交往效果。

三、其他人际关系理论

1. 人际需求理论

人际需求理论主张一种关系是否开始、建立或维持，全凭双方所符合的人际需求程度。人际需求包括爱(Affection)、归属(Inclusion)和控制(Control)。爱的需求反映出一个人表达和接受爱的欲望；归属的需求是希望存在别人团体中的欲望；控制的需求是希望成功地影响周遭的人与事的欲望。人际关系的增进或恶化部分是由人际需求的兼容或相悖引起的。

舒茨人际需求理论虽然解释了很多人际行为，但并未说明人们如何在关系中彼此互相适应。

2. 交换理论

约翰·蒂博(John W. Thibaut)和哈罗德·凯利(Harold H. Kelley)首创交换理论，他们认为，人际关系可借由互动所获得的报酬(Reward)和代价(Cost)的互换来加以了解。报酬是接收讯息者所重视的结果，常见的报酬有好的感觉、声誉、经济收益和感情需求的满足。代价是接收讯息者不想蒙受的损失，包括时间、精力和焦虑。根据蒂博和凯利的说法，人们期待高报酬低代价的互动。他们也认为最令人满意的代价与报酬率因人而异，同一个人也因时而异。假如人们有许多高报酬率的关系时，他们将设定较高的满意度水平，因此可能对低报酬的关系不满意。投资报酬率决定了关系或互动的吸引力，但它并未指出关系或互动会维持多久。虽然人们在代价高于报酬时会终止关系或互动，但是环境有时候会令人继续处于非常不满意的关系中。

蒂博和凯利说明此情况时提到他们所谓的"替代性选择之水平"。他们认为继续维持

关系与否取决于一个人觉得是否有其他的选择。假如有一个替代性的选择可保证让人达到高水平的满意度的话，对关系感到不满意的人将会结束其关系或互动。但是假如没有可以替代的选择，那个人可能保持现况，虽然不满意，但这个关系是目前最好的。

第二节　人际交往中的心理障碍及调适

大学生人际关系中常见的关系有同学关系、师生关系和老乡关系等，其中，同学关系是最常见的、最容易让大学生产生困扰的因素。一方面，由于年龄、兴趣、奋斗目标等方面的接近性，同学之间也最容易产生亲密关系；另一方面，由于个体成长环境、价值观念和地域文化等方面差异，加上频繁地交互往来，同学之间也最容易产生矛盾。

矛盾普遍源于不良心理因素，这些因素带进人际关系中，易形成交往障碍，充分认识大学生心理障碍并加以正确调适，有利于营造良好和谐的人际交往。

一、恐惧心理及其调适

(一)对恐惧心理的认识

有一位大学生去咨询心理医生时说道："自从进入大学以来，中学时想象中的那种兴奋感并没有真正体验到，反而被一些恐惧心理取代了，以至于不能自己一个人去打饭、逛商场、去银行存款，这让她无法像其他同学一样享有快乐的生活。"原来，半年前，她曾经独自一人去商场买衣服，由于走得匆忙，身上穿了件不合身的旧衣服，商场的老板以貌取人误认为她买不起，在旁边奚落她，她感到非常尴尬，因为当时周围有很多人都在看着她，她面红耳赤地走出了商场。从此以后她买衣服或做其他事情都需要家长陪同。

点评：案例中的大学生由于不会正确处理生活中人与人之间的关系，尤其是不会很好地应对生活中所遇到的一些尖酸刻薄人的冷言冷语，加之自身性格内向，不能承受这样的打击而导致社交恐惧。

要有效消除社交恐惧心理，首先得对大学生社交恐惧的产生、形成及其预防等方面有一个较为全面的认识。

社交恐惧就是大学生在人际交往中受到挫折之后，试图避免再次遭受交往挫折而产生的一种防护性心理，是大学生在交往中常见的一种社交障碍。其主要表现为：在社交场合中感到害羞、局促不安、尴尬、笨拙、迟钝，怕进教室、会议室，怕在人面前抛头露面而退缩回避。这主要是由于交往受挫、心理不成熟而陷入焦虑、痛苦、自卑之中却没有得到及时排解所致。

社交恐惧产生于经验，这种经验分为两种情况：一是直接经验，二是间接经验。直接经验是指大学生在人际交往中，所遭遇的人际交往方面的挫折，对其内心形成一种打击并产生一种不愉快的体验而形成紧张、恐惧、敏感的情绪体验。俗话说"一朝被蛇咬，十年怕井绳"，有些大学生一旦受到人际交往方面的打击，就会对以后的人际交往表现出明显的紧张与恐惧，严重者会伴随着颤抖、话语不清等现象。间接经验是指在看到或听到别人失败的社交经历后，内心留有负面的印象，同时联想到自身的社交，内心产生痛苦、紧张的、不愉快的情绪体验。例如，某同学听说在本校有位同学出于好心帮助一名被偷了钱包的外地人，反被这个外地人骗走了学费之后，这位同学对骗子心生厌恶，同时也害怕这种事情在自己身上出现，以后每当遇到陌生人求助，他就会紧张而迅速地回避。

(二)对恐惧心理的调适

社交恐惧是由于不正确的认知和不良情绪体验对个体的负面强化而逐渐形成的，只要对症施治，完全可以得到改善与排解。

1．寻找恐惧产生的真正原因

只要找到社交恐惧产生的真正原因，就可以大大减轻恐惧症状。有位学生在咨询中说道："最近一个多月以来，我感觉很紧张、恐惧，因为近阶段我认为原本和我关系还不错的一名女同学在和我讲话时老是斜瞄着我，让我很难受"。这种情况主要是由于不正确的认知引起的，在她心目中那位女同学斜瞄着她说话就是看不起她、不尊重她。要排解这种紧张恐惧的心理首先要从改变错误的认知做起，而错误认知的改变有赖于对那位女同学讲话时的情境及其表现进行跟踪观察。

2．改变个性中的不良气质因素

每一种气质类型都有各自的优势，这里所说的改善不良气质因素，是指改善气质中消极的、不利于建立良好的人际交往的一面。例如，抑郁气质类型的人在交往中常给人紧张呆板的感觉，会让他人不愉快，进而使自己更加紧张不安，造成恶性循环，最终陷入恐惧的心理及情绪困扰之中。在开始交往时，不妨尽量将消极的语言转化为积极的语言，从而对他人产生积极的吸引力。这样，在交往中就会处于主动地位，形成自我体验的良性循环。气质虽受先天因素影响较大，但并非完全不可改变，而且可以通过努力达到扬长避短的功效。

3．克服完美主义倾向

有社交恐惧的人对自己常常有不切实际的过高期望，存在完美主义倾向，追求完美是人的一大误区，克服完美主义倾向有利于改善社交恐惧心理。其实，每个人都有缺点和错误，如果总想给别人留下一个完美的印象，而现实又常常不能遂其所愿，也就不免会产生紧张恐惧的心理。俗话说"金无足赤，人无完人"，应顺其自然，不管是对他人还是对自己都不要求全责备。

4．对自己进行系统脱敏

社交恐惧者在人际交往中有退缩表现，其退缩的心理和行为会削弱人际交往的动机和能力。采用系统脱敏疗法可以帮助自己逐渐消除社交中产生的恐惧心理及其不良症状，具体做法是：将自己经常置身于社交场景中，迫使自己参加交往活动，在活动训练中不断脱敏。一开始这样做可能很难堪，但时间长了就会自如地与人交往。系统脱敏疗法的原理就

是在充分放松的状态下逐渐接近所惧怕的事物，或逐渐提高所恐惧的刺激的强度，旨在降低对所恐惧的事物的敏感性。采用这种方法，第一要学会放松；第二要不断地给自己勇气。因为改变是痛苦的，意味着要打破旧习惯、建立新习惯，因此，要不断给自己补充新的勇气和新的动力。

二、自卑心理及其调适

(一)对自卑心理的认识

自卑就是对自己评价过低。它来源于对自己的不正确认识和估计，过分地注意自己的短处而对自己的长处缺乏足够的认知，进而产生自惭形秽之感。存在自卑心理的大学生常常表现为：缺乏自信、羞怯、胆小、做事畏首畏尾、怕被人嘲笑或拒绝等。

自卑心理产生的一个重要原因就是个体心理上的消极对比。我们每一个人都不可避免有着不同程度的主客观方面的缺陷。就客观方面来讲，有的可能会遭受经济拮据、父母离异等方面带来的家庭不幸，有的也可能遭受口吃、肥胖、个子矮小等方面生理缺陷或不足。就主观方面来讲，有的可能是能力不强，或性格不是很好，或气质不是很佳，等等。面对这些主客观缺陷，不同个体的态度不同，有的泰然处之，反而化缺陷为力量取得一个又一个胜利；有的自惭形秽、自卑退缩，不仅影响学习与工作的效率，而且内心还笼罩着一层自卑的心理阴影。问题的关键在于是否能全面客观地、发展地认识评价自己，能否将自己与他人进行科学的比较。自卑心理较强的人常常只是拿自己的缺陷与不足和他人的优势或强项进行比较，这种比较方式是有失偏颇的。正确的做法是同时将自己的优势与强项同他人的缺陷与不足进行比较，然后进行综合得出对自己的一个较为全面而客观的认识与评价。例如，一个小女孩从小喜欢看童话故事，心目中建立了一个比较理想的自我形象——像公主一样高贵而美丽的女孩。但是当她有一天照镜子时忽然发现镜子中的女孩是干枯的头发、小小的眼睛、难看的龅牙，在将镜中的现实自我形象与理想中的自我形象进行对比的过程中不免产生了自卑心理。自卑是心理暂时失衡的一种心理状态，是对自身不客观的认知，因此，客观认识自我是克服自卑心理及早摆脱这种心理状态的方法。

(二)对自卑心理的调适

1. 学会客观认识自己

自卑者有一个共同的特点，只要叫他说说自己的长处，往往说不出来，但是如果要让其说说自己的短处，他就会说出很多；同时对于别人给他提出的长处，也不能很好地接受。因此，自卑者要走出自卑的心理阴影，必须转变看待自己的视角，善于发现自己的长处、肯定自己的成绩，全面而客观地认识自己的长处和短处。既要看到尚待完善的方面和努力的方向，又要看到已经取得的成绩和拥有的优势。只有这样，才可能消除自卑、增强自信。

2. 制定合适的理想目标

现实与理想间的差距太大往往让人自卑失落、自我否定。摆脱自卑心理的一种重要方法，就是制定合适的理想目标，在对自身现实条件和发展潜力进行认真细致分析与预测的基础上，本着通过努力能够实现的原则，科学地确立未来的理想与目标。一个人不能没有理想，但理想的建立一定要从自身的实际出发。只有这样，人们才能在实践中不断取得成功，增强自信心。如果确立的理想过高而难以实现，会让人因受挫而失去信心；如果确立的理想过低，又会因为目标太容易实现而不愿去努力。因此，我们只有制定合适的理想目标才有助于形成良好心态，在实现一个又一个目标过程中不断增强自信。

3. 改变不合理观念

上述案例中，小女孩总把自己与心目中高贵而美丽的公主相比，就是一种不合理的比较。这种不合理的比较让她陷入极度的自卑中，要改变这种不合理比较而产生的消极情绪，她可以变更比较的对象或比较的内容。尽管小女孩的容貌不能和公主的美貌相比，但是她的智慧和博学可能是公主所不能比拟的。如果你有某方面不如别人，但是你可以找到比别人强的另一方面，这是一种走出自卑、增强自信的好方法。

4. 进行积极的自我暗示

自卑者要多分析自己的有利条件，总结成功经验，体验成功的快乐，增强信心，不断提醒和激励自己，使自己在心理上确信能够获得成功。那种自认不够美丽的人，为了克服自卑心理而有足够信心投入人际交往活动中，可采取以下方法：每天早上都对着镜子大声地说"我很漂亮""我很美"。一开始时会觉得很尴尬，但是一旦形成了习惯，她们就会发现自己好像真的变漂亮了。通过这种积极的心理暗示，个体改变了看待自己的心态，也会在某种程度上改变了自己的外貌。

5. 观察和学习自信的人

因自卑而妨碍交往的，还应当在交往中多观察、学习自信的人的行为方式及表现。经常观察自信的人的言语表情和非言语表情之后，可以选择一位作为自己的模仿对象，当自己自卑的时候，就回想或者想象自信的人应该是怎样的表现。同时，加强自信心训练，例如，锻炼自己能径直向对方走去；讲话时敢于盯住对方的眼睛且声音洪亮、不吞吞吐吐等。

三、自负心理及其调适

(一)对自负心理的认识

自负在人际交往中表现出过度地以自我为中心，傲气轻狂，轻视和看不起周围的人，主要表现为：很少关心别人，与他人关系疏远，固执己见，唯我独尊，有明显的嫉妒心，拿放大镜看自己的优点，过分强调自我感受而忽视他人的存在，干什么事都是从我出发，居高临下，盛气凌人，不允许别人批评自己。自负心理对一个人的危害是非常大的，它产生的主要原因有以下两种。

1. 错误的自我认知

如果说自卑者是将自己的缺点无限地放大，那么自负者就是将自己的优点尽量夸大。自负者通常对自己没有一个全面的认识，也就是我们常说的缺乏自知之明。

2. 强烈的自尊心

自负者一般都有强烈的自尊心，为了保护自尊心，在交往挫折面前，可能会产生两种心理调节办法。一种是自卑心理，通过自我隔绝，避免自尊心的进一步受损；另一种就是自负心理，通过自我放大，获得心理补偿。

(二)对自负心理的调适

1. 正确地认识自己，进行批评和自我批评

要调适自负心理，既要认识到自身的长处与优势，也要清醒地意识到自己有哪些缺点和不足，这些缺点和不足给自己的发展将会带来哪些阻力。另外，也要诚恳地接受别人的批评，俗话说"不识庐山真面目，只缘身在此山中"，一个人对于自身的认识总是有不全面的地方，从别人的批评中，可以认识到更多的不足，以便更好地改进。与此同时，加强自我批评、勤于自我反思，也是调整自负心理必不可少的环节。

2. 尊重他人，换位思考

自负者大多有强烈的自尊心，但要获得别人的尊重，首先应该尊重他人。同时，自负者以自我为中心，凡事都喜欢从自己的角度思考，在自负者的词典里"我以为""我认为"这类词汇是比较多的。因此，自负者在交往活动中要多进行换位思考，善于从别人的角度考虑每个问题。

四、嫉妒心理及其调适

(一)对嫉妒心理的认识

星星与小兰是某高职院校大三的学生，同在一个宿舍生活，入学不久，两个人成了形影不离的好朋友。星星活泼开朗，小兰性格内向、沉默寡言，后来小兰越来越觉得自己像一只丑小鸭，而星星却像一位美丽的公主，心里很不是滋味。她认为星星处处都比自己强，把风头占尽，时常以冷眼对待星星。大学三年级，星星参加了学校组织的职业技能大赛，并获得一等奖，小兰得知这一消息先是痛不欲生，而后妒火中烧，趁星星不在宿舍之机将其参赛作品撕成碎片，扔在星星的床上。星星发现后，不知道怎样对待小兰，更想不通为什么自己要遭受这样的对待。

点评： 星星与小兰从形影不离到反目为仇的变化，令人十分惋惜，引起这场悲剧的根源就是"嫉妒"。由此可见，嫉妒心理是一种损人损己的病态心理，它严重影响了大学生的身心健康。

嫉妒是针对别人的成功而产生的一种心怀憎恨的羡慕之情。嫉妒一般发生在社会地位

相同或相近，生活或工作关系密切的人际圈子里，当生活在这个人际圈子的人彼此相差不大时，大家相安无事，但一旦圈子里某人境遇有了改善或地位有了升迁时，平静的生活圈子里就会泛起嫉妒的涟漪。在大学生群体中，有相同的家庭背景、相似的求学经历、共同的兴趣爱好的大学生之间容易出现嫉妒心理。例如，有的人嫉妒别人长得漂亮，有一个帅气的男朋友，等等。嫉妒心理在所有人身上都有不同程度的表现，但如果嫉妒心理严重化或发展到极端，甚至作出损人利己的行为就是心理不健康的表现。

(二)对嫉妒心理的调适

1. 嫉妒者的心理调适

1) 化嫉妒心为竞争力

嫉妒心理源于别人在某个方面强于自己而产生的内心不平衡。要打破这种内心的不平衡，一种理性的做法就是化嫉妒心为进取心和前进的动力。别人比你强，你感到心理不平衡时，内心深处是不想别人比你强，那就将其化作动力，依靠自己的聪明才智，通过"堂堂正正做人，扎扎实实做事"来超过对方。这既无损于他人又有益于自己，是一种奋发努力、缩小差距、力求改善现状、开创未来新局面的奋斗精神。

2) 充实自己的生活

哲学家培根曾说"嫉妒是一种四处游荡的情欲，能享有它的只能是闲人，每一个埋头于自己事业的人，是没有工夫去嫉妒别人的"。如果能够看到自己的长处和优势，增强自信，便不会嫉妒他人。例如，同桌口才好，非常惹人喜爱，在这方面你的确自愧不如，但是你不妨多想想自己诚实守信，常常赢得同学持久的喜爱和欢迎，这样心理就会平衡；其次，经常发挥自身优势，提升境界、壮大事业、实现理想。只有结合自身的优势和兴趣，才能不断充实完善自我，成就事业，享有美好人生。

2. 被别人嫉妒该怎么调整

1) 以积极心态看待自己和他人

首先，应看到嫉妒是一种变相的恭维，是以曲折的方式认可自己的成功，所以当被人嫉妒时，不必对嫉妒者愤愤不平。其次，主动与他人交流，尽量帮助他人。受到他人嫉妒时，被嫉妒者往往轻蔑、厌烦、回避对方，其实，不妨主动找对方谈谈心，诚恳地指出对方的优势和自己的不足，用真诚和友善缓解其嫉妒感。同时，乐于助人。诚恳地向对方介绍自己的成功经验、提供有益的信息乃至一些具体的帮助，这样对方对你会多一分了解并且会对你产生一种感激之情。

2) 尊重别人，加强自身修养

之所以受到别人嫉妒，往往是由于你给别人造成了威胁，当然这也在一定程度上证明了你的实力和贡献。但是，你若一味无视别人的嫉妒，也会给自己带来一系列麻烦，所以你不必咄咄逼人、凡事都要争个高低，越是有所成就，越要谦虚谨慎。嫉妒心强的人往往有个性缺陷：目光短浅，气量狭小，以自我为中心，情绪不定，易受到外界影响。所以，有必要加强自我修养，重塑自我个性，把眼界放开一些，正确对待别人作出的成绩，这

样，就会为别人的成绩感到欣慰。

五、猜疑心理及其调适

(一)对猜疑心理的认识

猜疑是由于错误的认知造成的，把在人际交往中出现的问题归咎于他人，常常从负面消极的视角认知人际交往，以猜测为基础，对人际交往多抱有怀疑的态度。猜疑的人往往有自己的一套行事风格，对于外界的一丝风吹草动，都会引起他的猜测。当他看见迎面而过的同学没有打招呼，就会冥思苦想，这个同学是不是对我有什么意见；当某位异性同学多看他几眼，就会自作多情，她(他)是不是对我有意思。导致猜疑产生的原因主要有：①作茧自缚的封闭思路。猜疑总是从某一假想目标开始，最后又回到假想目标，就像一个圆圈一样越画越粗，越画越大。②对环境、对他人、对自己缺乏信任。古人云："长相知，不相疑。"反之，"不相知，必定长相疑"。不过，信任的缺乏，往往又同自信的不足相联系。疑神疑鬼的人，看似怀疑别人，实际上也是怀疑自己，至少是信心不足。有的人在某些方面自认为不如别人，就总以为别人在议论自己，看不起自己，算计自己。一个人自信越足，越容易信任别人；反之，就越容易产生猜疑心理。③对交往挫折的自我防卫。有些人以前由于轻信别人，在交往中受过骗上过当，蒙受了精神损失和感情挫折，结果万念俱灰，走向另一极端：不再信任任何人，老是猜疑他人的行为与动机。

(二)猜疑心理的调适

猜疑会导致人际交往无法正常进行，因为猜疑者会在人际交往中一味地以自己的方式对待别人，会伤害他人感情，无事生非，同时也会使自己处于不良的心态之中。

1. 改变认知思维方式

一方面，遇事不要主观臆断，先入为主，而应告诫自己先观察，收集正反两方面信息后再分析、判断，得出结论。另一方面，要善于用事实检验论断，对照事实反思已发生的认知思维过程，并给予矫正。

2. 调控不良情绪

猜疑者往往凭感情用事，一旦怀疑别人时，冲动的情绪就会使他只能看到单方面的信息，强化错误推测。所以，在情绪激动时，不妨转移一下注意力，做一些其他事情，待冷静下来后再进行分析与决断。

3. 培养自信心

自信心是对自己实力的认可，也是必胜的信念，自信心的培养有助于看到自己的希望并转移对别人的胡乱猜疑。

4. 学会识别人

有猜疑心的人常常不信任别人，这种不信任一方面是客观上不了解别人，另一方面是

主观上不愿意了解认识别人。所以，主观上要多与周围的同学、教师乃至亲朋好友接触，在交往中学会观察、了解、识别他人，并结合间接了解得到的信息，可以得到较为全面客观的评价。长期坚持就会发现我们身边有许多人都是正直、善良的人，并以善的眼光去发现别人善的方面，而不是处处怀疑。

六、闭锁心理及其调适

(一)对闭锁心理的认识

闭锁心理是指青少年进入青春期后自觉或不自觉地封闭自己的心理活动，不轻易外露自己的内心世界和情感，甚至把自己与别人隔绝起来的心理现象。性格孤僻的人不愿意向他人敞开心扉，没有与他人交往的内在愿望，也不相信有人能了解自己，难与周围的人沟通往来，从而出现人际交往障碍。

大学生产生闭锁心理的原因是多方面的，既有性格方面的原因，也有挫折经历、环境的影响以及家庭与学校教育方式等方面的原因。生长在和谐融洽的家庭、经常得到父母的关心、接受民主型教育方式的大学生，其闭锁心理表现不明显；相反，与父母关系紧张、或父母只关心学业而忽略其他方面的发展、或家长管束太严、或放任溺爱的家庭中成长起来的学生，其闭锁心理表现明显。在残缺家庭中长大的学生心理封锁现象尤其普遍。大学生中与老师关系融洽友好、与同学亲密无间、好朋友较多的学生很少表现出闭锁心理；相反，与老师关系紧张情绪对立、缺少朋友的学生，其闭锁心理表现显著。学习成绩不理想的学生，其闭锁心理表现也较突出。性格外向、活泼好动的人和兴趣广泛、生活圈子大的人，其闭锁心理表现不明显；相反，性格内向、生活圈狭窄、生活单调的人，其闭锁心理表现普遍较高。

(二)闭锁心理的调适

闭锁心理作为大学生心理发展过程中存在的一种心理现象，对其顺利实现社会化有着消极影响。因此，克服闭锁心理，对于大学生适应社会有着重要意义。

1. 优化自身性格

孤僻者往往有性格上的弱点，一般表现为内向、固执、我行我素、喜欢独处等。这些弱点可以通过前面的自信心的训练与培养方式来改变，但最实用的办法是投身到交往实践活动中去体验交往的乐趣，锻炼交往的能力，时间长了自然会有所改善。

2. 摆正自己的位置

孤僻者只有正确地认识自己，摆正自己的位置，在与人交往时才会感到坦然。健康的交往是建立在双方平等基础之上的，尊重别人同时保持自尊，就可能摆脱孤僻、走出自卑或清高的误区。

3. 综合矫治，因人而异

正确认识自我是矫正孤僻心理的突破口，培养对生活和人生的热爱是改变冷漠孤僻性

格的主要方法。孤僻者大多对于自我有不正确的认识，有些人自命不凡，将自己的孤僻视为个性，因而通过自我反省来正确认识自己尤其重要。孤僻者要有意识地挖掘生活中美好的事物，发现那些感人的真爱，要求自己尽量以热情的方式待人，逐步放开自己的心灵。同时还要多参加一些集体活动，在良好的交往活动中，感受人际温暖，体验人际情谊，产生与他人成为朋友的愿望，这样逐步建立起健康和谐的人际关系。

第三节　寝室人际关系

　　小梦即将去海滨城市一所大学读书，临行前在一家企业做人事主管的父亲反复告诫他，在大学里首先要和寝室的同学搞好关系，这样你的生活环境才会愉快，大学四年心里才有归属感。进校后，小梦时刻告诉自己父亲的话肯定有一定的道理。但是由于和同寝室的室友小丁在"三观"上的看法相差甚远，经常斗嘴，导致彼此不服气，互相看不起，矛盾时有发生，到最后同寝室的其他同学都站到了小丁一面，小梦感到寝室同学的关系变得越来越紧张，其他人不理解和不信任自己，少数同学甚至奚落自己，小梦对这些同学也充满怨恨，进而猜疑和反感，只要有两位同学当着自己的面嘀咕几句，小梦就认为他们是在说自己的坏话，心里十分苦闷；而小丁却好像整天都过得很开心，看到这一切，小梦感到无能为力的同时又十分伤心，心胸开始变得狭窄，一度产生了退学的念头。

　　点评： 从小梦和小丁的对比来看，寝室人际关系对大学生心理健康的影响非常大，小梦因人际交往的紧张，使自己的心里充满了猜忌、嫉妒和对他人的不信任。经过对小梦人际交往技巧的辅导，小梦对小丁开始变得更加宽容，并试着改善和寝室其他同学的关系，最后小梦的脸上又浮现出灿烂的笑容。

　　寝室人际关系是大学生人际关系中最普遍、最直接、最重要的一种人际关系。有研究表明，大学生一天24小时当中，课堂环节占据3.9小时，寝室环节占据5.8小时(不包括睡眠)，寝室成为大学生交往最为频繁、联系最为紧密的重要场合。近几年来，寝室室友间发生争执互殴、动用刀枪甚至下毒或引发精神疾患的案例层出不穷。震惊全国的马加爵案，就是由不良的寝室人际关系而导致的。

一、大学寝室人际关系的主要矛盾

　　曾经，有电视节目在网上征集大学生寝室里存在的矛盾，经统计整理，主要有以下方面。

　　(1) 谁动了我的"奶酪"，就是未经我本人同意，随意吃我的东西，拿我的东西。

　　(2) 都是电话惹的祸，半夜12点了，还有同学在被窝里甜甜蜜蜜地煲电话粥，而寝室的其他同学却辗转无法入眠。

　　(3) 凭啥让我多干活。寝室的公共卫生，有的同学从来都不做。

　　(4) 我就这样。有的同学没有良好的卫生习惯，不洗脚、不洗衣服，寝室里气味难闻，而且往往因此影响了整个寝室的卫生成绩，让其他同学非常气愤。

二、建立良好寝室关系对策

由于彼此之间生活习惯的不同和相互误解，致使生活在同一寝室中的同学感到很别扭。有的同学被室友孤立感到很苦恼："也不知怎么的，可能是我太不注意说话的方式，我感到大家开始用讥讽的口吻跟我说话，我若无意间说了哪位同学，大家就一起帮着她。我感到很苦闷，觉得回寝室也没什么意思，怕说错话引起更大的麻烦。所以每天很早就起床，背着书包到教室看书，晚上很晚才回去。有时即使看不进去，也不愿意回寝室，就顺着操场逛，一圈一圈又一圈，估计快熄灯了才回去。"而那些生活在对立面的同学也感到难过："我们寝室的一位同学很过分。不过她现在已经被孤立了，但我现在也感到很压抑，因为寝室气氛不好，形成对立的局面。其实，我觉得那位同学也不是一无是处，也很想和她说说话，但大家都不理睬她，我若主动与她好，势必也会造成她那样的结果，不被大家所理睬。"还有一部分同学，即使没有这种情况，也觉得在寝室不是很开心："我们寝室关系还可以，没有争吵，但大家都很客气，没有什么话好说，觉得挺闷的。"这可能是一些大学生都可能遇到的问题。怎样处理好这类问题，理顺同寝室同学间的关系呢？如果你能掌握以下八点，一定能收到良好的效果。

(一)与室友统一作息

一个寝室有三四个、五六个，甚至更多的人在一起生活，宜有统一的作息时间加以调整。只有大家协调一致、共同遵守，才能减少争执，消除摩擦，维持正常的生活秩序。如果你是"夜猫子"，晚上睡得很迟，待寝室成员都睡了，才洗漱睡觉，这样就容易惊醒其他人，影响了别人休息。久而久之，你就会引起室友们的厌恶。因此，寝室的全体成员应当尽量统一起居时间，减小作息差距。倘若实在有事，早起或者晚睡的成员也应尽量减少声响和灯光对室友们的影响。

(二)不搞"小团体"

在寝室，应当以平等的态度对待每一个人，不要厚此薄彼，和一部分人打得火热，而对另一部分人疏远不理。有些人喜欢同寝室之中的某一个人亲近，在平时，老是同一个人说悄悄话，无论干什么事、进进出出都和那一个人在一起。这样就容易引起寝室其他成员的不悦，认为你是不屑与之交往。结果，你俩的关系也许搞好了，但却疏远了其他人。这就不利于建立和谐的寝室关系，也是得不偿失的。我们不反对建立有深度的友谊，但决不能以牺牲友谊的宽度和广度为代价。所以在寝室里，我们对每个人要尽量保持平衡，尽量和室友们处在不即不离的状态，不搞"小团体"。

(三)不触犯室友的隐私

每个人都有自己的秘密，也有足够的好奇心。对于室友的隐私，我们不要想方设法去探求。对方把一个领域化为隐私，对这个领域就有了特殊的敏感，任何试图闯入这个领域

的话题都是不受欢迎的。尤为注意的是，未经得室友同意，切不可擅自乱翻其衣物。我们要格外注意这个问题，千万不要随随便便，以为是熟人就忽略了细节。另外，同住一个寝室，有时难免知道室友的某些隐私，我们也要守口如瓶，告诉他人不仅是对室友的不尊重，也是不道德的。

(四)积极参加集体活动

寝室的活动是一种集体活动，更是室友之间联络感情的重要形式，应该积极参与配合。千万不要幼稚地把集体活动当作是纯粹是费财费力的无聊之举，表现出一副不屑为伍的样子。其实，那都是感情投资，不可或缺。室友们决定一起去干什么，我们要尊重他们的选择。确实不能参加，可以把自己的想法和意见提出来，不要勉强参与反倒让室友觉得你在应付了事，更不要一口回绝而伤了室友们的兴致。可以说，集体活动的有无和多少，也从一个侧面反映了这个寝室的团结程度。倘若这样的活动你老是不参加，多多少少显得你不合群了。

(五)别人有难要帮，自己有事也要求

良好的人际关系是以互相帮助为前提的。当室友遇到困难，我们应当主动伸出援助之手，这自不必说。那么，当我们有事时，是否宜向室友求助呢？答案是肯定的。因为有时求助反而能表明你对别人的信任，能够融洽关系，加深感情。例如你有事需请人帮忙，倘若你舍室友而求他人，室友得知后反觉得你不信任他。你不愿求别人，别人以后有事又怎么好意思求你帮忙？其实，求助室友，只要讲究分寸，不使人家为难，都是可以的。

(六)不拒绝零食和宴请

室友买点水果、瓜子之类的零食到寝室，分给你时，你就不要推，不要以为吃别人的难为情而拒绝。有时，室友因过生日或其他事请你吃饭，你也应欣然前往。即使没有钱"回请"他，也无关甚要，因为互酬不仅仅体现在物质上，不同于商品经济中的"等价交换"原则，它更体现在心理上。你接受别人的邀请，从某种意义上说，也是给别人面子。倘若不论零食或宴请，你都一概拒绝，时日一久，别人难免会认为你清高傲慢，对你"敬而远之"。

(七)不逞一时口快

"卧谈会"是寝室的一个重要活动项目。室友们互说见闻，发表意见，本来是件很愉快的事，但也往往因小事而发生争执，"卧谈会"变成了"口舌大战"。

有些人喜欢说别人笑话，讨别人便宜，哪怕玩笑，也不肯以自己的吃亏而告终；有些人喜欢争辩，试图通过说服对方显示自己的能耐，让室友"尊重"自己；有些人害怕被人看不起，就故意在"卧谈会"中唱反调，甚至揭人之短，对他人进行人身攻击。这种喜欢逞一时口快，在嘴巴上占便宜的人实际上非常愚蠢，给人感觉太好胜，难以合作。你不尊重别人，别人也不会尊重你。你夸夸其谈，想处处表现得比别人聪明，最后也只会引起别

人反感。

(八)完成该做的杂务

寝室里每位成员应该做的杂务，不仅仅指做好自己一个人的事，也包括搞好集体的事。有些人在家懒惰成性，所有的事都指望家人打理，居住集体寝室难免恶习毕露：开水从来不打，每天喝别人的；衣物不注重整理，乱扔一气；寝室的公共卫生更是不闻不问，扫地、擦门窗等事都指望室友来完成……没有哪一个集体会欢迎一个自私、懒惰和邋遢的人。

因此，居住学生寝室，你必须尽力搞好属于自己的那份杂务，不要指望别人来"帮助"你，凡事要养成亲力亲为的好习惯。以上八点，虽都为日常生活中的小事，倘若我们能够注意做到，对我们处理好寝室关系能够起到事半功倍的作用。反之，小小"蚁穴"也能够将我们良好寝室关系的"千里之堤"给毁了。

心理训练营

活动一：熊来了

活动目的：活跃气氛，增强团体凝聚力。

活动时间：25分钟。

活动流程：

(1) 把全体学生分为两组，排成两列。

(2) 各组第一个人喊"熊来了"，然后第2个人问："是吗？"第1个人再对第2个人说："熊来了"，此时2号再告诉3号"熊来了"，3号再反问2号"是吗？"而2号也反问1号"是吗？"，3号再叫"熊来了"，4号问"是吗？"3号问2号，2号问1号"是吗？"就这样传下去。

(3) 每组最后的人听到第2次的"熊来了"时，全组队员齐声说"不得了了！快逃！"，然后全组人一起欢呼，最先欢呼的那一组便得胜。

活动二：宴会

活动目的：体验尊贵与卑微之感受；学习在人际关系中，看重自己，尊重他人。

活动时间：20分钟。

活动道具：录音机、扑克牌。

活动流程：

(1) 宴会开始时，播放轻音乐，给每一个人发放一张扑克牌，作为入场的凭证，成员拿到扑克牌后，放置于胸前显眼处，扑克牌的大小(K、Q、J 等)代表自己职位的高低与身份的尊卑，请根据自己的地位与身份，以语言、非语言的方式向周围的客人表示问候。

(2) 音乐停止的时候，请成员按照自己体验出的地位，依照地位高低排成一列，全体再把扑克牌放在胸前，报出数字大小。

(3) 处于尊贵或卑微的地位时，身心有何感受，联系生活中的人际交往，你会想起什么？

活动三：取绰号

活动目的：体验同理心。

活动时间：30分钟。

活动流程：

(1) 成员围成一个圆圈，每个人帮自己右边的同学取一个绰号，越毒辣越好，取好之后必须说"我帮××同学取绰号××"，待全部进行完毕之后，则需要将加诸于别人身上的绰号全部收回自己用。

(2) 共同讨论：帮别人取绰号时的心情；绰号收回，放在自己身上时的感觉。

心理加油站

情境一

林上亿同学又把同桌的钢笔拿去用了，也不说一声，每次都这样！

同桌 A：林上亿，你很过分呀！每次用别人东西都不先说一声，一点都不尊重别人，你真是讨厌！

同桌 B：林上亿，看到你每次都不说一声就把我的钢笔拿去用，我觉得有点不受尊重，希望你下次要用的时候能先跟我说一声。

请同学们体验一下他们中谁的话更容易被人接受？为什么？

情境二

朋友向你倾诉："期末考试成绩出来了，我考得很差。我不敢告诉父母，为了供我上学他们拼命地赚钱，已经很辛苦了。我不想让他们知道。每天早晨起来，我都鼓励自己要努力地学习，但是感觉压力很大，要找一份好工作真的很难。"你会如何回答？

A. 你要想开一点，面包会有的，只要努力肯定会有收获的

B. 你不用太悲观，大家都是一样的

C. 你应该告诉你的父母实情，他们也许能帮你，和你一起想办法

D. 你不敢把这件实情告诉父母，怕他们担心你，可是你的压力也非常大，不知道自己一个人是否扛得过去

情境三

朋友向你倾诉："我最近倒霉透了，谈了两年多的女朋友居然把我给甩了。哎，我真想一死了之！"你会如何回答？

A. 你怎么这么想，一次失恋就这个样子，也太没出息了

B. 哎，是挺倒霉的。你再想想有没有什么跟她和好的办法

C. 不用这么难过，俗话说得好，天涯何处无芳草，改天我帮你介绍个更好的

D. 我比你更倒霉呢！我都被人家甩过两次啦

E. 谈了两年多的女朋友居然和你分手了，你一下子接受不了整个事实，所以觉得活着没意思

能力检测

操作模块一：测测你的人际关系现状

下面是一组有关人际关系方面的测试题，自我测试后统计得分，根据得分可以了解自己的人际关系现状。

(1) 在人际关系中，你的信条是(　　)。

    A. 大多数人是友善的，可与之为友

    B. 人群中有一半是奸诈的，一半是善良的，你选择与善良者为友

    C. 大多数人是奸诈虚伪的，不可与之为友

(2) 最近你新交了一些朋友，这是(　　)。

    A. 因为我需要他们

    B. 因为他们喜欢你

    C. 因为你发现他们很有意思，令人感兴趣

(3) 外出旅游时，你总是(　　)。

    A. 很容易交上新朋友

    B. 喜欢一个人独处

    C. 想交朋友，但又感到很困难

(4) 你已经约定要去看望一位朋友，但因为太累而失约了。在这种情况下，你感到(　　)。

    A. 这是无所谓的，对方肯定会谅解你

    B. 有些不安，但又总是在自我安慰

    C. 你很想了解对方是否对自己有不满的情绪

(5) 你结交朋友的时间是(　　)。

    A. 数年之久

    B. 不一定，合得来的朋友能长久相处

    C. 时间不长，经常更换

(6) 一位朋友告诉你一件很有趣的个人私事(　　)。

    A. 尽量为其保密

    B. 根本没有考虑过要继续扩大宣传此事

    C. 当朋友刚一离去，随即与他人议论此事

(7) 当你遇到困难时，你是(　　)。

    A. 通常是靠朋友解决的

    B. 找自己可信赖的朋友商量此事

C. 不到万不得已决不求人

(8) 当朋友遇到困难时，你觉得(　　)。

　　A. 他们大多喜欢来找你帮忙

　　B. 只有那些与你关系密切的朋友才来找你商量

　　C. 一般都不愿意来麻烦你

(9) 你交朋友的一般途径是(　　)。

　　A. 经朋友介绍

　　B. 在各种社交场合

　　C. 必须经过相当长的时间，并且还相当困难

(10) 你认为选择朋友最重要的品质是(　　)。

　　A. 具有能吸引我的才华

　　B. 可以信赖

　　C. 对方对你感兴趣

(11) 你给人们的印象是(　　)。

　　A. 经常会引人发笑

　　B. 经常引发人们去思考

　　C. 和你相处时别人会感到舒服

(12) 在晚会上，如果有人提议让你表演或唱歌时(　　)。

　　A. 婉言拒绝

　　B. 欣然接受

　　C. 直截了当地拒绝

(13) 对于朋友的优点，你喜欢(　　)。

　　A. 诚心诚意地当面赞扬他的优点

　　B. 会诚实地对他提出批评意见

　　C. 既不奉承，也不批评

(14) 你所结交的朋友是(　　)。

　　A. 只能是那些与我的利益密切相关的人

　　B. 通常能和别人相处

　　C. 有时愿与趣味相投的人和睦相处

(15) 如果朋友们和你开玩笑或恶作剧，你总是(　　)。

　　A. 和大家一起笑

　　B. 很生气并有所表示

　　C. 有时高兴，有时生气，依自己当时的情绪和情况而定

(16) 当别人依赖你的时候，你是这样想的(　　)。

　　A. 我不在乎，但却喜欢独立于朋友之中

　　B. 这很好，我喜欢别人依赖我

　　C. 要小心点，我愿意保持冷静、清醒的态度

计分与评价方法：

题目	A	B	C	题目	A	B	C
1	3	2	1	9	2	3	1
2	1	2	3	10	3	2	1
3	3	2	1	11	2	1	3
4	1	3	2	12	2	3	1
5	3	2	1	13	3	1	2
6	2	3	1	14	1	3	2
7	1	3	3	15	3	1	2
8	3	2	1	16	2	3	1

38～48 分：人际关系很融洽，受人欢迎和爱戴。

28～37 分：人际关系很不稳定，交往范围不广，如想受人欢迎还需要积极努力。

16～27 分：人际关系很不融洽，交往范围太小，应改变以往的交往方式，如想扩大范围需做很大努力。

要求：统计所得分数；定性说明人际关系现状；并提出进一步建立和谐人际关系范围、拓展人际关系空间的具体措施。

操作模块二：同理心的表达

1. 角色表演

情境一：李群的笔记本被林立拿去，也没有说一声，李群非常生气。

苏田说：一本笔记本没有什么关系，有什么好生气的！

吴江说：你觉得生气，因为他拿了你的笔记，而他也没有跟你说一句，太过分了。

情境二：刘江水要从永康搬到杭州去了，非常伤心，因为他要离开所有的朋友。

郭子波说：江水呀，人又没有死掉，走就走吧，有什么好哭的呀。

诸葛瑗说：你很伤心，因为你要搬家了，从此后我们很难见面了。

2. 同理心的表达方法

意义：传达自己对对方的感觉，以自己的词汇与方式使对方知道自己已经了解他所表示出来的感觉与经验。

公式：从你的谈话中，我感到+对方的情绪理解。

因为……后面要接着指出构成对方感觉的经验与行为。

3. 实战演练

请同学们用同理心的知识练习生活中理解他人的话语，每位同学准备三句，然后请同学与大家分享，同学们评议。

(1) _____。

(2) _____。

(3) _____。

项目八 恋爱与性，切勿草率
——大学生恋爱和性心理健康

知识目标：熟悉爱情的心理学理论；了解恋爱对大学生成长发展的意义、大学生恋爱的特点、大学生恋爱中常见的心理效应及困扰；树立正确的性爱观。

能力目标：掌握大学生恋爱问题调试方法，培养和提高表达爱的能力、接受爱的能力、拒绝爱的能力、鉴别爱的能力、建立亲密感的能力、承受失恋痛苦的能力及保持爱情长久的能力。

【案例导入】

王刚和李梅是高中同学，后来他们在同一个城市里读大学，但并不在同一所学校，相距大概一个半小时的车程。他们在高中的时候交往并不多，关系一般。大一时，他们都认为大学谈恋爱很浪漫，看着别人出双入对，自己一个人觉得很寒碜，总想有个人陪着自己，照顾自己。一天，两人在一次同学聚会中相遇了。他们见面之后聊起了高中时候的事情，并介绍了各自在大学的一些情况，聊得很高兴，慢慢地感觉亲近了很多。聚会的气氛越来越热烈，大家都喝了很多酒，王刚很快被灌醉了。由于之前和王刚聊得很开心，所以李梅很自然地照顾起他。第二天王刚醒来，几个要好的哥们就开玩笑说"李梅照顾了你一晚上，你小子有福了，要赶紧追了"。王刚听了也很动心。从此王刚经常给李梅打电话。两个月后，两人正式地在一起，成为了男女朋友。大学生活相比中学生活很自由，有很多空闲时间，有时往往找不到事情来做，两人的交往填补了时间和精力上的空白。刚开始的时候，俩人相处得很好，一到周末就会在一起。但相处半年之后，李梅发觉王刚给自己打电话的次数少了，并且周末来找自己的次数也少了，李梅问及原因，王刚总是说学校事情多。李梅知道事情不对，与王刚同校的朋友打听，才知道最近王刚经常与本校的一位女生在一起，还很亲密的样子。李梅觉得很生气，也很难过。在一个周末没有告诉王刚的情况下，偷偷去到王刚的学校，在王刚宿舍楼下等了一个下午，见到了王刚和一位女生牵着手回来，李梅顿时觉得自己受到了欺骗，上去就给了王刚一巴掌，并提出了分手，然后愤怒地离开了。最后王刚和两位女生都分手了。

请思考：为什么他们爱得那么盲目？又是什么让他们变成了陌路？怎样才能好好体会爱情的意义和真谛？

第一节　爱情的心理学理论

一、爱情的含义

爱情是人类产生以来就一直存在的社会现象，自古以来，许多哲学家纷纷追问和回答关于爱的问题。罗杰斯(Rogers)认为"爱是深深地理解和接受"。埃里希·弗洛姆(Erich Fromm)认为"爱是我们对所爱者生命与成长的主动关切，没有这种关切就没有爱"。弗里茨·海德(Fritz Head)认为"爱是深度的喜爱"。我们认为所谓爱情，就是一对男女之间，基于一定的社会关系和共同的生活理想，在各自内心中形成的对对方最真挚的倾慕，并渴望对方成为自己终身伴侣的最强烈的感情，是两颗心灵相互向往、吸引，达到精神升华的产物，是人类特有的一种高尚的精神生活。

二、爱情形成的三要素

(一)激情

爱情是以性本能、性欲为生理基础的，没有性本能就不可能对异性感兴趣，就谈不上会发展成爱情，所以这是一个前提。性是爱情的生理基础，同时性的满足又是爱情的一种渴望。爱情以性生理发育为基础，爱情渴望有身体的亲密接触，但是有爱不一定有性，有性不代表就是爱。过于追求形式上的爱情，例如，不分场合的拥抱、接吻甚至更亲密的行为，并不说明一定有爱和彼此爱得多深。现代科学的研究表明，爱情是大脑中多种神经递质产生和传递的结果。人的性爱中心竟是大脑的中心——丘脑，在这里藏着"丘比特之箭"——多种神奇的神经递质，也称为恋爱兴奋剂，如多巴胺、苯乙胺、内啡肽、去甲肾上腺素和后叶催产素等。当神经递质随着血液流遍全身时，就会产生让人神魂颠倒的爱情。因此，当一方发现钟情的异性之后，往往会出现一种渴望在一起的激情，进而出现相应的行为。眼睛是心灵的窗户，通常情况下，当双方目光相对时，立即会出现将目光移至别处的反应，在这之后目光会随着观察对象的变化发生自然转移。若目光移至别处后，又很快回视特定对象，或目光停留于特定对象的时间过长，很可能是钟情的标志；若对方也面带笑容地出现同样的反应，预示着进一步发展关系的可能性。另外，恋人双方也会表现出一种给予的激情和奉献的激情，正如德国 19 世纪著名诗人约翰·沃尔夫冈·冯·歌德(Tohann WoHgang Von Goethe)所说，"我爱你和你无关"，恋人交往不求回报，不计得失、不考虑公平，对方的需要就是自己的义务，为了让对方快乐，心甘情愿花费时间和精力。

(二)亲密

当双方确定恋爱关系后，希望和对方单独接触，千方百计想办法见面。双方无话不

谈，甚至隐私，也可以毫无保留地向对方倾吐。他们尽可能地让对方了解自己，也希望最大限度地了解对方。两人在一起的时候，感到时间飞逝；每一次分别都依依不舍、若有所失。分别后，经常回忆两人在一起的情景，回味对方的每一句话、每一个表情，并盼望下一次的接触机会。恋人在亲密交往中表现出强烈的排他性，双方十分在意对方的言行，见到对方与其他异性往来，往往会心生嫉妒。恋人之间的亲密交往还表现在各种身体接触，如边缘性接触(牵手等)、过程性接触(抚摸、亲吻等)和核心性接触(发生性关系)。

(三)承诺

恋爱是爱的选择，婚姻是爱的确定，养育是爱的分配，终老是爱的还原，人的一生都行走在爱之间。从爱的选择到爱的确定，这其中有一种强大的信念在支撑，这种信念是一种美好的愿景，恋人双方相信他(她)是最适合自己的人。这种信念往往由承诺的方式表现。钟情者关心对方胜过关心自己，愿意为对方的幸福负责并对此作出承诺。他们经常惦念对方的一切，安危冷暖、喜怒哀乐，无不挂在心上。他们会送衣物、用品给对方，或在节日、纪念日赠送纪念品或礼品。他们在对方遇到学习或生活的困难时会全力相助。在激情驱动下，他们还会山盟海誓承诺忠于对方，始终不渝，为对方终身的幸福负责。

三、爱情与友情

人的交往常常由相识开始，相互产生好感、进行较密切的交往，之后根据交往的情况决定是否固定为爱情关系。但在密切交往前，常弄不清楚相互之间是爱还是喜欢，有可能将友情视为爱情而产生误会，因此有必要划清友情和爱情的界限。友情的支柱是"理解"，爱情则是"感情"。友情最重要的支柱是彼此的相互了解，不仅是对方的长处优点，就是短处也要充分认清。爱情除此之外更多的是对对方所有长处的认同和欣赏、仰慕，对其他特点的理解、接受和包容，贯穿其间全过程的是感情。人际关系发展如图 8-1 所示。

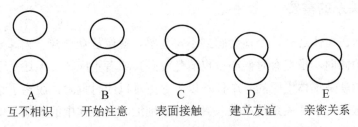

图 8-1　人际关系发展示意图

从图 8-1 中我们可以看到，友情是爱情的基础，爱情常常从友情而来。而友情和爱情之间又没有截然的界限，所以有时很难辨别异性间是不是友情和爱情。一般来说，爱情的产生也有一个发展的阶段，先是好感，然后是喜欢，最后到达爱情。好感和喜欢多停留在友情的阶段，而爱情则是到了亲密关系的层次。

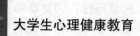

爱情和友情

爱情说：你是属于我一个人的。

友情却说：除了我，你还可以有她和他。

友谊来了，你说，请坐请坐。

爱情来了，你会拥抱着他，什么也不说。

爱情对你说：我有时是奔涌的波涛，有时是一江春水。

友谊对你说：我永远是艳阳照耀下的一江春水。

四、大学生恋爱的影响因素

(一)生理的需要

爱情与性是密不可分的，在青春期，由于性机能的迅速发育和成熟，引起青年男女心理上的重大变化，对有关性的问题，体验比较深刻。大学生正处在性生理已经成熟，但性心理尚未成熟的时期。大学生的性心理尤其是大学低年级学生的性心理，不具有深刻的社会内容，基本上还是一种由生理上的急剧变化带来的本能作用。他们往往怀着好奇心，甚至罪恶感，秘密探求性知识。他们常常在心中汇集自己童年、少年时期所经历、所见过的与性有关的现象来解释性秘密。他们对异性发生深厚的兴趣、好感和爱慕，他们会借助影视、图书等对性知识有一个明确、系统的了解。这种生理需要带来性意识的觉醒和萌动，披着一层朦胧的轻纱。随着这种心理变化，性意识逐渐成熟起来。满足性冲动的生理因素是促使大学生投入恋爱活动的重要诱因。性意识的发展有一个萌生、疏远异性、向往异性到恋爱的过程。随着性意识的发展，性欲需求会日益强烈，性意识发展过程中弥散化的性冲动集中会逐渐投射到选定的特殊对象上。出于性冲动的驱使，大学生开始脱离群体化的两性活动而单独约会，这就是恋爱发生的基础。

(二)亲密关系的需要

当人被排斥在集体之外，个体会感到不安全感。就像从众一样，大部分人做什么，个人就有跟着做的倾向，虽然有时候心里也清楚没必要或者不应该，但还是无法抗拒。人类从远古社会开始就是集体生活的，个体难以生存更难以应付危险，脱离了集体没有安全感可能就是因为这个；亲密关系是在融入集体的基础上，和集体中的其他个体有更深层的关系。人如果有了亲密伙伴或者伴侣，可以进行信息交流和分享，在彼此理解的基础上有共同爱好和目标，有一个有力的支持。建立亲密关系之后对彼此了解加深，建立互相信任，更有安全感。建立亲密关系，还意味着得到更大的认同，更能凸显自己的社会价值。处于成年早期的大学生有着强烈的爱和归属的需要，他们需要一个可相互吐露心声的亲密知己。因此，对亲密关系的追求把孤独的大学生引向恋爱是极其自然的事。

五、恋爱对大学生成长发展的意义

(一)学习建立亲密关系

心理学家爱利克·埃里克森(Erik H. Erikson)将人格发展分成各有侧重、互相连接的八个发展阶段，他认为个体在每一个发展阶段上都会面临一个确定的主题，或是说一个特定的心理危机。而每一个危机都涉及一个积极的结果和一个消极结果。所谓积极结果就是指由于特定心理危机得到恰当地解决而使这个危机所对应的发展阶段对人的人格所产生的积极的影响；同样，消极结果是指某个发展阶段对人格所产生的消极影响。

大学生处在第六个发展阶段，成年早期(18～25 岁)。在这个阶段，大学生要面对亲密对孤独的冲突。大学生在恋爱中建立真正亲密无间的关系，从而获得亲密感，否则将产生孤独感。恋爱是发生在两个人之间，一个人与另一个人建立起的一种亲密关系。这种亲密关系能否稳固、发展、走向成熟，是大学生自我成长的一个重要标志之一，也是良好心理素质的体现。学习建立发展亲密关系，是在学习如何去爱另一个人；是在学习如何和一个人长期相处，学会包容、体贴、关心、尊重，接纳失望、痛苦、不满等；是在学习保持恰当的关系距离，不会因为怕失去爱过度的依赖，或过于的疏远，享受安全感、亲密感；是在学习体会在关系中满足自身及相互的心理需要。

(二)恋爱是自我认识与成长的一个过程

大学生通过恋爱，更好地认识自己。恋人对一个人来讲是一个重要人物，重要人物对自己的看法无疑是了解自我的重要途径，并有着巨大的影响力。恋人就像一面镜子，而且还是放大镜，会照出自己的许多东西，特别是把你最不想要看到的那一面，放大千倍，拿出来给你看。因此，在恋爱过程中人们能发现更真实的自己，在这份自我觉察中从而更好地更快地成长。

第二节　大学生恋爱的特点及误区

一、大学生恋爱的特点

大学生渴求知识、追求理想，对个人和社会都有比其他人更高的要求。大学生的这一特点以及校园环境的特殊性决定了他们的恋爱与其他的恋爱相比有以下特点。

(一)恋爱普遍化

伴随着改革开放的进程和西方文化的冲击，与恢复高考和改革开放的初期相比，当代大学生的恋爱人数呈明显上升趋势。据资料统计，20 世纪 90 年代以前，大学生谈恋爱的人数不足在校学生的 1%，现在已经超过半数的大学生都已经初尝爱情滋味；恋爱行为也日益公开化，一些大学生谈恋爱，一改传统的以含蓄、朦胧、深沉为美的形式，喜欢透明化、公开化。他们常常在公众场合下，手拉手，肩并肩，成双成对出入图书馆、教室、食堂，在校园幽静之处，常常可以看见他们拥抱、接吻的身影，有的甚至出现过火的行为。爱情已经走进了不少大学生的情感生活中，也成为校园生活的一大内容。

(二)恋爱低龄化

大学生谈恋爱呈现出低龄化的趋势。一方面由于大学生学业压力较小，又是身处新的学习环境，恋爱已成了部分大学生入校后的要务之一。另一方面受高年级同学的影响，一些刚进入大学校门的大学生很快就开始进入恋爱阶段。

(三)恋爱媒介、途径多元化

随着科学技术的发展，互联网的普及，无线通信业的发达，大学生的交流、交往方式包括恋爱途径也随之改变，大学生恋爱以往以同学朋友、书信为媒，发展到现在流行的以网络为媒。大学生充分利用网络的便捷性、平等性、开放性等特点开始了一段段网络情缘，享受着"网恋"带来的时尚。网络社会的存在，为大学生提供了另外一个与现实环境不同的情感空间，他们可以在虚拟社会中大胆表达自己的情感需求，但也给大学生生活带来许多可预见的不良影响。

(四)恋爱色彩浪漫化

大学生生活在校园，正值花样年华，青春萌动，情感洋溢。他们很少考虑爱情之果——婚姻家庭的琐碎，对承担实际生活困难的能力、责任等条件则重视不足；再加上他们易受文艺作品中理想爱情的影响，去勾画自己的理想伴侣，强调对方的理想、志趣、品质、性格等精神层面和气质、容貌等外在条件，因此大学生谈恋爱富有浓厚的浪漫色彩。

(五)感情发展高速化

一些大学生恋爱，由于以前未曾品尝过爱情的滋味，不知爱情是何物，对异性充满了神秘与好奇之心，因此一开始就表现出快速发展的趋势。一进入恋爱状态，爱情就像撞击心岸的海涛，一浪高过一浪，从初识、初恋到热恋，时间很短。另一方而，还表现出情感表达的热烈度大，具有不易克制、易冲动等特点。特别是有些大学生就是为了恋爱而恋爱，只追求恋爱过程，不注重恋爱结果，缺乏长远打算。

(六)恋爱内容形式化

大学生恋爱比较重形式，一般很容易发现某个大学生在谈恋爱，因为在一起上自习、吃饭，在校园散步、看电影，所有常见或流行的恋爱方式上，都不自觉地在谈恋爱的大学生身上出现。

二、大学生恋爱的误区

(一)恋爱动机不纯

恋爱动机不纯主要表现为所谓的游戏式恋爱，即视爱情如游戏，只求个人需要的满足，对其所爱者不肯负道义责任，对恋爱对象的更换，视为轻易之事。目前，大学校园中不乏一些学生并非为了恋爱而恋爱，大学生恋爱动机多种多样。有的是为了弥补内心的空虚、孤独，有的是出于好奇心理，有的是赶潮流，有的是为了某种物质利益，还有的是为了显示所谓的个人魅力，等等。这些恋爱动机表现在恋爱行为中，往往是对爱情的不负责任。他们过多考虑的是本人的内心情感和自身的需要，而很少把真爱奉献给对方。这样的恋爱是不稳定的，最终只会引起不幸和冲突。

(二)交往对象多元

交往对象多元是指男女双方在恋爱过程中，双方或一方同时与恋爱以外的异性进行交往，并且对这些异性都具有超越一般友谊的心理倾向性，即潜在地把他们作为自己的恋爱对象加以考虑，只是暂时未公开化，这种恋爱多元特征在大学存在广泛性和长期性。它与事实上的多角恋爱不同，多角恋爱是指恋爱的一方同时爱着多个异性或同时被多个异性爱着，但是这些异性同时又被其他人爱着而产生的多角恋爱关系。多角恋爱违背了爱情的排他性，是畸形的、不道德的，也是危险的，其带来的后果严重，不但会使恋爱中的一方或多方处于痛苦和无奈之中，还会产生感情纠纷，甚至激化某两方的矛盾，导致武力相争。交往对象多元，虽然从短时间看，不会造成如多角恋那样的严重后果，但从长远来看，存在相当大的隐患，而这恰恰反映了当代大学生的恋爱心理不成熟和恋爱目的不明确的状况。

(三)恋爱认识过于浪漫

恋爱是美好的，追求浪漫是大学生恋爱的特征，大学生多以艺术作品中的爱情为模版，努力寻找理想中的浪漫之爱。有些大学生认为恋爱就是花前月下、游山玩水，认为恋爱的时候除了两个人之外，其他都不存在，对未来的现实生活的权利和义务想得很少或根本不想。

第三节 大学生恋爱中常见的心理效应及困扰

一、大学生恋爱中常见的心理效应

(一)晕轮效应

有个成语叫作"爱屋及乌"，意思是如果我们喜欢某个人，就会连同他的屋子和栖歇在屋上的乌鸦也喜欢。谁都知道，乌鸦很丑，浑身漆黑，呱呱乱叫，一直被当作不祥之物。所以乌鸦怎么会讨人喜欢呢？就是因为我们对房子的主人太喜欢了，推及到他的房子不说，还推及乌鸦身上。这其实是一种认识的偏差，这种偏差在心理学上叫作"晕轮效应"。所谓晕轮，是指太阳周围的一圈光晕，有扩大化的意思。晕轮效应就是说，人们在判断其他事物时，容易犯以偏概全的错误，即由一个优点推及所有优点，由一个缺点推及所有缺点。在生活中也经常会有这样的现象发生，例如，有时我们与一位知识渊博的人谈话，即便对方说的只是一些无聊的笑话，我们可能也会因此以为他是在含蓄地表达什么观点。有时候年轻的恋人因为喜欢对方的某个特点，就会看对方什么都顺眼，最突出的例子就是"情人眼里出西施"。为避免晕轮效应产生的弊端，我们应该养成客观看待事物的习惯。要知道事物并非完美无缺，有优点并不意味着就是完人，有缺点也不意味着一无是处。可爱的优点和讨厌的缺点，很可能在同一个人身上并存。

(二)罗密欧与朱丽叶效应

《罗密欧与朱丽叶》是莎士比亚的经典名剧之一，剧中罗密欧与朱丽叶相爱，但由于双方世仇，他们的爱情遭到了双方家族的极力反对。然而压迫并没有使他们分手，反而使他们爱得更深，直到殉情。所谓"罗密欧与朱丽叶效应"，就是当出现干扰恋爱双方爱情关系的外在力量时，恋爱双方的情感反而会加强，恋爱关系也因此更加牢固。例如，有的学生在恋爱过程中，因受到双方父母的反对，或其他不利因素的阻挠，往往会使彼此相爱的态度更加坚决、关系更加紧密，难舍难分。此类现象在心理学中就是"罗密欧与朱丽叶效应"。

(三)蔡加尼克效应

蔡加尼克效应是格式塔学派心理学家库尔特·勒温(Kurt Lewin)的学生蔡加尼克(Zeigarnik)于1927年发现的一种记忆现象。在一次实验中，他让被试者连续去做22种小的工作，其中有些工作让被试者完成，而另一些工作则令被试者中途停止，接着去做其他工作。就全部实验来说，每种工作被完成或被中止的次数完全相等；就每个被试者来说，完成的工作和被中止的工作各占一半。当每个被试者完成一次实验后，他就立刻让被试者去回忆所做过的工作名称。结果发现，绝大多数被试者首先回忆到的却是那些被中止而未完成的工作名称，对此，被试者不仅回忆得快，而且也回忆得又多又准确。这种记忆现象被称为"蔡加尼克效应"。这种心理效应的发现，可以帮助人们解释平素许多古怪的记忆现象。例如，有时把约定的日期或预定的事情写进记事本时，往往容易忘记。这是因为，在记事本上写的行动，代替了践约或预定要做的事。也就是说，写到记事本也就意味着把这件事做好了。一般来说，不用的东西，我们就容易忘掉。像考试前开夜车，考完试后就忘得一干二净，这也是大家都经历过的，这样的事情也是"蔡加尼克效应"的一种表现。这种效应被人用来解释遗忘的原因，认为"刀子不用就生锈"。因此，在记忆中这种"不使用法则"也可能是遗忘的主要原因之一。同理，初恋的人，往往是住在记忆里的人，两个人没有完成婚姻的结合，自然也就很难忘了。

(四)自卑心理

自卑，是由于自我评价偏低而引起的害羞、不安、内疚、胆怯和忧伤失望等消极的情绪体验。因其产生的消极心理作用，对于大学生恋爱心理的不良影响也较大。自卑感过强的人，在对待恋爱上，常会因怀疑自己的能力或者惧怕自尊受到伤害，而无法敞开爱的心扉；一旦恋爱中受到挫折，又往往会采取自我封闭、不再与他人交往的方式，以逃避现实。

二、大学生恋爱中常见的困扰

(一)偷吃禁果的苦涩

在青春发育期，随着第二性特征的出现和性发育的成熟，大学生男女随着自己身体悄然发生的变化，逐步产生了生理上对异性爱的渴望和性的需求，大学生性观念处于相对混乱和危险的阶段，一方面受我国传统性文化、性道德和性价值观的影响，他们表现出相对传统的一面，认为婚前性行为应该禁止；另一方面随着改革开放的逐步深入，受西方的性自由生活方式的影响日益严重，使越来越多的大学生性观念和性行为日趋自由化。据一项我国部分在校大学生"性文明"的调查，大学期间有过恋爱经历的占 70%，而其中有10.77%的大学生有过性行为，42.2%的大学生认为只要因为爱就可以发生性行为，只要双方愿意就可以进行性生活的比例是 36.5%。

婚前性行为产生的原因是多种多样的，有的人是为了满足生理上的性冲动；有的人是为了表现自己的独特性；有的人是为了反抗家人、学校和成人社会；有的人是错误地认为性行为会使爱情更稳固；有的人甚至仅仅是为了确定婚姻关系(虽然法律上不承认)等。在这些原因的驱使下，伊甸园偷尝禁果的事情在大学生的现实生活中不可避免地出现了。

目前，我国青少年未婚怀孕、流产等性失误事件呈上升和低龄化趋势。据最高人民法院相关部门提供的数据显示，从犯罪人数上看，性犯罪在青少年所犯罪行种类中位列第四，呈现出持续上升的态势。近年来，女大学生未婚先孕的事情频频发生，青少年因性无知而酿成的悲剧对青少年的身心、家庭及社会造成很大危害。2006 年 1 月 3 日，媒体报道了兰州某高校"未婚女大学生产双胞胎惨死，男友临阵脱逃"的消息，女大学生在-20℃的严冬，在没有暖气的房子生下一对双胞胎，三条性命同归黄泉，其状况惨不忍睹。事实上，婚前性行为在得到暂时的生理满足之后，空虚、厌倦、不安和自责便随之而来，有时它会破坏恋人间那种新奇朦胧的审美感受，为爱情走向毁灭埋下祸根。正如一位爱情心理学家曾经告诫的那样"热恋应该是伴随着纯洁愉快的一种期待，过早得到性的满足，使得这种优美的期待消失了，爱情也就不再有激动人心的魅力"。有关专家在分析青年男女婚前的性行为时指出"情爱和性爱有时是矛盾的，这种矛盾突出地反映在男孩子身上。男孩子在与女友交往之初，往往把性爱看得比情爱还重要。他们与之发生性关系的，不一定就是他们所爱、所追求、所向往的女性，而对他们所追求、所向往、所钟爱的女性，他们不一定会立即与之亲密，反而会更加慎重、谨慎。对此，处于恋爱期的大学生应该有所警觉。此外，婚前偷尝禁果时所产生的惶恐、不安、自责等复杂的心态，使得双方的性行为不可能达到真正的完美与和谐，反而为日后美满的婚姻生活投下阴影。

(二)单相思、失恋

世界名著《飘》的主人公郝思嘉的初恋，就是幻想式的单相思：郝思嘉爱上了希礼，可她从来没有主动地向希礼表示过，只是沉醉于自己的幻想中，主观地推断希礼的一言一行都是爱她的，等待希礼主动向她求婚，可事实上她的推断是完全错误的。单相思是指异性关系中的一方倾心于一方，却得不到对方回报的单方面的"爱情"。单相思的特点是爱慕情感的单向投注性，它仿佛是从内部烧尽了个人的精神力量，给人造成看不见的深刻伤痕，对健康有极大的损害。陷入单相思会给人带来痛苦和自卑，甚至会使人完全丧失自信。单相思的原因很多，如门不当、户不对，年龄、相貌相差悬殊，道德文化修养、个性特点不符等。大学生涉世未深、理性判断力不强，所以容易产生单相思。

在大学生中单相思有两种情况：一是明知对方不喜欢自己，仍然一味追求；二是误解了对方言行的含义，错把友谊当成了爱情。陷入单相思的人总是不自觉地琢磨对方的言语、表情、眼神，幻想及与喜爱的人在一起的种种场景。一旦从自己营造的"空中楼阁"中清醒过来，幻想被无情的现实击碎，情感得不到满足，便会陷入极度的烦恼和空虚之中。伴随着不良情绪，身体机能状态也受到影响，甚至导致疾病。受单相思困扰的人总是力图摆脱这一怪圈，但又总感到力不从心。

单相思严格说来不算是爱情挫折，因为连真正的爱情也没产生又谈何挫折呢！不过单相思给大学生带来的心理危害与失恋同样大。持续陷在单相思状态对本人的自尊心理、自我概念和性意识的发展都会产生消极的影响。

有恋爱就可能有失恋。失恋是恋爱中恋爱的一方失去另一方的爱情。它是一种痛苦的情感，容易使人处于强烈的自卑、忧郁、焦虑、悲愤甚至绝望的消极情绪状态之中，甚至失去生活的信心或勇气。因为恋爱双方都希望爱情走向成功，这是不言而喻的。然而，事情的发展往往是不以人的意志为转移的。两个人从相识、相恋、相爱到缔结良缘，要经历曲折坎坷的过程和时间的考验。恋爱是一对男女为寻求和建立爱情而相互了解和选择的过程。交往中，一旦双方或者某一方不愿再保持彼此的恋爱关系，就将意味着双方恋爱的终止。恋爱的一方失去另一方的爱情，就是通常所说的失恋。失恋可以说是人生中最为严重的心理挫折之一。处于青春期的大学生对自我比较敏感，他们对自己有一定的评价，也在意别人对自己的态度，所以恋爱似乎成为检验自我的一块试金石。恋爱常会是一种心理补偿，谈恋爱，似乎意味着有人爱自己，便自信心大增，通常会由失恋对自我产生怀疑。

如何结束一段不恰当的恋情，是需要认真对待的问题。一般来说，双方一致同意分手，处理起来容易些。但就其本质来说，仍然是一次失恋。如果只是一方决定分手，另一方苦苦追求，就会给失恋方以很大的打击，在恋爱过程中深深体会到欲爱不能、欲罢不忍的强烈内心矛盾与感情冲突。其实，世界上万事万物都处于不断地变化之中，每一位恋爱者都应做好应付失恋的思想准备。失恋会给当时人带来极大的精神痛苦，尤其是接受分手的一方，从热恋关系中断裂出来，一下子失去了与自己最亲密的人，对大多数人来说是痛苦的。失恋者经常表现为逃避现实，缩小人际交往圈，在精神生活上既折磨自己又影响旁人的情绪，有人甚至向恋人进行行为或心理上的报复。失恋的创伤有时还会带来严重的后果，如自杀、心理变态等。

第四节　大学生恋爱问题调适

　　恋爱能使一个大学生在人格、生活态度和人生观上发生变化，它可以使大学生变得坚强而成熟，也可以使大学生心灵发生扭曲。大学生情感世界里有如此之多的心理问题，那么大学生应如何面对和解决这些问题，从而保持心理健康呢？具体地说，可以从以下几个方面入手进行心理调适。

一、培养爱的能力

　　爱的能力是指和他人建立亲密关系的能力，它对人的一生发展有着重要的意义。具备了爱的能力会引导一个人真正地爱他人，也真正地爱自己，能真正体验到爱给人带来的快乐和幸福。恋爱的过程也是培养爱的能力的过程。真正的爱就像弗洛姆讲的意味着"关心、尊重、责任、认识，它是为所爱的人的成长和幸福的一种积极主动的奋斗，它根植于自身的爱的能力"。自爱是爱他人的基础，如果一个人有能力创造性地爱，那他必然也爱自己，但如果他只爱别人，那他就是没有能力爱。因此，在爱别人之前先学会爱自己是十分重要的。

二、鉴别爱的能力

　　鉴别爱是指能较好地分清什么是好感、喜欢和爱情。有鉴别爱的能力的人，充满自信也懂得尊重别人。有鉴别爱的能力的人，会自然地与别人交往，主动扩展交往的范围，珍惜友谊，会尽量体验他人的感受。过于自我孤立，对过于站在自我的角度考虑问题，往往会对他人和自我感受的认识发生偏离。

三、拒绝的能力

　　有爱的能力的人不是对爱来者不拒，或者将认为不是自己的爱情就简单地拒之千里。当然也有不少大学生在别人向自己示爱时有些优柔寡断，又怕伤害对方，又怕对方误会。当被别人所爱时，对爱作出判断接受或是谢绝，这也是一种爱的能力。爱情来不得半点勉强和将就，对不希望来到的爱情，要运用一种充满关切、尊重和机智的方式来谢绝，这是对他人的爱护，也是对自己的爱护。首先，如果你认为对方的爱不值得或不愿意接受时，要注意果断、勇敢地说"不"。其次，要掌握恰当的拒绝方式，切忌恶语相加。因为珍重每一份真挚的感情是对他人的尊重，也是一种自珍，同时是对一个人道德情操的检验。

　　拒绝爱的能力，一是表现为对他人的尊重，要感谢对方对自己的欣赏和感情；二是要态度明确，表达清楚，即和对方只能是什么样的关系，是同学还是一般朋友，或者什么都不是；三是行动与语言要一致。可能有些同学怕对方受伤害，虽然语言上拒绝了对方，但是行动上还与对方有较亲密的接触，如单独去看电影、吃饭等，使对方容易误解，认为还有机会，还纠缠在与自己的情感中。

四、表达爱的能力

当你爱上一个人时，能否用恰当的方式和语言向对方表达出来呢？表达爱需要勇气，也需要信心。你让对方知道被一个人爱着，这是一种很崇高的境界。一个人心中有了爱，理智分析后敢于、善于向被爱的人表白，这是施爱的能力。没有勇气表达爱，会陷入深深的烦恼中；虽表达了爱，却不恰当，仍然会遭受挫折。最直接的方式是谈心，其次是书信。书信可以斟酌字句，考虑周到，避免当面谈难以启齿的困难，或是被拒绝后的难堪。另外还有由他人转达的方式。一般来说，追求外向型的对象，宜采用直爽的方式直抒胸臆。对内向的人示以关怀温暖，在其心情不佳时耐心倾听，使其内心平衡与协调。对自尊心强的人，给以自尊心上的满足，抓住时机婉转表达心意。可借用一首诗、照片、书、礼卡，信，亲手做的礼物，温柔地表达出来。

表达爱之后对方的答复可能有三种结果：一是对方欣然同意；二是说要考虑考虑；三是拒绝。在第二、三种情况下，不能急躁，更不能对对方进行逼迫和威胁。爱情不可强求，果子未熟，摘下来也是酸的。要一如既往地交流，以诚相待，培养感情，增加了解。

五、接受爱的能力

当期望的爱来到身边能否勇敢接受也是爱的能力的表现。有的大学生在别人向自己示爱后，内心很高兴，但又不敢接受别人的爱，或者对爱缺乏心理准备，或者觉得自己不配，不值得爱，因此而失去发展爱的机会。但是在确定这个对象是否接受之前，有一点需要考虑清楚，即了解自己，想想自己真正要寻找什么样的人？因为家庭有三大责任，孝敬父母、养育子女，夫妻互助，所以在选择爱人的时候为父母选一个好媳妇、好女婿，为未来孩子选一个好母亲、好父亲，为自己选一个好妻子、好丈夫。

六、培养建立亲密感的能力

如果一个人内心是干枯的，没有爱可以付出，也就缺乏与他(她)人建立亲密感的基础。因此要与他人建立亲密感，第一，要学会爱自己——自爱。正如畅销书作家艾克哈特·托勒(Eckhart Tolle)所说："如果你爱自己，你就会像爱自己那样爱其他的每个人。只要你对其他人的爱不及对自己的爱，你就不会真正地爱你自己，但是如果你同样地爱所有的人，包括爱你自己，你就会爱他们像爱一个人，这个人既是上帝又是人类，这样的人就是一个爱自己，同样也爱其他所有人的伟大而正义的人。"第二，要学会包容、理解和体谅，更需要"读懂"彼此。读懂有时是一种感悟、一种兼容，当读懂介入了爱的成分，那便升华至了一种全身心的容纳与交合，是一个无言而深沉，幸福并快乐的过程。读懂有两种境况，初见的读懂，即是一见钟情，一种天缘撮合的多少年朝思暮想幻影的现身；一种是由初见的倾慕到渐入佳境的读懂。时光的流逝，不仅没有磨灭初识时的热情，却反而随

着相互地阅读，完成了从喜欢到读懂到爱慕到激情的质的跃进。另外，在男女两性交往中既要注意保持自己的独特性，又要尊重对方的独特性，不以爱的名义实施非爱的行为。第三，要了解两性差异，"男人来自金星，女人来自水星"，男女两性要提高沟通质量，需要注意男女两性不同情绪需求。男性情绪三大需要是能力被肯定、才华被欣赏、努力被感激；女性情绪三大需要是时常被关怀、需要被肯定、想法被尊重。

七、保持爱情长久的能力

保持爱情长久的能力，其实需要上面多种能力的综合。爱需要两个人真正地关心对方，走进对方的内心世界，以对方的快乐为自己的快乐。要保持爱情的常新，需要智慧、耐力、持之以恒及付出心血，同时又有自己的个性，有自己的追求与发展。学习新的东西，善于交流，欣赏对方，是爱的重要源泉。

八、提高承受失恋痛苦的能力

(一)学会自我疏导

失恋虽为人之常事，却是一生中最痛苦的心理挫折之一。不管是主动抛弃还是被抛弃，失恋会给双方的情感带来悲伤和心灵刺痛。人都有"理智的我"和"情绪的我"。在失恋的情况下，"情绪的我"往往会压倒"理智的我"，但要摆脱痛苦，则必须用"理智的我"去提醒、暗示和战胜"情绪的我"，学会自我疏导。

第一，了解分手共同性。一般来说，分手台词都有一定共同性，如"我们性格不合""为了你的幸福，你会找个更好的"，等等，男性的分手一般留有余地，不彻底；女性的分手一般比较彻底。因此，当面对分手时，没有必要对分手原因追根究底，问个明白；对有些男性在分手后的藕断丝连、犹豫不决有一定的心理准备。

第二，确立"天涯何处无芳草"的信念。请记住——"人类，人类我们爱的都是一类人"。失恋者应认识到你喜欢的异性是一类人，因此没有必要纠缠在一个人身上不放，要拿得起放得下，恋爱只是人生中的一小部分而不是全部。

第三，分手后请记得"三句话"。人生是一个过程，可惜的是不能重来，可喜的是不需要重来。失恋究竟是绊脚石还是垫脚石，都在你的一念之间。分手了就做回美好的自己，一个人的世界同样精彩 。

第四，分手后请"情感冬眠"。分手后，不要急于恋爱，不要想立马通过爱情转移的方式找到情感替代，而是要花时间好好反思"分手的根本原因是什么？我到底了解对方多少？我有什么问题，等等"，只有这样才能在失恋中成长。

(二)稳定情绪

失恋中体验到的痛苦情绪会使得内心积累很多负性能量，因此需要采用向亲人、好友或心理咨询师倾诉的方式或者写日记、书信等方式宣泄情绪，从而缓解积蓄的心理紧张和心理冲突，以便让自己尽快回归到正常生活轨道上来，将烦恼随风而逝。将恋爱的挫折化为一种动力。当一个人为了减轻心理紧张而把热情投入到事业中去时，他就会把这种紧张慢慢地释放，进而变成成就一番事业的动力。例如，歌德曾多次失恋，但每次失恋后都凭借文学来摆脱精神痛苦，终于写出了世界名著《少年维特的烦恼》。

失恋是人生中一个很大的挫折，考验的是人的耐受挫折的能力。失恋使人产生痛苦的感觉是很自然的事，每个人都会有，只是痛苦的程度有差别。失去爱会使人感到一种重要关系的丧失，一种身份的丧失，需要一定的时间去面对和适应。大学生应该正确认识失恋：失恋只是一种选择的结果；在失恋中学习，把失恋作为一种人生的财富；失恋给人再恋爱的机会。

九、摆正性爱观

大学生具有强烈的爱的需要，但是他们在认识爱情的问题上表现得很盲目，道德观念模糊，主要体现在大学生婚前性行为逐渐增多，而由此引发的各种矛盾、心理冲突和身心危害也逐渐增多。建构大学生健康的性爱观，引导其了解婚恋的社会道德规范增强责任意识，培养他们的自制力和意志力很有必要。

(一)性不等于爱

恋爱是一种社会历史现象，是男女两性间的一种社会关系，是两性之间自由发生的、专一的、真挚的情感。恋爱中的两性特别是女性有权利选择自己的性爱，但是，性的存在具有生物性、心理性、社会性等多重维度。如果一味地追求生物性的性满足，违背了所处社会的道德规范，性解放、性自由即便是一时风行甚至备受青睐，最终也会受到谴责。所以要摆正爱情的位置，树立正确的性爱观，即性是爱情的生理基础，却不是爱的保险栓，能够使爱情长久的是双方真诚的关爱、尊重、沟通、理解、欣赏和共同成长，而不仅仅是性；同样爱的最高境界不是占有，而是尊重。与对方发生性行为，也并不一定等于爱对方，因此性不等于爱，也不能保全爱。

(二)谨慎对待"第一次"

当大学生开始"爱"，面对"性"的时候，必须首先问自己，对性心理了解吗？一般来说，初尝禁果带给男女的感受是相当奇异的。有些男性是"性"致勃勃，想试一试自己"行不行"，并且想换个女性试试；多数的女性则强调"灵肉为一"的感觉。第一次性经验无论对男性还是女性来说，都是生涯中的一项里程碑，好像一扇门被打开，男女两性对许多事情的看法往往由此开始转变。因此，谨慎地对待"第一次"确实很有必要。

▦ 心理训练营

活动(一) 寻找爱情地图

目的：探索爱情地图，找寻喜欢人的类型。

材料：笔、纸。

操作：拿出一张纸，写下以下两个问题的答案，之后一起分享讨论。

(1) 你认为什么是爱情？

(2) 你会和什么样的人谈恋爱？

(3) 你们恋爱中最美好的一件事是什么？(如果还没开始恋爱就先想象)

活动(二) "戴高乐"

目的：通过表达训练，培养表达爱的能力。

材料：笔、纸。

操作：

(1) 随机两个同学互相注视对方的眼睛 30 秒，很肯定地看对方，不要躲闪，真诚地告诉对方他(她)的优点(至少 5 个优点)；

(2) 写下对方的优点(至少 5 个优点)交给对方；

(3) 分享此时的感受。

活动(三) 健康大树

目的：使成员树立一种健康和正确的性发展观。

材料：短片、图片、纸做的大树。

操作：

(1) 播放一段有关大学生性健康教育的短片，然后再展出几张大学生因不正确的性观念而产生危害的图片；

(2) 观看后让同学自由畅谈，并要求同学指出错误的地方；

(3) 发放卡片，同学通过讨论将意见写在树的每一片叶子上。

心理加油站

(一)小故事

　　一个身披盔甲的武士旅经乡间，突然在街上听到女人的哭泣，他马上精力充沛策马飞奔，奔向她的城堡，她正被一只野兽困住。勇敢的武士拔剑刺杀野兽，结果她获救了。原来她是公主。城堡之门打开了，公主的家人和全镇的人民都欢迎他，为他庆祝。他受邀住在城堡中，人民视他为英雄。后来，他和公主相爱了。

　　一个月后，武士又出去旅行，回来时，听到他的爱人公主哭泣求救，另一只野兽正袭击城堡。武士抵达时，又拔剑要刺杀野兽。在他跨出步伐前，公主从城堡里喊："别用剑，用绳子比较好。"她丢给他绳子，又好像在示范他该如何使用。他犹豫不决地听从她的指示，将绳子套上了野兽的脖子，然后用力拉。野兽死了，每个人都很高兴。庆祝晚会上，武士觉得自己并没有立下功劳，因为他用的是她的绳子，而不是自己的剑，他觉得承受不起全镇人民的信任和赞美，他也觉得沮丧而忘了擦亮自己的盔甲。

一个月后，他又去旅行，随手带着剑，公主叮咛他多保重，并把绳子交给他。他回来时，又看到一只野兽攻击城堡，他马上拔剑往前冲，心里却想着，也许可以用绳子，正在犹豫时，野兽向他吐火，烧伤他的右臂，他困扰地望向窗口，公主站在窗前向他挥手。她大叫："绳子没用了，用这包毒药。"她把毒药丢给他。他把毒药倒入野兽的嘴里，野兽立刻死掉。人人欣喜庆祝，但武士却引以为耻。

一个月后，他又去旅行。随身带着他的剑，公主叮咛他凡事小心，并要他带着绳套与毒药。她的建议使他困扰，但还是把绳套和毒药放在行囊里。在旅行的某条街上，他听到另一个女人的哭泣，他冲去解救她时，心中的沮丧已完全消除，他重新充满了自信与活力。但在拔剑刺杀野兽时又犹豫起来，他不知道该用剑？用绳套？还是用毒药？公主会建议他用什么？他困惑了好一会儿，随即他回忆起尚未遇见公主前，身上只带着剑的情形，他重新建立自信，以他信任的剑来对付野兽，最后他胜利了。于是，身披闪亮盔甲的武士再也没有回到公主身边，他留在这个城市过着快乐的日子。后来他结婚了，但在结婚之前，他确信他的伴侣不知道关于绳套和毒药的事。

思考：读完这个故事，您有什么感受？为什么武士会离开公主？你认为爱情中男女相处最重要的是什么？

(二)一封来自 80 后的书信

老师：

您好！人们说结婚一年是纸婚，一撕就破，难道真是这样吗？我本来不相信，现在可有一点信了，为什么这样说呢？请看，我和强强婚前婚后的八大不同：

(1) 婚前，我们是大学同班同学，他能每天给我写一封情书，情真意切，总能让我心花怒放。婚后，却一封情书都没有，哪怕他出差，离开家了，也不给我写。

(2) 婚前，我喜欢吃啥，他就喜欢吃啥，胃口总是随我。婚后，他不这样了，我不喜欢吃辣的，他偏要吃，还非依到他不可。

(3) 婚前，我要他陪我逛街，他次次高兴地陪我，且出手大方，我想买什么，他就买什么，真正的大男子气。婚后，他很少陪我上街，我拉他去，他十分勉强，且变小气了，我有时想买好一点的化妆品，他舍不得，说太贵。

(4) 婚前，在学校，他还帮我洗衣服，不让他洗，他还非洗不可。婚后，他从没给我洗过一件衣服。而他的衣服，自己不洗，却要我洗，说这是做妻子的责任。

(5) 婚前，我要看什么电影，他就跟着我看。婚后，我们看电影，非要依着他选的片子，否则他不陪我，真气煞人。

(6) 婚前，他经常在我生日或情人节送礼物给我。婚后，他好像把这忘了，我没收到他一件礼物。

(7) 婚前，他经常陪着我，经常寸步不离。婚后，他很少陪我，却与他的狐朋狗友到外面玩；下班后回家很晚，有时干脆不回。打电话问他，他不是说加班，就是说有应酬。

(8) 婚前，他经常陪我看望我父母，到我家做家务事也殷勤。婚后，这一切似乎免了，我约他回娘家，他总是推三拖四，不愿意。

为此，我真想不开。早知这样，真不该嫁给他。如今，生米已煮成熟饭，怎么办？提出离婚吗？我还爱着他，不离，又受不了，真烦。请给我指点迷津，早给我回信，谢谢！

敬祝一切顺利！

×　×

2017.3.1

思考： 读完这封信，您认为恋爱和婚姻有差别吗？它们的差别是什么？如何才能让恋爱的甜蜜延伸到今后婚姻的幸福？

(三)男女不同的感情需求

她需要关心，他需要信任

她需要了解，他需要接受

她需要尊重，他需要感激

她需要专注，他需要赞美

她需要认同，他需要肯定

她需要安慰，他需要鼓励

能力检测

(一)爱情测试

朋友，到底什么是爱情，你是怎么看待恋爱的呢？请在符合你的项目后面打"√"。

(1) 我爱他/她，他/她就应该爱我	符合	不符合
(2) 只要能和对方在一起，我可以抛弃一切	符合	不符合
(3) 我特别想找个异性安抚我	符合	不符合
(4) 只求曾经拥有，不求天长地久	符合	不符合
(5) 爱情是生活的全部	符合	不符合
(6) 不谈恋爱说明自己没有魅力	符合	不符合
(7) 人生就是追求快乐，谁给我快乐，我就和谁谈恋爱	符合	不符合
(8) 恋爱对象多多益善	符合	不符合
(9) 恋爱是你情我愿的，不需要负什么责任	符合	不符合
(10) 爱一个人，就要想办法改掉他/她身上的缺点	符合	不符合
(11) 对有些人来说，同性恋是正常的	符合	不符合
(12) 摆脱失恋痛苦的最好办法，是尽快找到另一个恋爱对象	符合	不符合
(13) 有了男(女)朋友，也可以和别的人私密幽会	符合	不符合

评分与评价： 选"符合"得 1 分，选"不符合"得 0 分，将得分相加，你的总分是

_____。得分越高，对爱和恋爱的认识越偏激。如果你的得分高于 10，你对爱情、恋爱的看法可能会影响你的恋爱关系，需要好好反思。

(二)是爱情或友谊测试

下面的测试可以了解你们之间到底是友谊还是爱情。

测试 1： 下面有 13 个句子，在符合你的句子番号前打"√"，你打"√"的句子共＿＿个。

(1) 当我和他在一起时，我发觉好像两人都有相同的心情。

(2) 我认为他非常好。

(3) 我愿意推荐他去做让人尊敬的事。

(4) 以我看来，他特别成熟。

(5) 我对他有高度的信心。

(6) 我觉得什么人和他相处，大部分都会有很好的印象。

(7) 我觉得和他很相似。

(8) 我愿意在班上或团体，做什么事都投他一票。

(9) 我觉得他是许多人中，容易让别人尊敬的一个。

(10) 我认为他是十二万分聪明的。

(11) 我觉得他是所有认识人中，非常讨人喜欢的。

(12) 他是我很想学的那种人。

(13) 我觉得他非常容易赢得别人好感。

测试 2： 下面这 13 个句子，打"√"的共＿＿＿个。

(1) 他觉得情绪很低落的时候，我觉得很重要的职责就是使他快乐起来。

(2) 在所有的事件上，我都可以信赖他。

(3) 我觉得要忽略他的过失是一件容易的事情。

(4) 我愿意为他做所有的事。

(5) 对他我有一种想占为己有的想法。

(6) 若我不能和他在一起，我会觉得非常不幸。

(7) 假使我孤寂，首先想到的就是要去找他。

(8) 在世界上也许我关心很多事，但最重要的事就是他幸福不幸福。

(9) 他不管做什么，我都愿意宽恕他。

(10) 我觉得他的幸福是我的责任。

(11) 当我和他在一起时，我发现自己什么事都不想做，只是用眼睛看着他。

(12) 若我也能让他百分之百地信赖，我觉得十分快乐。

(13) 没有他，我觉得难以生活下去。

测试 1 和测试 2 中符合你的情况的句子分别是多少？如果测试 1 中符合你的句子多于测试 2，那么你对对方喜欢的成分多于爱，你们之间是友谊而非爱情。反之则是爱情而非友谊。

项目九　虚拟之网，由我羁络
——大学生网络心理辅导

知识目标： 熟悉大学生网络心理的特点及表现；了解网络对大学生行为的影响，网络与大学生心理健康的关系；熟悉网络心理障碍的特征和种类。

能力目标： 了解网络成瘾的现状，学会建构自身的良好网络心理。

【案例导入】

武汉一大学生为戒网瘾 骑行两个月达西藏

新华网湖北频道 6 月 27 日电(李欣 陆慧)　曾经的网瘾少年，因为爱上了骑行，决定毕业圆梦西藏。武汉商贸职业学院大三毕业生李泽俊于 4 月 22 日出发，走 318 国道历时两个月，6 月 26 日到达西藏，行程 2300 多公里。

来自仙桃的李泽军，在大一时，除了上课，几乎会把全部时间用来打游戏，每天都很消沉。直到 2012 年 9 月份看了一个关于大学生骑车去拉萨旅行的纪录片，从那时开始就决定兼职攒钱买自行车。

随后在父母支持下，李泽军利用课余时间开始从学校出发骑行慢慢锻炼自己的耐力，在 2013 年 1 月份骑去了孝感、咸宁，骑完武汉全境等地；2 月份从汉口出发到宜昌，途经仙桃再花 3 天时间骑到荆州最后骑到附近的京山游玩；3 月份从恩施骑车回校，从学校到鄂州、九江、苏州；4 月份清明节去了麻城。4 个月时间，长途旅行 12 个地区，共骑行6700 公里。

李泽军回忆，去西藏以前自己骑得最远的就是从学校到上海，"每天骑 150 公里，只骑了 9 天，共骑行 1200 多公里，一般只要知道哪里有美丽的风景，我就会带着相机骑行过去"。

2013 年 4 月就决定毕业要圆梦的他，2014 年在同学的送别下，穿着背心、背着包、带着睡袋和少量的钱的李泽军在 4 月 22 日踏上了圆梦之旅，从学校出发先到达成都，休整 3 天前往西藏，"路上除了欣赏风景以外，我最喜欢的就是看到带有当地特色的饰品就会寄回去给同学，或是发照片心情报平安。"

"世界高城理塘、哑牦大草原、巴塘—温泉山庄……每到达一个地方我就会了解一下地方的风土人情，同时还会路线图记录天气、行程和路上的风景及困难。"李泽军兴奋表示。

面对骑行路上出现的一系列困难，高地的骑行难、高原反应等，李泽军也坦言："骑行之前就知道路程不简单，还好一路上有苏州的几个驴友陪着，同时也有一些老骑行者的指导，加上自己长期锻炼的体力，才可以勉强适应。"

(新华网湖北频道 2014 年 6 月 27 日)

请思考：是什么支撑网瘾大学生骑行西藏？在路途中他为什么能将网络抛之脑后，而在日常生活中一天不上网却觉得难受？

【心理讲堂】

第一节　网络心理与大学生网络心理

一、网络与网络心理

网络，即"互联网"是指"全球最大的、开放的、由众多网络相互连接而成的计算机网络。

网络既是工具，也是信息载体，其主要功能是：以文字、声音、图像、视频等多种形式向人们传递信息。与其他传媒相比，网络具有开放性、虚拟性、自由性、平等性和创新性等独特特征，对人类的日常生活和心理变化产生巨大影响。

随着信息技术时代的飞速发展，网络与人们的现实生活之间的关系越来越密切。伴随着网络的产生与发展，网络心理也相应产生，并不断发展。网络既是一种客观物质现实，也是信息传播的载体，而人的心理是人脑对外界客观现实的能动反映，因而个体的心理发展必然与网络发展存在密切联系。随着网络世界对人类日常生产、生活的影响，个体对客观世界的人时也会逐步发生改变，从而形成新的思维方式、行事风格和生活习惯等。

个体的现实生活与网络世界的互动日趋频繁，彼此交织，网络心理便应运而生。网络心理即是指在虚拟的网络世界中，人的心理过程及其由此而形成的个性心理特征的总和。

二、大学生网络心理的特点

受到大学生心理发展的身心特点以及外界环境的影响，他们的网络心理往往表现出以下几个特点。

(1) 认知性心理。大学生对网络的使用往往更注重与学习、知识目标等相关的信息技术与知识。

(2) 娱乐性心理。网络游戏、音乐、电影、视频、聊天和阅读小说等，都是大学生重要的娱乐方式，也是网络使用中的主要部分。

(3) 表现性心理。大学生有很强的自尊心，但由于能力、性格、相貌等方面的条件限制，便可以充分利用网络的匿名性的保护，在虚拟世界中扮演多种不同角色，更敢于表达自己的真实想法，而无须担心现实社会中的竞争与评价。

(4) 情感性心理。很多大学生上网时都具有强烈的情感表达需求，利用网络平台交友甚至网恋，已满足自己在现实中的孤独、寂寞的情感需求。

也有研究表明，大学生网络心理表现出"六强六弱"的特征：自由度增强，约束力减弱；游戏心态增强，道德意识减弱；盲目性增强，目的性减弱；个性化增强，群体性减弱；独立性增强，依赖性减弱；创新性增强，保守性减弱。

第二节 大学生几种层面网络心理的突出问题

一、大学生认知层面的网络心理:认知冲突与思维障碍

个体心理的认知层面涉及感知觉、注意、记忆、想象、思维和问题解决等方面。大学生群体正处知识积累的黄金期,记忆力好,精力充沛,注意力集中,思维活跃,富于想象,逻辑思维能力成熟,对新事物有很强的接受能力,同时对新事物的是非善恶分辨能力不足,易受外界信息的影响。网络极大扩展了大学生的信息来源渠道,开阔了视野,扩大了知识量,促进了创新意识和全球化意识的提高,为其综合素质的提高提供新的机遇。与此同时,网络也对大学生的认知心理产生了诸多不利的影响。

第一,感知觉能力降低,认知麻痹,产生厌学心理。长时间的网络接触降低了大学生的感知觉能力,"入芝兰之室,久而不闻其香",过度的网络接触,使大学生对网络的适应性降低,造成认知麻痹,非常容易错估时间甚至丧失时间感。美国心理学家金伯利·杨(Kimberly S. Young)的调查研究发现,97%以上的个体在网络中的实际停留时间比原计划的时间要长,本研究的问卷调查结果也为其研究结论提供了相似的佐证。由于沉迷网络,很多学生成绩直线下降,开始无心学习,不愿意学习,害怕学习,甚至产生厌学心理。

第二,信息消化不良,思维钝化。网络平台上的信息内容丰富,形式多样,数量无限且更新异常迅速。大学生成为信息的被动接收者,对接踵而至的各类信息往往缺少分辨,很难消化。当接收信息量过大时,出现信息过载,容易造成思维紊乱,产生心理压力。而且没有被消化的信息还会干扰正常思维活动的进行,影响大学生的思维广度和深度,导致思维能力降低,反应迟钝,而且解决问题时容易对网络信息技术产生依赖。

第三,空间感知觉受限,"黑洞心理"体验。网络空间具有虚拟性,与现实空间不同,个体在其中的感知觉范围有限,虽然多媒体技术的发展使网络世界的视听体验更接近现实,但更多的感觉体验来自于个体对另一方表情动作等的想象,从而使个体对他人的印象等有更大的片面性、空想性甚至欺骗性。另外,在某些特定情境下(如网络突然中断),个体无法从网络世界中获得任何信息,此时内心就很容易产生愤怒、忧郁、不知所措的情绪,即产生网络世界的"黑洞心理"体验。

第四,网络依赖,接触媒体种类减少。个体的注意涉及集中性和指向性两个方面,注意力水平既受到个人兴趣爱好的影响,也受到知觉对象特点和外界环境的影响。由于网络信息集文字、声音、图片和视频等于一身,学生长时间在网络世界中遨游,吸纳各种信息,对报纸、广播、书刊等传统媒体的关注度逐渐减少,甚至直接忽略。由此产生的后果是大学生的注意过度集中于网络世界,而对其他事物的选择性注意则减少太多,导致其现实生活中的注意力很难集中。

鲁新上的这所大学是很多人向往的重点高校。他发现自己进入学校后,身边都是很厉害的人,不是省状元就是市状元,而且都摆出谁都不服谁的样子。选课开始了,除了必修课以外,每个人都开始选自己喜欢的选修课。一个班的同学通常只有在必修课的时候才会

碰面，平时都各干各的。班主任也很少出现。原来大学生活是这样的自由，鲁新突然有一种飞出笼子的感觉。校园里有很多社团招新的活动，鲁新对于这些都没有太大的兴趣。宿舍成了他主要的活动区域，他最喜欢的就是和4个室友一起联网打游戏。

鲁新听说网吧的计算机很适合玩游戏，他和室友就开始尝试到外面去上网。网吧的计算机的确很不错，速度特别快，而且那里可以和周围人一起打，特别来劲儿。当时在那个网吧里有两种游戏玩的人最多，一种是反恐精英，一种是魔兽。鲁新的室友加入了反恐精英那一拨，他玩的是魔兽。很快，他和几个室友的联络就少了，而和他的那帮魔兽死党开始紧锣密鼓地准备着他们的战役。

他开始完全不在乎学校的事情，刚开始还找同学帮忙签到，后来同学不见他的人影，也就不知道他去没去上课，不再帮他签到。而他的逃课记录也在本子上越来越多。幸好，考试前同屋的人提醒了他，要不然，他连考试都可能错过。

鲁新这样形容玩儿游戏时的感觉："玩儿过的人都知道。在网上你可以经历一种完全不同于自己本来的生活，而且有很多种生活方式供你选择，可以更加自由地和别人聊天，可以在网上结婚生子，可以在那里打猎为生，也可以当任何一个国家的国王和元首，你也可以当男的，也可以当女的，太多太多现实当中不敢想象的东西，在那里就可以实现，不需要任何代价，只要你付点网费就足够。

"……在游戏里，你可以充当各种角色，特别是和很多人一起打的时候，你可以和敌人斗智斗勇。你说大家都在打，谁愿意就这样轻松地把战场交给对手啊！你要知道，大家都在打，有时候我们不只是斗智斗勇，还要看谁的体力好，能够坚持下来。"

但是成绩却背叛了他的网络狂欢。大二刚开学，学校就发了一张休学通知书给他父母。

点评： 虚拟的网络生活和游戏带来的是精神层面的刺激，现实的生活仍要继续，而现实的生活才是每个人最重要的部分。

二、大学生情绪情感层面的网络心理：孤独焦虑，情感冷漠

随着大学生自我意识的不断发展和心理需求的不断增加，他们的情绪日益丰富，情感体验更加强烈，具有冲动型和爆发性。大学生有较强的敏感性，且具有理想性的特点，经常会出现不现实的情绪情感体验。由于网络的虚拟性、匿名性和开放性等特点，大学生在其中可以获得极大的情感满足，随心所欲地表达自己的情绪情感。而回到现实生活中，又会受到种种现实的制约，因而产生情绪体验的冲突与矛盾，久而久之，他们在现实中不愿意表达自我，也不愿意与他人交流或者接纳他人，导致大学生活的麻木和迷失。

第一，网络孤独症。受到个人认知资源的限制，当一个人过分专注于某一件事物后，必然不同程度地降低对其他事物的关注度。利用网络社交消除心理孤独感本是大学生利用网络的初衷之一，然而事实表明，网络往往无助于缓解孤独感，甚至会有反作用。网络中的交际网络形成迅速，解除也更快，个体不断处于"网络漂泊"状态。离开网络时，往往更加空虚寂寞，产生无助感。长此以往，则不愿与人交际，出现紧张、冷漠、孤僻等失调现象，甚至导致抑郁、自闭等。

　　第二，网络焦虑症和情感冷漠症。受到网络自身特点的影响，人们在网络中很难准确表达自己的情感，缺少良好的情感疏通，加上网络中接踵而至的各类文字、图片和影像的刺激，大学生心里始终处于紧张状态，适应压力不断增大，产生焦虑情绪，而焦虑又会进一步增加压力体验，产生恶性循环，不断强化，产生"网络焦虑症"。离开网络后，个体疲惫的心理才得以放松，对外界环境刺激不愿作出反应，对外界事物失去兴趣，对同学朋友冷淡，缺少相应的情感反应，表情呆滞，反应迟钝，严重时对周围世界均漠不关心，异常冷漠。

三、大学生意志层面的网络心理：自由盲目，无目的性

　　首先，自由度增强，约束力减弱。由于网络的虚拟性、匿名性等特点，传统的礼仪、道德、法律、舆论、习俗等对大学生行为的约束力明显减弱。他们使用虚拟的身份，戴着面具出现，自由地从事各种虚拟性行为，从而导致自由性增强，约束力减弱。回到现实世界中，不能很好地转变身份角色，仍渴望自由自在无拘无束地生活，不愿受到学校规章制度的限制，经常出现迟到、早退、逃课的情况。少数大学生甚至违反法律法规，从事非法活动，走上违法犯罪的道路。

　　其次，盲目性增强，目的性减弱。目的性、计划性是个体意志品质的直接反映。大学生上网积极性很高，但往往缺乏目的性，仅仅为上网而上网，与自己的成长与发展没有太多联系。网络信息能给自己带来什么，上网的目的究竟是什么，很多大学生并不能给出答案。而且由于网络信息量非常大，良莠不齐，接踵而至，大学生很难进行有效选择。另外，由于大学生自身自我控制能力较差，有较强的游戏心态，上网往往属于自发行为，缺少目的性和计划性。

四、大学生人格层面的网络心理：人格异化，自我弱化；角色混乱，道德失范

　　人格是个体在长期的认识世界、改造世界的生活实践过程中逐步形成的，既受到外界环境的影响和制约，同时也是个体发挥其主观能动性的结果，反映了个体的整体状况。人格的定义众多，至今没有统一的概念，在心理学中，我们一般认为人格即是指人们在社会生活中赖以生存的一套稳定的心理行为方式，是人们面对外界环境时可望达到协调一致的一套适应和防御机制，是一种文化心理结构，是个体在生活中所表现出来的整体状态，既包含内在的精神状态，也包含外在的行为表现，是个体心理和行为的总和。它包含了个体的需要因素、思想道德因素、智能因素和人格心理、生理因素等多个方面的内容。大学生是一个特殊的青年群体，其人格特征既有共性又有其自身的特点。他们的自我意识明显增强，而社会责任感等则相对减弱；集体意识相对淡化，行为选择更加多样化，多种不同的思想行为理念均持宽容、理解的态度；情感表达上注重内心体验和个人感受，相对缺乏客观理智的思考和选择；存在着理想与现实，自我与他人、集体、社会之间的利益冲突和矛盾。网络大大增强了追求个性化时代的大学生们的自我意识，使他们的自主性、独立性、

支配性、民主性和平等意识得到增强，但超过一定程度后，又会使自我意识过度膨胀，集体意识淡薄。再加上网络的虚拟、匿名性特点，大学生在网络世界中往往随心所欲，为所欲为，这一方面会帮助大学生宣泄在现实中遇到的种种不快和郁闷情绪，另一方面也会导致"去个性化"行为，表现出一些违背道德、社会规范的不良行为。

1. 人格异化

人格异化，即人格特征长时间偏离常态的现象。双重或多重人格是网络环境最主要的人格异化现象，即个体在网络环境下的人格表现与现实生活中的表现存在着巨大差异，甚至判若两人。长期沉迷于网络中的大学生，人格受网络环境影响，很容易形成自恋型、偏执型或边缘型等多重人格，并将直接导致社交恐惧、逃避现实、自我否定等心理偏差，影响大学生心理健康发展，严重时还会形成焦虑、失眠、抑郁等神经症，甚至导致自伤、自杀等极端行为。

2. 角色混乱

根据著名心理学家埃里克森认知发展阶段理论，青年期个体正处于人格的自我同一性形成的关键时期，此阶段的主要任务即确认自我是我本身而非其他，包括持续性和自我的同一性两个方面。与现实生活中的直接交往不同，网络世界是以文字、声音、图像等为载体非直接交往，各种信息都是经过包装美化的，具有明显的角色虚拟化特点。沉溺于网络中的大学生往往很难实现现实与虚拟世界之间的角色装换，从而产生角色混乱，行为失调。同时使大学生淡漠了自己在现实社会中的社会角色，忽略了自己的社会责任和义务，丧失了乐观向上、积极进取和勇于承担社会责任的健康人生态度。在网络世界里，贬损他人、自我膨胀、偏激等不良行为遍布网络。长时间沉溺网络，不但没能有效宣泄内心的不良情绪，反而容易形成各种不良的人格障碍，甚至人格畸变。

3. 道德失范

人格的核心成分是道德品质，它是人们评价是非善恶的准则，是协调个体间互相关系的行为规范，包括道德情感、道德意志、道德规范和道德行为。大学生们在现实社会生活和社会实践活动中塑造了良好的道德品质，能按照道德规范的要求严格约束自己，具有较高的道德责任感。但在网络世界里，由于网络的虚拟性、匿名性、平等性等特点，个体一些必要的道德品质特征被弱化，伦理道德的约束力比现实要小很多。现实生活中人们往往迫于道德压力，不敢作出违反常理的行为，但进入到互相并不认识的虚拟化网络世界中时，舆论压力、他人评价等都不再起作用，道德的基础被瓦解。而且，网络的无边界性使全世界不同地域不同文化的信息、观念、意识形态等相互交织，彼此碰撞，很容易造成大学生陷入迷茫的境地，导致自身价值观的冲突和迷失。同时，不恰当的网络交往和网络中充斥的大量垃圾信息也容易使大学生们道德沦丧失陷、情感淡漠、走向极端。网络空间的自由自在使传统的社会道德习俗毫无监控力度，大学生们往往容易进入到"超自由"的境地，又因其好奇心强烈，容易冲动，易受影响等特点而出现的说谎、欺骗、谩骂甚至恶意攻击等道德失范问题日益凸显，大学生们不为自己行为负责的游戏心态越来越重，当这种

不良心态起一道现实生活中时，必然影响其正常的学习生活，甚至使其身心健康发展受到威胁。

4. 网络生理自我弱化，网络社会自我发展

自我意识包括生理、心理和社会三个层面，而生理自我主要涉及自身的生物学表征，如身高、体重、外貌等，个体对自身生理自我的满意度对其身心健康有重要影响。但在网络世界中，生理层面的自我意识几乎被完全弱化。"不以貌取人"的网络世界为那些因外貌不佳而自卑的人提供了广阔的平台，打字速度、幽默感和文字表达能力成了他们社交的有力武器。但是，生理自我的弱化往往使人的承受能力降低，更加不愿面对现实中的自己，不愿进行社会交往，把网络当成逃避社交的避风港，从而导致在现实社会中的孤独感日益严重。

美国的一项调查表明，每周上网 1 小时，会有 40%的人孤独程度增加 20%。我国的相关调查也显示，在上网的青少年中，有 20%的青少年有情绪低落和孤独感，12%的青少年与家人、朋友疏远。

调查中，75.0%的受访者表示周边存在"网络孤独症"的青年多，其中 22.9%的人表示"非常多"。34.4%的人坦言自己就有"网络孤独症"。60.9%的人表示，网络让日常生活中的亲情、友情、爱情都变淡了。39.4%的人认为上网对自己与家人朋友的关系影响很大。另外，83.2%的人坦言网络改变了自己和周边人的性格。具体而言，63.6%的人认为过度上网使人"变得内向"；57.3%的人觉得整天泡在网上让人"更孤独"；46.2%的人选择"缺乏创造性"；41.5%的人选择"变得被动"，34.8%的人指出网络会让人"情绪低落"。

个体从出生以后，自我意识就不断发展，在社会生活中需要不断地进行角色扮演，社会自我也不断获得发展。但受到社会现实的约束，人们往往不能够随心所欲地扮演自己期望的角色，而网络却为人们提供了这样的机会。由于网络世界的虚拟性和匿名性，个体的角色扮演具有更大的随意性。一个现实中不苟言笑、十分内向的人在网络世界中却可能交往广泛，异常活跃，从而使其社会自我得到良好发展。但是，由于网络中社会角色的虚拟性，人们喜欢扮演"理想型自我"，这与现实社会中的现实自我往往存在着矛盾和冲突，从而出现双重甚至多重人格。过多的理想型自我的角色扮演还会使自己更加"自我中心化"，不利于正确的自我评价和健康人格的形成。另外，性别角色错位是网络世界中非常常见的行为。而在网络中较长时间的"变性"行为，往往会对现实中的社会生活产生影响，不利于性别角色认同的正常发展。

大学生网络自我暴露也是一种比较重要的网络心理现象。自我暴露，又称自我揭露、自我表露，是指个体有意识地自愿告知他人关于自己和他人通过其他途径很难获得的准确信息。现实社会中，人们很少进行自我暴露，即使对很熟悉的人。而由于网络的匿名性特点，个体为了更好地自我展示或者欲使对方对自己有更清楚的认识，与现实社会中相比，个体的自我暴露频率更高，内容范围更广泛，程度更深，随意性也更大。适当地网络自我暴露可以使个体更好地了解自己，提升自我的人际吸引力。但是，大学生的网络自我暴露时常把握不好尺度，过快过早地自我暴露不仅不能吸引对方，还可能适得其反，影响他人

的信任。而且过多地自我暴露还会使自己形成以自我为中心的性格，过于开放热情，不利于健康人格的培养。

五、大学生人际交往层面的网络心理：封闭疏远，虚幻网恋

　　网络人际交往即人们利用网络平台相互作用，传递信息，建立情感联系。与传统的人际交往不同，网络人际交往主要以文字传输为主，相对缺乏口头言语和体态语言的沟通，具有匿名性、随机性、广泛性、多重性、及时性、低成本性和平等性等特点。大学生长时间沉浸在网络交往世界中，会导致与现实世界中的人际关系疏远、淡漠，对身边人和事的处理武断、敷衍，容易产生孤僻、痛苦、压抑、丧失自信、抑郁苦闷等情绪。除此之外，由于网络信息中常有虚假信息和不道德的网络交往行为，往往导致难以形成安全可靠的人际关系，产生多疑、防范和恐惧的心理，甚至导致变态心理的形成。

　　(1) 人际关系受阻，自我封闭。与现实中的人际交往相比，大学生的网络人际交往使他们失去了很多与人直接接触的机会，忽视了人际间的情感需要，加剧了自我封闭，使人孤立、非社会化，造成人际关系淡漠，缺乏信任感，导致人性的异化。大学生正常的交往关系被网络剥夺，正常的心理健康发展受阻，难以适应复杂的社会生活。

　　(2) 人际情感缺损和疏远。人际情感需要人与人的社会交往来维持，而大学生受其心理发展阶段性特点的影响，他们正处于情感体验高峰期，情感体验程度相对强烈，而且波动起伏较大，一旦沉溺网络不能自拔，他们的社会情感体验的渠道就会受到阻碍，甚至直接阻断，进而变成了冷漠的"交往机器"，造成情感迷失。对社会现实中的人际生活漠不关心，长久之后，必然导致情感的冷漠与匮乏，产生各种焦虑。

　　(3) "网恋"现象。大学生的网恋一般有超越型的虚幻网恋、超脱型的浪漫网恋、游戏型的欺骗网恋、实用型的现实网恋和精神型的柏拉图式网恋等类型。大学生中也不乏两人以网络为媒，由虚幻走入现实，最终步入婚姻殿堂的实例，但更多的却是没有结果的悲剧。网络恋爱中有专一型，更有脚踏多条船的"贾宝玉"型，陷入爱情中的另一半必然受到伤害。另外，大学生多为未婚者，但网恋中的另一半很多时候却是已婚者，他们不顾道德约束，寻求刺激，追求快感，欺骗大学生的感情，使他们上当受骗。大学生涉世未深，而且容易一时冲动，一失足成千古恨，使身心受到伤害，甚至被迫退学，抱憾终身。

　　女大学生李某，长相漂亮，有许多网友，大家都聊得很好。渐渐地，她发现和其中一个男生特别投机。一次不太在意的见面，却让女孩更加心仪，因为她发现男孩比想象中好很多，从此网恋就变成了现实中的恋爱。长时间地相处，让女孩发现男孩有许多像她这样从网上骗来的女朋友。男孩一直在欺骗她，这就如晴天霹雳，李某心里接受不了这样的事实，没有心思做任何事，甚至要割腕自杀。

　　点评：虚拟的网络让人无法真实地知道聊天对象的真实情况，加大了恋爱风险。

第三节　大学生网络成瘾的现状

一、网络成瘾的现状

网络成瘾是指在没有成瘾物质作用下的上网行为失控，主要表现为由于对互联网过度依赖而导致个体明显的社会、心理功能损害。我国网民以大学生学生为主，据调查我国大学生上网率达 90%以上。其中，绝大部分学生能够正确处理上网与学习、生活的关系，但是也有大约 17%的学生因为网络成瘾问题对自身的学习及健康产生不良影响。还有一些大学生为了实现达到上网的目的，进行欺骗、盗窃甚至伤害他人的行为，近年来频频出现因长时间上网而患上精神病、伤害亲人、迷恋网络与家长产生矛盾而自杀等事件。可见，网络成瘾严重影响着大学生的身心健康，已经成为严重的社会问题，需要引起广泛的关注。

网络成瘾者常常患有强迫上网的渴望，在日常生活中脑海里常常反复出现网络上的内容，因为沉迷于网络而忽略现实生活的存在；人际关系冷漠，交际范同小，常有孤独和忧伤的情绪；严重者造成饮食和睡眠方面的障碍，思维缓慢、精神不振，时间长了就会引起植物性神经紊乱、神经衰弱、焦虑症和抑郁症等神经系统疾病，还有可能诱发心血管疾病、胃肠神经官能症和紧张性头痛等疾病，甚至会诱发猝死。

> 上课、吃饭、上网、睡觉这四个简单的动作构成了大三学生陆浩(化名)一成不变的大学生活。无论课程多少，在网上泡上四五个钟头是他每日的"必修课"。
>
> 和老朋友诉诉苦，与新朋友调侃几句，再往本校的贴吧中灌点水……实在无聊了，就与网友联机打游戏，时间过得不知要比课堂快多少倍。日复一日地上网闲逛，陆浩有时也会觉得无聊。可一旦下了线，自己就如同无头苍蝇，没了方向。心里空荡荡的感觉让他很不踏实，甚至情绪低落、烦躁不堪。无奈，强大的孤独感又把他推回那熟悉而陌生的网络世界。
>
> **点评：** 网络带给大学生更多的便利和趣味，但大学生的主业是学习，不能主次不分。

二、网络成瘾的原因

1. 来自网络的吸引力

随着网络社会的崛起，它越发以集文字、影像、声音于一体的独特魅力吸引着众多的大学生，成为他们网络成瘾的重要原因。具体来说，网络对大学生的吸引力主要表现在以下几个方面。

1) 信息的丰富性

网络空间是一个丰富的百科全书式的信息世界，在这里，大学生儿乎可以搜索到自己所需要的任何资料。这对他们而言，无疑是一个不可抵挡的诱惑。同时，这些信息在内容上的新颖、包装上的新奇、查询上的便捷和更新上的及时等，对具有较强猎奇心理的大学

生又是一个强大的吸引。因此，目前大学生普遍受到网络空间各种信息的冲击、挤压，甚至是淹没。当他们长时间浸泡在杂乱无章的信息中时，极易形成对信息的依赖和认知麻痹，出现"信息超载"现象。随着时间的推移，后续信息对他们的感受程度将不再有更多的意义，浏览的时间越长，感受性越低，浪费的时间也就越多，从而出现成瘾行为。

2) 身份的匿名性

在网络社会里，每位参与者都可以隐匿自己的真实身份，以面具化的形式扮演各种角色、从事各种行为。正是网络的这种身份匿名性，才使得大学生能够在一人一机的环境中不受传统社会熟人交往的约束，可以随心所欲地变换自己的身份，扮演不同的角色，体验不同的感受，享有自己在现实社会中渴望占有但又无法实现的权利和自由。网络空间这种身份的匿名性满足了大学生对自由度、安全感和成就感的追求和需要，他们极易在心理上形成对网络的深度依赖。

3) 地位的平等性

在现实社会里，由于多种社会因素的制约，大学生一般处于社会弱势群体阶层。而在网络社会里，由于它的无中心控制设计，使得网络呈现一种"去中心"、权力扁平化的特点，每个人都有自己的 ID 号，大家的地位都是平等的。在网上，大学生作为平等的一员既可以就某个问题不停地"灌水"(发表自己的见解)，又可以对某个事件不断地"发帖"(发布自己的评价)，还可以尽情发泄自己在现实生活中产生的不满情绪。这里完全没有现实社会中的各种约束和限制，大家都是平等的参与个体。可见，网络社会中成员社会地位的平等性、社会关系的民主性和社会行动的自由性对大学生确实产生了极大的诱惑。

4) 行为的"去抑制性"

"去抑制性"是心理学的一个重要概念，是和"抑制性"相对应的一个术语，它被认为是网络导致用户成瘾的最根本特性。"去抑制性"是指个体更少地受自我意识的约束，不在乎他者的存在，我行我素，随心所欲。网络环境中的"去抑制性"则是指个体在网络社会中因受某种外加因素的影响所出现的抑制作用的减弱，因而其行为比现实生活中更不受约束。如前所述，由于受网络匿名性、平等性、自由性等特点的影响，加之现实社会中的一些规范，如道德、法律、条例、制度等，对大学生网络言行的约束力明显减弱，甚至消失，他们在网络中的言行基本处于无序状态。这样，他们在网络空间感觉到了梦寐以求的自由和平等，真正实现了"天高任鸟飞，海阔凭鱼跃"的理想，于是就有可能乐此不疲，乐不思蜀，最终造成网络成瘾。

5) 功能的多样性

网络的多功能性可以使大学生在电脑上同时打开多个窗口，达到多种目的，获得多种享受。一旦被这些功能吸引，为获得更多的乐趣，他们就会不惜耗用大量的时间和精力上网，结果往往是身陷其中，欲罢不能。由此可见，网络以其自身固有的特点带给大学生无尽的电子愉悦，使得他们在心理上依赖网络，不能自拔。这或许就是人们称网络为"电子海洛因"的原因之一。所以，可以认定来自网络的吸引力是导致大学生网络成瘾的重要原因。然而，现实表明，并非每一位使用网络的大学生都会出现成瘾现象，网络仅仅提供了成瘾的可能性，他们自身的有关因素也是网络成瘾的一种推动力。

2. 大学生自身的推动力

如果我们把来自网络的吸引理解为导致大学生网络成瘾的外部原因，那么他们自身生理、心理和人格特质的推动则是促成其网络成瘾的内部原因。

1) 大学生的生理因素

网络成瘾是由于长时间使用网络而引起的一系列以植物神经功能紊乱为主要症状的症候群，现代医学上称之为电脑病。生理理论认为人脑中有"快乐中枢"，每当网络成瘾者上网时，使得大脑相关高级神经中枢持续处于高度兴奋状态，它会对大脑进行化学反应式的刺激，并释放一种名为多巴胺的物质。伴随多巴胺的化学物质水平升高，引起肾上腺素水平在短时间内异常增高，交感神经过度兴奋，并使血压升高，然后则令人更加颓废、消沉。这些劣性改变可伴随一系列复杂的生理和生物化学变化，尤其是植物神经功能紊乱、体内激素水平失衡；大学生在认知能力上的局限以及较弱的自我控制能力也容易使自己走到网络成瘾的免疫功能降低。如果这种刺激是经常性的，大脑会强化自身的这种化学反应，进而产生成瘾行为。

2) 大学生的心理因素

近期调查结果显示，年龄在 20～30 岁、受过良好教育的学生群体是网络成瘾的易感群体。大学生比其他群体更容易产生诸如网络成瘾等问题行为。除了与网络的吸引力有关外，还与他们的心理特点有关联。大学生具有强烈的好奇心，关注新事物并且容易接受，这种求新求异的特点促使他们积极投身于由网络架构的新奇、丰富、动感的社会空间。网络与大学生之间存在很多契合点，造成他们对它"一网情深"，如大学生具有追求流行、赶时髦的特征，上网的时尚性符合他们追逐流行的心理，这样网络就为大学生提供了最好的心灵驿站。

三、网络成瘾的主要危害

网络成瘾危害多多，使个体角色混乱，人格扭曲，道德感弱化，学习工作受到极大影响。在极端情况下，成瘾者不清楚虚拟空间和现实世界的区别，人际关系和社会生活变得混乱不堪，身心也受到极大伤害。

1. 角色上自我混乱

在网络世界里，上网者可尽情扮演自己希望又不同现实生活中的各种角色，随时随地通过网络到达"世界的每个角落"，很快地获得各种信息和娱乐。在网络中找到了自信，找到了展示自我、发挥自我潜质的大舞台；找到了内心理想化的状态；找到了发泄不满的空间；找到了精神的寄托。虚幻的网络空间成为逃避现实，寻求解脱的"避风港"。这种虚拟性的生活可能使"虚拟自我"与"现实自我"发生交汇与矛盾，出现"理想自我"与"现实自我"的冲突，迷失了真实自我，将网络上的规则带到现实生活中，找不到现实生活中自己的位置和坐标，表现出感情上自我迷失、角色上自我混淆，因此也就不可能不断调整自己的行为，塑造自己。在角色扮演过程中就会产生矛盾、障碍，甚至遭遇失败，出现角色冲突、角色不清、角色中断及角色失败，个体偏离了角色期待，招致他人对个体承担某一角色的异议或反对。会产生焦虑不安，导致自我认同感的混乱。

2. 交往上自我失落

网络社会中的人际关系大大突破了现实生活中人的社会阶层、地位、职业、性别等差异。在这个虚拟社会中，人们因共同的兴趣而联系在一起，恪守同样的规则发展人际关系，这种"集体感情"与现代生活中人与人之间的疏离、冷漠和猜忌形成鲜明对比，填补了成瘾者心理上的空虚和失落。在网络中，合则说几句话，不合就形同陌路，不会有任何的现实羁绊，而现实生活中真正的朋友关系并不是这样的，朋友不仅需要大家有相似的性格、爱好，更需要投入时间、精力去相互关心，而这种关系在网络中是不存在的。网络中的"虚拟自我"与"现实自我"的巨大反差，使得他们在活生生的现实生活中表现出对自己家长、同事、同学越来越冷漠，接触次数减少，沟通交往圈子缩小；与周围人际关系紧张，情感疏离冷淡，性格孤僻失落；对各种活动漠不关心，自我封闭、独来独往，进取意识减弱；现实生活中的人际关系一团糟，深感不适应现实生活，陷入焦虑痛苦中，变得更加孤僻。

3. 道德上自我失范

在虚拟网络空间里，成瘾者不必与其他人面对面地打交道，缺少了现实社会中家人、同事、教师为核心的人际关系对他们的行为监督，加上匿名、隐匿性别和身份的形式，使得主体的道德认知、道德意识失去了稳定根基，许多现实社会中的规范、规则、道德在虚拟世界中被冻结，上网者在表现自我的同时，把社会自我抛得越来越远，放纵自己的欲望，导致严重的网络道德失范行为。他们抱着猎奇心理，追求感官刺激，浏览色情网站、下载色情图片、参加幻想角色扮演聊天室，以自己所设想的身份与别人进行聊天，发泄自己不良情绪，讲自己"心情故事"，演绎"网络婚姻"。总之，平时不好意思说的话或受社会道德规范和行为准则的事情、动作，这里可以尽情说、做。互动游戏、虚拟赌场等以"攻击、战斗、竞争"为主要成分的飙车、砍杀、爆破、枪战等网络游戏，火爆刺激的内容容易使游戏者模糊道德认知，淡化虚拟游戏与现实生活的差异，误认为这种通过伤害他人而达成目的的方式是合理的。一旦形成了这种错误观点，便会不择手段、欺诈、偷盗甚至对他人施暴。目前，因网络而引发的道德失范、行为越轨甚至违法犯罪的问题正逐渐增多，暴力、色情游戏甚至被一些人称为"电子海洛因"。

2007年发生在美国弗吉尼亚的校园枪击惨案，有人认为与凶手沉迷于CS等过于血腥暴力的网络游戏有关。

有调查显示，虽然有35.3%的人否认网络游戏会增加人的暴力倾向，但仍有45.9%的人认为"会有影响"，尽管他们同时也承认"影响不大"，而其余18.9%的人则明确表示网游会使人更具有暴力倾向。

玩家小龚认为，网游本身的暴力倾向跟游戏制造商的文化背景有很大关系。他发现，网络游戏大都是基于神话传说。在中国的神话故事中，双方的对决使用的大都是法术，而国外神话中，冷兵器的砍杀出现得就比较多，因此中国的网络游戏中血腥暴力的内容相对

比较少。

点评： 大学生正处于青春期，大多热血、冲动，容易被游戏中激烈的打斗、色情等场面吸引并受其影响。

4. 学业上受损荒废

对网络的过度沉迷对涉世未深的大学生来说是一种陷阱，尤其是在校读书学生，随着其上网时间不断延长，记忆力开始下降，对学习也逐渐产生厌烦感，常不交作业、缺课、成绩下降，甚至辍学，随着网络性心理障碍加重，这些学生对网络依赖更加严重，其表现为逃课上网，导致学业荒废。把大量的时间、精力、钱财花在网络上，对于以掌握知识为安身立命之本的学生来讲，不仅学业受损，长此以往会使智力受到很大影响。

南京某大学一个高才生的大好前程就毁在了网络游戏上，该同学曾经以非常高的分数被一流大学热门专业录取，但是该生进入大学校园的第二年渐渐迷上了网络游戏，并且从此一发不可收。据他的辅导员老师介绍，他迷恋上网络游戏之后，宁愿不吃饭、不睡觉，也要到网吧过把瘾。为了阻止他沉迷网吧，他的父母多次苦口婆心劝阻教育，甚至给他下过跪，辅导员老师甚至安排同学来监督他的生活起居，让他过"半自由"的生活，就是这样也没能够阻挡他迈向网络的脚步。最后，该同学因为荒废学业而被勒令退学，社会为之震惊，老师同学为之扼腕。更有某大学生因为连续几天几夜上网打游戏，疲劳过度，用脑过度，造成脑出血的案例。

点评： 沉迷网络，不但会影响大学生的学习，也会对其身体状况造成不良影响。

5. 身体上诱发疾病

长时间上网会因为辐射和电磁波诱发青光眼、视网膜剥离等眼病；长期击键对手指、手腕和上肢不利，可造成腕关节局部肿痛、活动受限；久坐使体位难得有变化，容易导致肌肉骨骼系统的疾患，主要受累部位有腰、颈、肩、肘、腕部等。因此，易导致偏头痛、眼干畏光、腰酸背痛、肩痛；电脑屏幕发出的低频辐射与磁场会导致 7～19 种病症，包括眼睛痒、颈背痛、短暂失去记忆、烦躁及抑郁等。对女性还易造成生殖功能和胚胎发展异常；电脑散发的气体还能危害呼吸系统，会导致肺部发生病变；网瘾重症者整天沉迷于电脑屏幕前，边吃边玩，白天睡觉，夜里上网，有人甚至不洗漱、不更衣，饮食不规律，睡眠颠倒，易诱发癫痫发作，脑卒中而猝死。

6. 人格上异化扭曲

在错综复杂的网络交往中，对于交往的主体来说，在现实中的正义感、是非感、尊严感、责任感等跑到无边无际的虚空地带，网瘾者忽视自身的角色要求和社会规范限制，淡化了自己的理想和价值观，淡化了自己的社会责任感。在网络中"陷"得越深的，其人格障碍越严重。一般来说，网络成瘾者性格内向，不善交往，希望得到重视，但又十分孤独。同时，对朋友和家庭冷淡，亲社会行为少，心境抑郁，缺乏现实的成就动机，欲寻求外界(网络)的认可，害怕被拒绝，自我封闭。他们自主需要很高，成就需要和表现欲望较高，而内省需要很低。在现实生活中常以"退避""自责""幻想"等方式应付困难和

挫折，表现出抑郁、反叛，见人紧张、空虚无聊、冲动草率、缺乏明确人生目标的心理特征。

第四节　大学生网络心理健康的自我教育

影响事物发展变化并起着决定作用的往往是内因，是大学生主体。培养良好的自我管理能力是养成良好习惯的前提，如果大学生能从自我管理的角度出发进行网络心理健康教育，一定能起到事半功倍的效果。

一、培养兴趣，转移网络注意力

因网络而引发的心理问题多种多样，程度也不尽相同，怎么从根本上转移注意力，避免因网络影响身心健康，最直接有效的方法是培养大学生的多种兴趣爱好来填补除了学习之外的空余时间。大学里有类似吉他、网球、自行车、音乐、舞蹈等各种社团和大学生组织，让自己参与其中除了可以帮助自己远离网络之外，也可以发现自己的兴趣和特长，利用课余时间加以培养使其成为自己的一技之长。同时，这些爱好和特长会增加一个人的自信，而这种自信本身就是一种优势，它能抵制影响心理健康的不良因素，甚至可以治愈心理困扰。

例如，很多学校在周五、周六的晚上会举行广场舞会，学校的电影院会播放电影，通过参加这种活动，在培养爱好的同时也扩大了自己的交际范围，可以认识更多的朋友，和拥有共同爱好的朋友相处更能让自己身心愉悦，更好转移自己对网络的注意力。

二、增强网络自制力

从心理学上来讲，性格是一个人在对现实的稳定的态度和习惯的行为方式中表现出来的人格特征，它表现一个人的品德，受人的价值观、人生观、世界观的影响。性格是在后天社会环境中逐渐形成的，是人的核心的人格差异。性格有好坏之分，能最直接地反映出一个人的道德风貌。性格受个体的生物学因素的影响但更重要的是后天的塑造，是在社会生活中逐渐形成的。培养良好的性格，需要进行多方面的自我修养和自我调节，包括有意识地和思想品德高尚的人进行交流，树立榜样的力量加强自身学习，养成良好的生活习惯，培养自己积极健康的心态，在情绪低落时学会控制和自我调整。此外，树立远大的理想和目标也对培养良好的性格有积极影响。

三、开展自我责任意识教育

从国家角度来进行自我责任意识教育。"天下兴亡，匹夫有责。"青年大学生更是国家的栋梁之材，肩负着振兴民族、实现共产主义的重任，大学生应该有一种责任感和使命感，认清当代的国情，了解国际形势的发展变化，树立竞争意识和危机感，从而避免把大

把的时间浪费在网络世界里，转而努力学习自己的文化知识，掌握专业技能，为祖国的发展贡献力量。

从家庭角度来进行自我责任意识教育。结束大学生活走向工作岗位，走向家庭是一条正常社会人的必由之路，当今社会竞争激烈，家庭生活中无论男女都应该分担一定的责任，尽自己的义务，如果在大学阶段没有这种责任意识，沉迷于网络，势必被同学定义为没有责任心之人。

从个人角度来进行自我责任意识教育。有的同学认为，大学不过是为混得一纸文凭，只要进了大学门槛，保证拿到毕业证就算完成了自己的任务，一样可以和同学在找工作方面拥有同等的机会。其实不然，很多优秀企业在选人时往往要求成绩优异且没有重修记录，并要求通过英语六级考试，可见大学里在时间上分配不均，沉溺网络而不顾学业的大学生与各方面都比较优秀的大学生显然存在差异。因此，除却国家和家庭的责任不说，单单为自己的未来负责也要把握大学的美好时光，把更多的时间投入到为就业而努力而不是因空虚而上网。

四、营造积极健康的社会环境

学校、家庭和个人都是社会的组成部分，深受社会环境的影响，在具体做好学校教育、家庭教育和个人教育的同时营造良好的社会环境才是做好大学生网络心理健康教育的长久之计。

网络世界千姿百态，一些非法网站、黄色网站依旧大量存在，侵蚀着大学生的思想，因此，净化网络社会环境尤为重要，这需要有关部门不断提高网络监管力度。新一届的中国领导班子提出了中国梦的构想，在构建中国梦这一重大历史课题的大背景下重塑中国人的责任意识，找回信仰，对社会主义伟大事业充满信心，有共筑中国梦的决心，才能为促进教育发展、培养优秀人才创造良好的社会环境。

值得一提的是，要从根本上促进教育发展和人才培养，必须摒弃学历至上的传统观念，严禁一些单位在人才招聘时打出只要211高校或985高校的大学生，这种只要名牌学校大学生的现象使得许多普通大学的大学生开始有了自甘堕落的行为，使得一些原本优秀的大学生开始不自信，在起步之初就被关在门外。这些重大社会问题的解决需要国家出台相关的政策引导和约束，需要社会中每一个人树立一种社会责任意识，从提高自身素质开始，为营造良好的大学生网络心理环境，贡献一份力量。

心理训练营

小小心理剧(由数个同学分角色表演)。

走进现实

剧情一：

小雪是一个网络爱好者，经常上网查资料，也经常上网玩游戏或上网聊天。渐渐地，

她发现她和一个网名叫"0O 悲伤逆流成河"的人很聊得来，现实中的苦恼和心事都找他倾诉。不久小雪产生了强烈的好奇心：他长什么样？多大年龄？帅不帅？她特别想一睹这位"0O 悲伤逆流成河"的真实风采。这时，"0O 悲伤逆流成河"也正好提出了见面的要求。

讨论 1：小雪应该去吗？为什么？

   A. 去　　B.不去

剧情二：

小雪经过几天的犹豫，最终按捺不住心中的好奇，她同意去了，并决定于周六下午在学校附近的某商业街超市门口见面，以《最小说》杂志为标志。终于两人见面了，交谈后感觉特别好。临分别时，"0O 悲伤逆流成河"向小雪询问真实的姓名、住址及联系方式。

讨论 2：假如你是小雪，你会告诉他真实的情况吗？

   A. 告诉　　　B. 不告诉

剧情三：

小雪最终没有告诉他。

从那以后，小雪上网更加频繁。由于上网时间长，她的视力开始下降，睡眠不足，上课时精神恍惚，辅导员找到她谈话。小雪又陷入了苦恼中……终于迎来了期末考试，小雪各科成绩均有明显下降，专业课有好几门不及格，小雪怎样才能摆脱困扰呢？

讨论 3：大家一起来给她出出主意吧！

剧尾：

小雪走进了学校心理咨询室，在心理老师的开导下，开始积极参加学校、班级组织的各类活动，加强了和同学的交流，人也开朗多了。

心理加油站

美文欣赏

亲爱的陌生人

这些年，一路走过。相遇很多很多的陌生人，一些陌生人擦肩而过，一些陌生人逐渐地熟悉。

这些擦肩而过的陌生人，仅是花开一瞬间的笑容；这些熟悉的陌生人，对我们而言是美好停留下来的过客。

刚刚踏入一个幽静而清晰的新颖世界，走在陌生的城市，走在陌生的校园。没有任何来往牵绊着，一切看起来都是印象里的路人，一切看起来又想窗里窗外想念过的景致。

曾经，天真烂漫地以为每个人诞生而来就是微笑着陌生人。相逢后，才渐渐停住脚步，窥探那看不懂的角落。一个人呆呆地踟蹰着想象世界美好的蹉跎。相逢后，才渐渐走过平行线，带着那些陌生人给的微笑漫步在海洋浪花里。

这些时光，一路上很多陌生的话，陌生的路人，陌生的灵魂。在路上，将语言一点一

滴地砌成诗歌；这些诗歌不知道是为来过的路人而作，还是为走过的路人而吟唱。可是，单色信笺纸上积累了岁月下的倾城不倒国的梦。

倾城不倒国的梦，泛起的惊扰仅是禁锢在我生活里陌生人。

是不是每一段季节，总会有些心事不能说；是不是每一段季节一不小心掉进另一个季节都无法断掉思绪的相遇，曾在某个时候华丽相逢。最后，都破碎在梦里的影影绰绰。

总算，陌生的路人成了熟悉的执着。这样，时光飞过夜色花香花落，时光飞过绿杨阴里白沙堤，时光飞过校园的梧桐眉梢，时光飞过一半忧伤和明媚的山河。最后，陌生人，熟悉了我世界里的所有山河美好，牢牢的枷锁停靠在一向说不出的寂寞。

离合，一个婉约的笑。擦肩走过，仅仅是一个记忆，没有别样的尤物，没有相信的诀别。最后，陌生人，沉默地走过。没有编织出结果，当初的相遇是时光里回廊曲处，日子里没有融合的生活。

总是，有陌生人在我们世界来过，熟悉的变成亲爱的陌生人；有陌生人在我们的世界走过，悄然无息地变成未来日子里回忆的一首诗，一首歌。

我相信陌生，相信陌生的相逢。每一次远行的路途会有不同的陌生人相遇，如若没有一次亲爱的陌生人微笑令人想起，怎么给人生一些安慰？

苦味的咖啡，自己搅拌出的相遇。有些陌生的熟悉是不会揭开没有陌生的伤痕。

亲爱的陌生人，你来过。欺骗了我，或伤害了我，我不怪你。只因为这个世界温暖的时刻，太少。你的眼睛因为乌云的遮挡而忘记了缝隙里绽放出来的光芒，让自己处在黑暗的死神之旁，无辜地伤害了另一个世人的单纯模样。

▤ 能力检测

网络成瘾综合征测试

1. 你是否经常上网？你上网的时候是否经常游戏和聊天？（　　）

2. 你是否上网时表现得神思敏捷，口若悬河，一旦离开网络便情绪低落，怅然若失？（　　）

3. 你是否特别喜欢讨论关于网络的问题？（　　）

4. 你是否因为上网与父母发生争吵？（　　）

5. 你上网的时候是不是很烦家人的打扰？（　　）

6. 你是否全神贯注于网络活动，下线后仍继续想上网的情景？（　　）

7. 是否向家长或师长撒谎以隐瞒自己涉入网络的程度？（　　）

8. 是否觉得需要花更多的时间在网络上才能满足？（　　）

9. 你是否只要长时间不上网操作就手痒难耐，有时刚离网就有又想上网的冲动，有时早晨一起床就有想上网这种欲望？（　　）

如果你前4个问题都回答了"是"，后5个问题中有任何2个以上回答"是"，那么基本上就表明你已经有IAD(网络成瘾)的趋向了，那可要下定决心立即戒除网瘾了。

项目十　命之精彩，必寄于生
——大学生生命教育

知识目标：了解什么是生命，什么是死亡；了解抑郁与死亡的关系；掌握有自杀倾向的初期警号。

能力目标：引导大学生珍爱生命；激发大学生去创造生命的价值和赢得幸福的人生。

【案例导入】

某高职院校一名男生和班上一名女生谈恋爱。女生向男生提出了分手，男生说："如果你和我分手，我就去死。"女生以为男生在开玩笑，就说气话："你有本事就去死。"于是，男生为了证明自己有多爱对方，就选择了站在高楼上，一手拿遗书，一手拿手机，拨通了女生的电话，让对方听自己跳楼的声音，就这样用跳楼的方式结束了自己的生命。年老的父母赶到学校后，几次昏倒，不吃不喝不睡，以泪洗面，甚至有自杀的冲动，他们怎么也想不通：自己含辛茹苦养育成人的儿子怎么就因为一个和自己认识不到一年的人的一句气话离开了。

请思考：上面的案例对我们有哪些启示？

【心理讲堂】

第一节　生　与　死

一、生命的含义

生命是什么？每个人都有不同的回答。

对于生命的定义，《现代汉语规范词典》的解释是："生物体所具有的活动能力，是一种特殊的、复杂的、高级的物质运动形态，是蛋白质和核酸组成的系统。生命的现象包括新陈代谢、生长发育、遗传变异和感应运动。"

生物学研究表明，几乎所有生命，从简单到复杂，从低级到高级，它们的代谢途径、遗传密码基本相同，遗传信息的传递方式近似。其中起主要作用的是两类大分子：一类是核酸，另一类是蛋白质(包括各种酶)。连目前已知的最简单的生命也都是由这两类分子组成的多分子系统，不过这样的多分子系统只是生命的必要条件，而不是充分条件。

例如，"团聚体"与"微球体"就是人工建立的多分子系统，但它们不是生命。只有生命系统中的核酸与蛋白质处于特定的相互作用条件下，形成编码与催化的关系，即脱氧

核糖核酸(DNA)借助于系统自身的蛋白质(酶)的作用，进行自我复制，同时蛋白质为核酸信息所编码，才呈现出生命的最基本的功能。生命系统在物质与能量交换过程中也只有借助这些基本功能，才能保持自身的稳定，延续自己的种族。换句话说，只有借助这些基本功能生命才能成为一种物质稳定的存在形式。

人的生命，是由意识和身体构成的统一体。即身体是人的生命存在的本源，意识是人的生命活动的依据。世界上既不存在两个完全相同或完全不同的事物，人的生命也是如此。尽管每个生命有所不同，但一个人只要努力奋斗、顽强拼搏，就能充分发挥和展现自己生命的价值和意义，从而让生命与众不同，让人生丰富多彩。

二、生命的特征

生命的特征主要表现在以下几个方面。

(一)有限性

马克思指出："任何人类历史的第一前提无疑是有生命的个人的存在。"作为个体的人的生命是一个有限的存在。也就是说，人的生命特别是自然生命、肉体生命存在的有限性是任何人都无法摆脱的宿命。在时间的长河中，每一个生命都要经历出生、成长和死亡的历程，生命存活有一定的期限，到了一定的年龄，每一生命都归于死亡。从这个角度来看，生命是短暂的、有限的，所以要爱惜生命、珍爱生命，挖掘生命的潜能，使有限的生命价值不断提升，生命的光彩不断绽放。

(二)脆弱性

相对于动物来说，人的生命是无比脆弱的。有许多动物生下来不久自己就会走路，会自己去觅食，它们很快就可以独立地生存。而人则不然，人出生以后，如果没有成人的照料，他就很难生存下来。人从出生到能够独立的生存需要很长的时间，这期间的任何一次闪失，任何一次事故，任何一次天灾人祸都可能使人的生命在这个世界上消失，鲜活的生命可能在瞬间就不存在了。布莱兹·帕斯卡尔(Blaise Pascal)曾说过："人只不过是一根苇草，是自然界最脆弱的东西。"为此，我们人类应该学会保护生命，理性地对待生命成长过程中的灾难，尽可能地避免人为造成的无可挽回的损失。

(三)独特性

每一个生命都是独一无二的，都是一个独立的存在，每个个体都有其独特的需要，都有不同的个性。首先，由于遗传因素的差异性决定了人的自然生命先天具有独特性以及在后天发展中优势具有差异，所以不同的人会表现出不同的爱好、不同的特长，先天的遗传素质奠定了人的独特性的基础。更重要的是，人的独特性还表现在后天不同的个性，表现在人的思维、精神追求的不同上，即精神生命的独特性上。人们会有不同的信仰、不同的向往，会赋予生命以不同的含义，因此，生命便会呈现出不同的特色。也正是因为人的生

命的独特性，每个人的存在才具有独一无二的价值。因为存在差异和个性，生命因而倍需尊重。

(四)创造性

人的生命具有创造性，人是一个创造性的存在。人的本质不是先天规定的，而是后天不断生成和构建的，人通过创造去发现生命的意义、追求生命的价值、实现生命的升华，以实现人对自己生命的认识、把握和超越。人的生命不同于动物之处就在于人有自己生命的目的，这就是追求有意义的生活。创造性是生命的目的，也是人性的呼唤。正是生命的创造性使人生的意义不断升华，人生的价值不断增大。生命有一种未完成性，应当不断地创造生命，赋予生命以新的意义。

(五)超越性

人的生命不断生成的过程就表现在生命的不断超越上。人生来就是一种有缺陷的生物。正是由于要通过较高的能力来弥补现存的缺陷这种必要性，人成了不断求新的生物，成了虽不完美，但因此而能使自己完美起来的生物。虽然人的自然生命是有限的短暂的存在，但人可以通过精神追求，超越现实生活，寻求生命永恒的意义。人的生命存在就是一种意义性的存在，就是一个超越自然、超越自我、追求意义的过程。人能有意义地追寻"为什么而生"和"怎样活着才算有意义"，这是人与其他动物的根本区别。

> 张海迪1955年出生在山东半岛文登县的一个知识分子家庭里。5岁时因患脊血管瘤，胸部以下完全失去了知觉，生活不能自理。但是身残志坚的张海迪没有放弃生命更没有放弃生活，她一面以坚强的毅力与决心同病魔作斗争，一面用勤奋的学习和工作延续生命。她不仅自学完了小学、中学全部课程，而且还自学了大学英语专业。1983年张海迪开始从事文学创作，先后翻译了《海边诊所》《小米勒旅行记》和《丽贝卡在新学校》，创作了《向天空敞开的窗口》《生命的追问》《轮椅上的梦》等一百多万字的作品。她刻苦学习潜心钻研了《人体解剖学》《内科学》《针灸学》等十几种医学书籍。她用学到的医学知识和针灸技术，为周围群众治病达一万多人次。她还学过无线电技术、音乐、绘画和书法等多门类知识与学科，以此作为为人民服务的本领，被誉为"当代保尔"。

三、如何面对死亡

18世纪法国哲学家卢梭(Rousseau)曾说过："一般动物从来不知道死亡是怎么一回事；对死亡的认识恐惧，乃是人类脱离动物状态后最高的'收获'之一。"作为有思想有意识的人类，对死亡问题的思考体现了人类对自身命运的终极思索。然而，当我们面对死亡这一任何人都无法回避的最终归宿时，不同的人有不同的态度和表现。

有些人惧怕死亡。对于死亡的恐惧是许多人共有的经验。这是因为死亡话题一直都是社会生活的禁忌，人们对死亡刻意避而不谈。无论是在家庭生活中，还是在学校生活中，人们很少接触死亡方面的知识。人们对死亡万分忌讳，甚至与"死"字读音相似的"四"

字也成了不吉利的象征。而这一切都使得人们弄不清死亡到底如何，死后的世界如何，这种躲避的态度与行为在无形之中造成了人们对死亡的恐惧。

另外，死亡意味着永远地分离，当面对至爱亲朋的离世，人们常常无法走出悲伤的航道。死亡所带给人们的这种悲伤和失落也会使人们从心理上恐惧，痛恨死亡。

有些人忽视死亡。由于现代社会的发展，科技的进步，人类对疾病、饥荒等灾害的控制能力增加，社会环境相对稳定，人类的平均寿命不断延长。这使得现代人似乎生活在距离死亡很遥远的环境里。人们每天竭尽全力在竞争激烈的社会中谋求生存，无暇思考死亡的问题以及人生的真谛。当忽视死亡的人遇到"他人"之死时，只是偶感遗憾，但不愿与自己的死亡问题联系起来进行思考，只当作与自己的死亡无关的很遥远的事情。

诚然，忽视死亡可以避免人们对死亡的焦虑不安，但是，如果人们只顾埋头赶路而忽视与人生息息相关的重大问题难道会为人们的生活带来真正的安宁与幸福吗？

其实，我们应当理性面对死亡，理性面对死亡的人们，既不惧怕死亡也不忽视回避死亡，而是对死亡之身有充分的自觉，同时能够清楚地认识到死亡对于人生的意义与价值；他们知道死亡问题是人人都必须面对的人生课题，而解决死亡问题的方法只有一个，即珍惜生命，好好生活。

人作为一种复杂的生物，很多人的死亡观并不是单一地属于以上哪一种类型，更多人的死亡观是以上类型的综合。然而，无论你对死亡的态度如何，死亡却是人人都要面对的必经历程。每个人都会经历至爱亲朋的离世，以及自身生命的终结。所以，对死亡最合理的态度应该是勇敢地面对死亡，不是揭开有害的"潘多拉盒子"，而是让我们用更丰富、更慈祥的态度重拾生命。

四、死亡的禁忌

死亡虽然是人人最终都不能回避的，但人人都极力地回避它。死亡对于人们来说，是最可怕的凶祸灾难，因而人们害怕听说或接触到死亡的事情，其主要表现在以下几个方面。

(一)忌谈死

人们对死亡十分畏惧，如果不是老人，病人本人主动谈到，一般是忌讳别人当面提及，讨论后事的，即便是讨论，也要尽量用"百年之后"等委婉的词语来替代"死亡"一词。

(二)对死亡征兆的禁忌

由于对死亡的恐惧，老人一般忌讳有人提到属于死亡征兆的东西。民间认为脸色变黑是死亡的先兆，因而很忌讳有人说自己"脸黑"；民间传说小孩眼睛亮，可以看见鬼魅，所以老年人很忌讳在他打算抱某一个小孩时，这个小孩显得很害怕而神情紧张，躲闪逃脱，认为这是不吉利的征兆，是老人的鬼魂出窍被小孩子看见的缘故。

(三)对死者遗物的禁忌

死者的遗留物，原本是属于死者的，现在又不属于死者，处于模糊不确定的状态，亲人对之的感情也是矛盾的，一方面是追恋，一方面是恐惧。因此，对死去父母生前住过的房子，孩子不敢再住；死者用过的厕所要被填平，不能再用；死者生前用过的书籍，茶杯都不能再用。

五、有自杀倾向的初期警号

据中国心理卫生协会危机干预专业委员会公布，自杀在我国成为仅次于心脑血管病、恶性肿瘤、呼吸系统疾病和意外死亡，位列第五的死因。自杀成为 15～34 岁人群的首位死因。在自杀人群中，63%的人有精神障碍，抑郁质是导致自杀的最重要原因。同时，有5 类人群容易有自杀倾向：

(1) 具有遗传因素(有自杀家族史)；

(2) 抑郁程度严重者；

(3) 有自杀未遂者；

(4) 遭遇严重的人际关系冲突；

(5) 周围人或朋友、熟人有过自杀行为等。

大多数自杀者从没进行过任何形式的心理咨询与心理治疗。

据统计，我国现有 2000 多万名抑郁症患者，其中 15%正在经受自杀威胁，目前仅有5%得到了治疗。除了精神疾病外，自杀者往往与家庭矛盾、婚姻危机、失恋、失业、经济困窘、遭遇退学、失业受挫及未婚先孕等有关。

想自杀的人可能会在自杀前数天、数星期或数月有以下的症状：

(1) 表示自己一事无成、没有希望或感到绝望；

(2) 感到极度挫败、羞耻或内疚；

(3) 曾经写出或说出想自杀；

(4) 谈及"死亡""离开"及在不寻常情况下说"再见"；

(5) 将至爱的物品送走；

(6) 避开朋友或亲人、不想和人沟通或希望独处；

(7) 性格或仪容剧变；

(8) 作出一些失去理性或怪异的行为；

(9) 情绪反复不定，由沮丧或低落变得异常平静开心 。

某高职院校大一新生李某，家住偏远农村，父亲、母亲均靠务农为生，且父亲患有严重的胃病，需长期服药，家庭经济困难。该学生学习刻苦但成绩不好，生活节俭，性格敏感、内向、极端。高中时寝室有同学的钱被偷，她总觉得寝室同学在怀疑自己，过得很压抑，由此患上了轻度抑郁症。进入大学后，在新生心理普查中，显示其抑郁、人际关系等有轻度到中度问题。由于新到一个环境，对周围的环境比较陌生，李某告诉父母谁看自己都不顺眼，在学校没有朋友，父母为此带其去看精神科，诊断结果为患有抑郁症，但其父

母觉得这是个小问题，没有按照医生的要求治疗，也未及时与学校反馈这一情况。大一下学期，李某交了一个男朋友，但对方因为她常有的"极端想法""疑神疑鬼""不喜欢人群"等问题而提出分手，李某的抑郁症更加严重了，对男朋友说："你是我活下去的唯一动力，如果这个世界上连你都要离我而去，那我活着也没有意思了"之类的话，她男朋友与李某相处一段时间之后也由于无法承受这类的"道德绑架"而提出与李某断绝往来。李某伤心欲绝欲自杀。

点评：不良情绪累积到一定时候，就会以心理疾病的形式出现。本案例中，李某一开始情绪低落，存在一些不合理想法，但未引起自身注意，而失去了自我调节情绪的机会，过后，被确诊抑郁症也未得到治疗，以致后来恋爱不顺，而产生自杀念头，并说出一些自杀言论，这都是向外界求助的信号，听到的同学应当警觉，及时报告老师。

第二节　大学生的主观幸福感

主观幸福感这一概念出现于二十世纪五六十年代，它的目的是量化人们的生活质量。1967年，沃纳·威尔逊(Wanner Wilson)撰写的第一篇幸福感研究综述《自称幸福的相关因素》标志着西方现代意义上的幸福感研究的开始。主观幸福感是指社会成员对其自身物质和精神生活的主观体验与评价。

一、影响大学生主观幸福感的因素

影响大学生主观幸福感的因素可以分为主、客观两个方面。

(一)主观因素

一是人格。主观幸福感是一种与多种人格特征有关的变量，很多人格特征明显地与主观幸福感有关。例如，自尊、自我价值感、自我效能感和自我概念等都与个体的主观幸福感有关。

二是归因方式。所谓归因，是指人们对他人或自己的所作所为进行分析，它可以分为控制源和稳定性两个维度。个体对行为归因有两种情况，第一种是外因，即外归因，如个体会强调行为是环境与任务难易决定的，如将自己的不幸归于运气不好、他人排挤和社会竞争激烈等因素；第二种是内因，即内归因，如个体会强调行为是能力、动机、水平等内在因素的结果，如将自己的不幸归因于主观努力不够、缺乏明确的追求目标、不够自信、缺乏魄力等。大学生不同的归因倾向对其主观幸福感存在一定程度的影响，大学生对负性事件进行归因时，若一味强调背景、运气因素，归于外在的、局部的和不可控的因素时，其主观幸福感较高；把失败归于内在的、整体的和可控的因素时，其自信心下降，从而有较低的主观幸福感体验。

三是应对方式。有研究认为积极应对与主观幸福感呈显著正相关，而消极应对与其呈显著负相关。采用解决问题和求助等积极应对方式有助于增强主观幸福感，而采用自责、

幻想、退避和合理化等消极的应对方式会降低主观幸福感。

四是个体的价值取向。主观幸福感反映着人们的价值取向和目标追求，它蕴含着深刻的价值观。有生活目标使人感到生活的意义，并产生自我效能感。同时，努力实现目标的选择能够帮助人们应对各种日常生活问题，使人在社会生活及困境中保持良好的状态。当一个人的目标与人的内在需要相适应时，才能提高主观幸福感水平；而当目标与个人需求不一致，即使达到目标也不能增加主观幸福感。

(二)客观因素

一是社会支持。社会支持与主观幸福感关系密切。当今大学生的社会支持主要来自家人、朋友、老师和同学等方面，这些社会支持可以在很大程度上提高大学生的安全感、增加归属感、提高自信心。良好的社会支持有利于提高大学生的主观幸福感。很多研究的数据都表明了社会支持和人际支持是影响生活满意度的重要因素。

二是社会生活环境。大学生虽然还处于学生阶段，但是已经开始逐步迈向社会，与社会的接触也日益增多，受社会环境的影响也较大，因而周围的社会生活环境对其主观幸福感会产生一定的影响。大学生对幸福的界定会受其周围生活大环境的影响。地区之间的发展水平不同，大学生所面临的发展机会也就不同。发展机会多的地区，大学生对其大学生活就会更加感到满意，他们的主观幸福感水平就更可能要偏高一些。

三是家庭因素。家庭是每个个体的主要活动场所之一。虽然大学生求学在外，但是家庭仍然是大学生生活的一个重要方面。家庭经济状况不同、家庭气氛等对大学生的主观幸福感有一定影响。家庭经济状况不同，大学生所面临的压力就有所不同，尤其是在就业竞争越来越激烈的情况下。许多大学生认为有很多钱是幸福的。对于高校的贫困生来讲，经济因素对他们中的大部分人会产生消极的影响。当他们面对昂贵的学习费用时会无所适从，心理困惑多，压力较大，主观幸福感体验匮乏。同时家庭关系也是影响大学生主观幸福感的一个因素，家庭幸福的大学生主观幸福感要强一些，而离异家庭的大学生受其家庭氛围的影响，其主观幸福感的水平要低一些。

四是生活事件。生活事件是人们在家庭、工作、学习和社会支持系统中出现的各种刺激的总和。生活事件与大学生主观幸福感有着很高的相关程度。对于大学生而言，虽然生理上已经达到了成熟的阶段，但是并不意味着心理以及社会功能的成熟，主要生活在学校的大学生的社会功能还不健全，而主观幸福感是一种长期稳定的情绪体验，生活中的小事件一般只能改变大学生的短暂情绪而不能改变其幸福感。重要的生活事件才会引起主观幸福感的变化。通常认为，负性生活事件会大大降低人们的主观幸福感。例如，学习负担重、人际关系紧张、家庭经济困难、受人歧视以及未来就业压力等都会大大降低学生的主观幸福感。

二、增进大学生主观幸福感的方法

第一，培养积极情绪。情绪是人对客观事物是否满足自身需要而产生的态度体验。根

据人的态度体验不同，情绪可以分为积极情绪和消极情绪。常见的如兴奋、坚强、热情、骄傲、激励、决心、注意和主动等都属于积极情绪；而分心、不爽、罪恶感、恐惧、敌意、生气、羞耻、紧张、神经质和害怕等都属于消极情绪。拥有积极情绪的人大部分时候都感觉良好，而且会有持久的幸福感。从思维方式来看，冷漠、消极的情绪往往会导致带着一种挑剔的方式进行思维，而积极情绪会使思维更富有创造性、包容性、建构性；从健康状况来看，常常保持积极情绪使人更健康长寿；从人际关系来看，积极情绪使人们拥有更好的人际关系。积极情绪往往由责任感、事业心、期望、奋斗目标和荣誉感等刺激而产生。因此，保持积极情绪的方法，就是应尽快使自己具有责任感、荣誉感和事业心，有近期和长远的奋斗目标，并坚持不懈地为实现既定目标去拼搏和奋斗。

第二，树立人生目标。主观幸福感是和人的生活意义紧密联系在一起的，它是人们在社会生活实践过程中，由于感受到人生价值的实现而形成的一种精神上的满足。如果大学生有一个具体的人生目标，让自己清楚地知道为什么而活，才能为实现某一目标而专注某一活动，是人处于一种愉悦的状态，给人以充实感。即使面临不幸，在学习、生活中遇到挫折，也能以积极的心态去应对。因此，提高大学生的主观幸福感最主要的就是要树立人生目标，并为之而奋斗。一个人有了理想，有了追求，生命就有了价值，就能在布满荆棘的人生路上即使承受痛苦也能享受生活赐予自己的幸福感。

第三，塑造良好的人格。大学生正处于人格形成的重要时期，其人格特点尚未定型，应不断地完善自身的人格。这包括形成积极的、肯定的自我观念，能悦纳自我，也能为他人所容纳，能体验到自己存在的价值；能恰当地认同他人，又不过于依赖或强求他人，能与别人分享自己的内心感受，并且不会因此而失去自我；能面对和接受现实，尤其是当现实不符合自己的希望与信念时，能多方寻求信息，倾听不同意见，把握事实真相，相信自己的力量，随时接受挑战；积累丰富的主观经验，对自己及周围的环境有清楚的认识，能利用已有的知识经验解决问题，增进自己行为的效率。大学生通过构建合理的人格结构，形成和谐的内心世界，从而提高大学生的主观幸福感。

第四，建立和谐人际关系。良好、和谐的人际关系是人心理正常发展的重要条件之一，是获得社会支持的重要途径，是增强主观幸福感的重要因素，是在集体生活中，大学生要改变自我为中心的人格特征，协调宿舍和班级成员关系，建立同学的友情，从而争取到更多的社会支持，增加喜悦感、归宿感，提高自信心，体验到更多的幸福。正如法国大文豪雨果所说："生活中最大的幸福感是坚信有人爱我们。"

第五，积极参加校园文化活动。大学生一方面应尽可能多地参与丰富多彩的校园活动，如演讲比赛、知识讲座、体育活动、文艺会演、素质拓展训练、心理情景剧演出、电影欣赏、学雷锋志愿者活动、暑假社会实践活动等，开阔视野，使自身的业余生活过得充实、丰富和有意义，有利于丰富精神文化生活，更有利于提升"主观幸福感"的感知水平。另一方面要坚持锻炼身体。大学生应参加自己感兴趣的体育运动并持之以恒，保持适度的运动量，不仅能增强暂时的生理愉悦，从长期看，更能疏解不良情绪、压力等，保证身心健康，从根本上提升"主观幸福感"的感知水平和认知能力。

▦ 心理训练营

1. 我的支持系统

目的：引导学生正确认识生命中的负性情绪；正确对待生命中的危机，厘清自己目前的支持系统，必要时重构自己的支持系统。

道具：一张白纸、一支笔。

操作：

(1) 教师导入游戏：人生是一场奇妙的旅行，在旅途中，我们哭过笑过；经历风雨，看过彩虹。无助、绝望、抑郁、焦虑本应是人生的一种经历，但这样的黑色情绪常常困扰着我们，甚至形影不离地伴随我们终身，让我们迷失在生命的旅途中。

现在，请各位同学回忆：你走过的二十年左右的岁月里，什么事情给你的打击最大？当时你体验到的情绪是什么？

(2) 学生分享自己的情绪。

(3) 教师：痛苦、郁闷、焦虑等是同学们运用频率最高的词语，那当我们有这些情绪的时候，会向谁发出求助的信息？你又能得到谁的帮忙呢？

接下来，请同学们在纸的正上方写上"我的支持系统"。题目写好后，就在下面写下1、2、3、4、5…标号，思考在曾经遇到打击的时候，你是向谁求助的？在标号里写出来。你觉得他/她帮你解决了问题了吗？如果没有，你觉得该重新向谁求助？

(4) 教师：请同学们检查自己的支持系统，反思：你的支持系统够强大吗？你的支持系统是否非常的单一和弱小呢？

(5) 教师总结：我们的支持系统是个复杂的体系，好的支持系统是岁月对我们的馈赠，里面包含了真情与爱。好的支持系统也需要我们长期的呵护与付出，在支持系统上，我们要舍得下功夫，如金钱、时间、精力、感情。

2. 生命的账单

目的：引导学生思考在自己的成长历程中，有多少人为自己付出。

道具准备：一张白纸、一支笔。

操作：

(1) 请大家在白纸的正上方严肃地写上"生命的账单"五个字。然后在下面画出属于自己的生命账单，如下所示。

为我生命付出的人	明　细
爸爸	婴幼儿时吃的奶粉；生病时的陪伴……
妈妈	怀胎十月；教我说话、教我走路……
爷爷奶奶	为我洗衣做饭；接我上学、放学……
老师	教我读书识字；教我做人的道理……
……	……

用心回忆，思考自己在成长过程中多少人为自己付出，完成"明细"部分。

(2) 做以下计算题。

① 一个生命的孕育、成长需要父母花费多少的时间[假设 3 岁前父(母)每天花在孩子身上的时间为 24 小时，3 岁后，父(母)每天花在孩子身上的交流、接送、辅导等时间是 2 小时]？

② 一个生命的成长需要父母花费多少的金钱？据统计幼儿一个月花费 1000 元不算多，中小学生每年花费约 10 000 元，大学生每年花费为 20 000 元。

③ 从小到大需要多少位老师的辛勤付出？

④ 你获得了哪些人的关爱？国家社会为你的成长提供了哪些条件？

做完后，老师请学生告诉大家答案，并让学生分享感受。

(3) 收获分享：老师总结本次活动，了解学生的感受，引导学生用感恩的心对待生活。

3. 感恩命运

活动目的：引导学生接纳自己，感恩命运馈赠给自己的一切。

活动时间：25 分钟。

活动道具：小纸牌、轻音乐。

活动场地：教室。

活动流程：

(1) 教师导入：我们每个人出生在一个什么样的家庭是自己无法决定的，来到这个世界后，可能诸多同学对自己的长相、家庭环境、所读的大学等不满意。现在，假设我们可以获得第二次生命，每个人可以重新选择命运。我手里有很多张纸牌，每张纸牌代表一种命运，从现在开始，你就是纸牌上的那个人，大家来抽张纸牌，看看如果你成为纸牌中的那个人，你会有什么样的想法？

(2) 教师让每名学生抽一张纸牌，并强调抽中后不可更换。

(3) 教师引导学生交流感受：喜欢被抽中的命运吗？你该如何面对自己现在拥有的生活？

(4) 总结：今天，我们的同学坐到了大学的教室里，你们的智商是正常的，大多数同学的身体也是健康的，人生路上，你们可以凭着自己的努力去改变命运，去创造属于自己的生活，我想，生活的美好也不过如此。

附件：纸牌内容。

(1) 智力仅有 60。

(2) 家里很有钱，但一家人经常吵架。

(3) 一场意外的车祸夺去了双腿。

(4) 生活在一个很穷的地方，读到小学二年级就辍学，现在想外出打工但不识字。

(5) 从小患有轻度脑瘫。

(6) 就读于北京大学，但不善于处理人际关系，不会做家务，我只会读书。

(7) 只有 1.41 米高，走在校园里常常感受到别人异样的目光。

(8) 母亲得了癌症。

(9) 从小患有肥胖症，常被人嘲笑。

(10) 患有重度抑郁症。

(11) 出生在偏远农村，学历低，只能在建筑工地打工。

(12) 有听力障碍。

(13) 眼睛失明。

(14) 口吃，常被人嘲笑。

(15) 在很小的时候，父亲就一直在监狱里。

(16) 因为家里穷，需打工赚钱养活年幼的弟弟妹妹，无法读大学。

(17) 小时候家里穷，没读书，不识字，看不懂电视，听不懂广播。

(18) 患有呼吸道疾病，觉得每一次呼吸都是艰难的，家里又没有钱医治。

(19) 想生孩子，但没有生育能力。

(20) 生活在常年有战争的地方。

(21) 因为有心脏病，只能活25岁。

(22) 出生就面部畸形。

(23) 孤儿，从小被父母抛弃。

(24) 患有孤独症。

(25) 父亲脾气暴躁，常莫名其妙就遭遇毒打。

4. 我的生命线

活动目的：引导学生反思自己的生命，规划好自己的生涯。

活动时间：15分钟。

活动道具：白纸、红色、黑色签字笔。

活动场地：教室。

活动流程：

(1) 在白纸的正上方写上"我的生命线"五个字。在纸的中部，从左至右画一道长长的横线。多长呢？随意，长短皆可，你可按照自己的喜好决定。步骤完成之后，纸上的情况是这样的：然后给这条线加上一个箭头，让它成为一条有方向的线。

$$\xrightarrow{\hspace{5cm}}$$

然后，请你在线条的左侧，写上"0"这个数字，在线条右方，箭头旁边，写上你为自己预计的寿数，可以写60，也可以写100。

一张洁白的纸，写有"我的生命线"的字样，其下有一条有方向的线条，代表了你的生命的长度。它有起点，也有终点，你为它规定了具体的时限。

(2) 请你按照你为自己规定的生命长度，找到你目前所在的那个点。比如你打算活80岁，你现在只有20岁，你就在整个线段的1/4处留下一个标志。之后，请在你的标志的左边，即代表着过去岁月的那部分，把对你有着重大影响的事件用笔标出来。例如，3岁你上幼儿园了，你就找到和3岁相对应的位置，填写上幼儿园这件事。注意，如果你觉得是件快乐的事，你就用鲜艳的笔来写，并要写在生命线的上方。如果你觉得快乐非凡，你就

把这件事的位置写得更高些。假如，10岁时，你的祖母去世了，她的离世对你造成了极大的创伤，你就在生命线10岁的位置下方，用暗淡的颜色把它记录下来。抑或，18岁高考失利，你痛苦非凡，就继续在生命线的相应下方很深的陷落处留下记载。依此操作，你就用不同颜色的彩笔和不同位置的高低，记录了自己在今天之前的生命历程。

(3) 接下来，看着你剩下的人生部分，在你的坐标线上，把你这一生想干的事，都标出来。尽量把时间细化。视它们带给你的快乐和期待的程度，标在线的上方。如果它是你的挚爱，就请用鲜艳的笔墨高高地填写在你的生命线最上方。当然，在人生旅途中，除了鲜花与掌声，还有挫折和困难，如父母的逝去、孩子的离家、各种意外的发生，不妨一一用黑笔将它们在生命线的下方大略勾勒出来，这样我们的生命线才称得上完整。

(4) 请学生分享感受，引导学生反思我们的生命，什么样的生活才算有意义的生命。

5. 应对压力我有招

活动目的：引导学生学习释放自己的压力。

活动时间：15分钟。

活动道具：放松训练的音频。

活动场地：教室。

活动流程：

(1) 我们在人生历程中，都会面对各种各样的压力，现在请大家想象一曾经经历的很大的压力或者正在经历的很大的压力，让自己处于压力情景中。

(2) 播放放松训练的音频。

(3) 请学生分享感受，同时，每人说出自己压力大时的解决办法。

心理加油站

一、散文欣赏

(一)我很重要

我是由无数星辰日月、草木山川的精华汇聚而成的。只要计算一下我们一生吃进去多少谷物，饮下了多少清水，才凝聚成一具美轮美奂的躯体，我们一定会为那数字的庞大而惊讶。平日里，我们尚要珍惜一粒米、一叶菜，难道可以对亿万粒菽粟、亿万滴甘露滋养出的万物之灵，掉以丝毫的轻心吗？

我们是一株亿万年苍老树干上最新萌发的绿叶，不单属于自身，更属于土地。人类的精神之火，是连绵不断的链条，作为精致的一环，我们否认了自身的重要，就是推卸了一种神圣的承诺。

回溯我们诞生的过程，两组生命基因的嵌合，更是充满了人所不能把握的偶然性。我们每一个个体，都是机遇的产物。

对于我们的父母，我们永远是不可重复的孤本。无论他们有多少儿女，我们都是独特的一个。

假如我不存在了，他们就空留一份慈爱，在风中蛛丝般飘荡。

假如我生了病，他们的心就会皱缩成石块，无数次向上苍祈祷我的康复，甚至愿灾痛以十倍的烈度降临于他们自身，以换取我的平安。

假如我们先他们而去，他们的白发会从日出垂到日暮，他们的泪水会使太平洋为之涨潮。面对这无法承载的亲情，我们还敢说我不重要吗？

与朋友相处，多年的相知，使我们仅凭一个微蹙的眉尖、一次睫毛的抖动，就可以明了对方的心情。假如我不在了，就像计算机丢失了一份不曾复制的文件，他的记忆库里留下不可填补的黑洞。

相交多年的密友，就如同沙漠中的古陶，摔碎一件就少一件，再也找不到一模一样的成品。面对这般友情，我们还好意思说我不重要吗？

我很重要。

没有人能替代我，就像我不能替代别人。我很重要。

是的，我很重要。我们每一个人都应该有勇气这样说。我们的地位可能很卑微，我们的身份可能很渺小，但这丝毫不意味着我们不重要。

重要并不是伟大的同义词，它是心灵对生命的允诺。人们常常从成就事业的角度，断定我们是否重要。但我要说，只要我们在时刻努力着，为光明在奋斗着，我们就是无比重要地生活着。

让我们昂起头，对着我们这颗美丽的星球上无数的生灵，响亮地宣布——我很重要。

(2005 年，时代文艺出版社，毕淑敏)

(二)你要好好爱自己

你要好好爱自己。

这话来自一句叮嘱，最早向我们说起它的人，可能是我们的父母，可能是我们的师友，可能是我们的爱人……

他们也许会一而再再而三地说：冷了要添衣，热了要洗脸。不要熬夜，不要一忙就忘了吃饭。要和大家伙儿搞好关系，要对得起自己的良心……要早睡早起……

如果从来没有人对你说起过这些絮絮叨叨、啰啰唆唆的话，那你的童年和少年加上青年时期，孤寂荒凉。你未曾被人捧在手心，极少承接过温情。

不过，这没什么了不起的。因为无论别人怎样对你说过这些话，说过多少次，都是身外之物。话音终将袅袅远去，要紧的是——你要自己对自己说这句话——你要好好爱自己。在纷杂人间的清朗月夜，你要耳语般无比坚定地对自己说。

好好爱自己，是简单朴素的常识。可是这世上有多少人，能够懂得、能够记住、能够做到呢？

放眼四周，谬爱种种。

有人年轻时不顾死活拼命挣钱，预约给自己年老的时候可以肆意享乐，放开一搏。他们以为这就是爱自己。

有人以为给自己的胃填进一些过多的食物，让罕见的山珍野味把肚腹填满，撑得两眼翻白，这就是爱自己了。

　　有人以为在手腕上箍住名表，在颈项间悬挂重磅的金饰，这就是爱自己了。

　　有人以为把身体安置在一个庞大的屋舍内，再用很多名牌将自己掩埋，这就是爱自己了。

　　有人以为把自己的腿最大限度地闲置起来，抵达任何一个地方都由汽油和钢铁代步，这就是爱自己了。

　　有人以为让自己的外貌和自己的内脏年龄不相符，让面容在层层化妆品的粉饰下，显出不合时宜的嫩相。严重者不惜刀兵相见大胆斧正自我，甚至可以将腿骨敲断以求延展下肢增加身高，就是狠狠地爱自己了。

　　有人以为让自己的身体委曲求全，和不爱的人肌肤相亲，以换得衣食无忧甚至纸醉金迷，这就是爱自己了。

　　有人以为让嘴巴说言不由衷之话，让表情做不是发自内心的谄媚之态，让双膝弯曲，让目光羞于见人，这都是爱自己。

　　实际情况恰恰相反，以上诸等，皆是对不起自己，害了自己。

　　爱自己是需要理由的。我们的爱要想持之以恒，先要明白自己究竟是谁。最明确的结论是——自己首先是一个身体。这个身体结构精巧，机能完善，高度发达，精美绝伦。千百万年进化的水流，将身体打磨成健全而温润的宝石。

　　大脑的功用是思考，而不是他人任意抛洒塑料袋的垃圾场。凡事用自己的脑袋想一想，作出最合乎理性的决定，这就是对自己的脑袋好。

　　眼睛要看洁净美好之物，看出潜在的危险找到安全方向。眼睛还有小小的癖好，爱看草木的绿色和天空的湛蓝，爱看书本和笑靥。满足它的愿望，非礼勿视，这就是对眼睛好。

　　鼻子希望呼吸到清新的空气，闻到花香，不喜欢密不通风的腐朽之气和穹顶之下皆是雾霾。让它远离这样的环境，才是对鼻子的爱惜。

　　嘴巴希望讲的都是发自内心的真话，摄入到富有营养的本色食品，而不是混杂三聚氰胺和地沟油的伪劣食物，不说口是心非的谗言，嘴唇上翘，嘴巴就微笑了。

　　双手希望能通过自己的劳动创造出美好生活的物质基础，而不是扒窃抢劫和杀戮。这就是手的幸运了。

　　我们的内脏希望它能劳逸结合，不要总是爆满，不要连轴转。要有张有弛劳逸结合。不要被塞进太多赘物，不要无端地损耗它们的能量。

　　颈椎希望能不时地扬起头，舒展它弯曲的弧度。而不是终日保持一个僵硬的姿势，以至于每一节间隙都缩窄，过度摩擦增生长出骨刺。

　　脊骨希望自己能够庄严地挺直，快乐向前。这不但是生理的需要，也是心理的需要。一个卑躬屈膝的人，谈不上尊严。而没有尊严的人，不会好好对待自己。因为他看不起自己，以为自己只是蝼蚁之物。

　　我们的肩膀，希望能担负一定的担子。不要太轻，那样就失去了肩负的责任。也不能太重，超过了负荷，肩周就会发炎。

　　双脚，希望安稳地站立在大地之上。那种为了显示自己比实际高度更高的内外增高鞋，骨子里是虐待双脚的刑具。

　　我们的双腿，希望能在正当的道路上挺进。时而可以疾跑，时而可以漫步，时而可以暂停，倾听婉转莺啼。

我们的皮肤，希望能顺畅地呼吸，而不是被厚厚的脂粉糊满，戴一张石灰盔甲。

我们的头发，希望按照它的本来面目，风中舒展。黑就是黑，白就是白，黄就是黄。而不是像鸡毛掸子似的五颜六色，被反复弯曲和拉直，好像它是多变的小人。

我们的心脏，希望匀速地跳动。运动的时候可以适时加快，睡眠的时候，可以轻柔缓舒。需要拍案而起的时候，它可以剧烈搏动，以输出更多的血液，支撑我们怒发冲冠的豪气。千钧一发的时刻，它可以气壮山河地泵出极多血液，以提供给我们叱咤风云顶天立地的力量。

还有性腺和内分泌系统。爱惜它们就要善待它们。它们给我们以繁衍的基础，并伴以美妙的喜悦。不要为了得到感官的兴奋，就无限度地驱使它们。那种竭泽而渔的疯狂，失去的不仅仅是快乐，而是生命力的枯竭。

我惊叹人体的奥秘，大自然是何等慷慨地把最伟大的恩赐降临于我们身体之内。身体的每一个细枝末节，都遵循颇有深意的蓝图构建起来并完整地传承，兢兢业业一丝不苟。

只有爱自己的人，才有可能爱别人，一屋不扫，何以扫天下？一个不爱自己的人，断不会心细如发地爱别人。爱己爱人都是一种能量，它不是与生俱来，而是通过感知和模仿，通过领悟和学习，才慢慢积聚起来，直至蔚然成风。这世上有太多的人，不爱自己，第一个证据就是他们成了身体的叛徒。他们视身体是一团与己无关的肮脏抹布。女子会委身于不爱的人，只是为了换取利益和金钱。她们将身体弃如敝屣，任它污浊与破旧。男人们将身体与意志隔绝开来，全然不顾身体的叹息与呻吟，将其逼至崩溃的边缘。甚至无视道德和法律，追索感官的极度放纵。

所有人的身体，都理应洁净而温暖。不仅儿童和青年圣美，中老年人的身体也依旧是和煦与高贵的。纵使曾经被侮辱与损害，自有负罪之人为之承责，身体是无辜的。那些以为只有童子才清爽、处女才芬芳的念头，来自人性的无知和男权的霸道。

不过，这并不是好好爱自己的全部。在身体里，还有无比尊贵的主宰，那就是我们的灵魂。

爱惜灵魂，是好好爱自己的最高阶段。

有人说灵魂有 21 克重，说在死亡的那一瞬间，灵魂会飞向天空。我不知道这个说法是否科学，但我相信在美好的身体里，一定安住着同样精彩的灵魂。它是人类最优秀的价值观之总和，是我们瞭望世界的支点。它凝聚了人类所信仰所尊崇、所畏惧和所仰视的一切，在肉体之上，放射明亮光芒，穿透风雨迷蒙照耀着引导着我们。

如果这一世，你能爱惜身体珍重灵魂，那么从这个港口出发，你会成为一个身心平和的幸福小舟，一步步安然向前，驶入珍爱他人、珍爱万物、珍爱世界的宽广大海。

（2014年，北京联合出版公司，毕淑敏）

二、电影欣赏

（一）《入殓师》

该影片根据日本作家青木新门的小说《门纳棺夫日记》改编而成，是一部讲述关于死

亡的电影，传递给观众"死并非生的对立面，而作为生的一部分生存"。讲述的是大提琴手小林大悟由于乐队解散而失业，他和妻子美香离开东京回到了老家山形县。然而即使在老家，因为没有一技之长，大悟还是很难找到工作。一天，一张很吸引人的招聘广告映入大悟的眼帘：年龄不限，高薪保证，实际劳动时间极短，诚聘旅程助理。大悟面试的时候才知道旅程助理实际上就是入殓师，负责将遗体放入棺木并为死者化妆。大悟在犹豫后接受了这份工作。大悟为人妖青年、抛下年幼女儿离开的母亲、带着无数吻痕寿终正寝的老爷爷做了各式各样的死别，大悟渐渐地爱上了入殓师这份工作，但妻子并不支持他的工作。

该电影通过死亡这个话题，让我们看到了生活的世界。年轻的人们目睹生死的时候是否会像入殓师大悟那样悄无声息地痛苦，这种痛苦是否能最终得到良好的正视，继而阐述真正的生命应该充满着热情、充满着奉献、充满着理解、真诚的交流。

（二）《当幸福来敲门》

克里斯·加德纳(Chris Gardner)，生活在旧金山的黑人男青年，靠做推销员养着老婆还有幼子。克里斯从没觉得日子过得很幸福，当然也没很痛苦，就跟美国千千万普通男人一样过着平淡的生活，直到有一天，一系列突如其来的变故才让克里斯知道，原来平淡的日子有多珍贵。

首先，他丢了工作，公司裁员让他丢了饭碗。克里斯从此遭遇了一连串重大打击，妻子因忍受不了长期的贫困生活愤而出走，连6岁大的儿子(杰登·史密斯)也一同被带走。没过多久，妻子又把儿子还给了克里斯，从此克里斯不仅要面对失业的困境，还要独立抚养儿子。没过多久，克里斯因长期欠交房租被房东赶出家门，带着儿子流落街头。在接下的两三年中，这对苦命父子的住所从纸皮箱搬到公共卫生间。克里斯坚强面对困境时刻打散工赚钱，同时也努力培养孩子乐观面对困境的精神，父子俩日子虽苦，但还是能快乐生活。

一次，克里斯在停车场遇见一个开高级跑车的男人，克里斯问他做什么工作才能过上这样的生活，那男人告诉他自己是做股票经纪人的，克里斯从此就决定自己要做一个出色的股票经纪人，和儿子过上好日子。完全没有股票知识的克里斯靠着毅力在华尔街一家股票公司当上学徒，头脑灵活的他很快就掌握了股票市场的知识，随后开上了自己的股票经纪公司，最后成为百万富翁。

一路上克里斯经历了不少挫折，但是年幼的儿子每次都能给予他最大的鼓励，父子俩相互扶持最终完成了又一个美国梦。

三、诗歌欣赏

人来世上是偶然的

人来世上是偶然的，
而走向死亡是必然的。
谁都知道生命是宝贵的，
但很少有人善待生命。
生命是什么？

拥有生命却不善待生命。

是碧水青山之侧的精致庄园，

是百万富翁餐桌上的如山美味，

还是奢侈排场上的弹指万金……

生命到底是什么？

人说生命是出生的无知，

少年的纯真，

青年的成熟，

中年的练达，

老人的愤世嫉俗。

人说生命是母亲的慈爱，

父亲的严厉，

爱人的柔情，

朋友的关切，

是世上一切情感的结合体。

人说生命是余晖衬斜阳，

青松立峭壁，

万里平沙落秋雁，

三月阳春映白雪，

是宝刀快马，金貂美酒，冷月孤歌的漂泊。

人说生命是爱恨纠缠，恩仇快意，玄机四伏，险象环生的一场轮回。

人说生命是用关爱和拼搏铺就的一段精彩的旅程。

生命可能绚丽，也可能平淡，但它们的共同点是：能静静地安全地活在世上，享有着生的权利。

（资料来源：http://www.haojuzi.net/shici/31305.html）

能力检测

一、表达感恩之心

找个机会，很郑重地对养育自己的人说："谢谢您，因为您，我才能走到今天，在未来的每个日子，我都会照顾好自己的身体，照顾好自己的情绪。您放心，我会一步一步地让自己变得更加优秀！"

二、完形填空

如果周围人有自杀的想法，我_____。

如果我对生活感到绝望，我可以向_____求助。

如果恋人向我提出分手，我_____。

如果我很伤心，我可以通过_____等途径宣泄。

"好好爱自己"这句话的意思是_____。

"照顾好自己的身体"这句话的意思是_____。

"照顾好自己的情绪"这句话的意思是_____。

三、压力测试

请仔细看此图，如果发现它旋转速度非常快，那证明你压力大，需要好好调整和休息；如果它是静止的，恭喜你，目前你的心理比较平和美好。

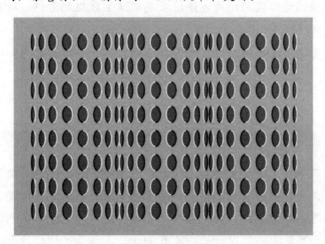

项目十一　规划人生，成就未来
——大学生职业生涯规划心理培育

知识目标：熟悉职业生涯规划的内涵、意义及主要理论，了解择业时常见的心理问题及产生的原因，掌握调适心理问题的方法，提高职业生涯规划意识，从而自觉地对自己的职业生涯进行探索和规划。

能力目标：学会运用简单的测评，探索自己的兴趣、性格、能力和价值观等，以期了解适合自己的职业。

【案例导入】

案例一

林静该上大学二年级了。随着对大学的新鲜感逐渐淡去，她成了校园里的老生，天天都很忙，上课、听讲座、参加社团活动、和同学逛街……但她又不知道自己在忙什么。有时候觉得很累，可想到要为毕业后的工作打个基础，就觉得这些付出也许是值得的吧！有时候又很迷茫，甚至有点沮丧，因为忙得没有头绪，不知道这样的付出对未来的发展有没有用。

案例二

王浩觉得自己的大学生活很灰色。自己没有什么爱好，每天除了学习还是学习，但90分的高分似乎和60分没有什么区别，学习没有什么动力，偶尔想起未来的发展，他有些迷茫和焦虑，但觉得那应该是大三那年考虑的事情。

案例三

刘阳是大三的毕业生，学习成绩和其他方面条件都不错，在就业初期满怀信心。但由于专业冷门等原因，找过几家单位都碰了壁，结果产生了自卑感，在后来的择业过程中表现越来越差，陷入恶性循环而不能自拔，以至于到了新用人单位那里，只能被动地问人家："学某某专业的要不要"，其他什么话都不敢讲，最终未能落实就业单位。

请思考：没有职业规划，人生就没有方向，进入大学时的你们，是不是应该做一个合理的职业规划呢？

【心理讲堂】

第一节　认识职业生涯规划

职业生涯规划是大学生迈入社会的第一个规划，没有职业规划，人生就没有方向。职业生涯规划不仅仅是帮助个人找到一份工作，更重要的是帮助个人真正了解自己，为自己策划和设计出合理可行的职业生涯发展方向，从而实现个体职业可持续发展，最终达到和实现自己的人生目标。

大学是人生的重要阶段，也是容易自我迷失的阶段。对于大多数新生而言，在经历了刚进大学的喜悦和兴奋之后，大学初期的迷茫在所难免。古人曰，凡事预则立，不预则废。预，指预测、准备、规划。哈佛大学的爱德华·班菲德(Edward Banfide)博士在对美国社会进步动力的研究发现，那些成功的人士往往都是有长期时间观念的人。他们在做每天、每周、每月活动规划时，都会用长期的观点去考量。他们会规划五年、十年、甚至二十年的未来计划。他们分配资源或做决策都是基于他们预期自己在几年后的地位而定。这种规划可以强化个体发展的信心，克服目标实现过程中的各种障碍，改变职业乃至生活态度，使自己拥有一个积极的人生。

青年大学生都有自己的理想和青春，然而，理想总眷顾有准备的头脑，青春只垂青有方向的生命。前程掌握在自己的手中，未来源于你的视野和愿望。因此，对于大学生而言，制定一个清晰明确的职业生涯规划是最切实可行的行动。有了清晰的职业规划，你就清楚自己需要的是什么，知道自己面对多项选择时该如何取舍，将"我想做的事情"和"我能做的事情"有机结合起来，实现个人价值的最大化，让自己的职业发展朝着既定目标有条不紊地前进。

一、生涯及职业生涯

(一)生涯

"生涯"在英语中与职业是同一词(Career)，有人生经历、生活、道路、职业、专业和事业的含义。日常生活中，我们往往把生涯理解为某段特定的人生历程，一般意义上说，生涯往往就是指职业生涯。美国国家生涯发展协会将生涯定义为：个人通过从事工作所创造出的一个有目的的，延续一段时间的生活模式。就如同职业心理学家舒伯(Super)的观点：生涯是生活里各种事情的演进方向和历程，它整合了人一生中的各种职业和生活角色，它不仅包括职业角色，也包括和工作有关的其他角色，如学生、家长、配偶、公民和休闲者等。

每个人从出生到死亡，大约 80 年光景，每一个阶段的求学、工作、休闲生活及健康，都与未来的人生规划密不可分。人的生命是有限的，如何在有限的生命中，了解自我，实现自我，这其实就是一连串的抉择与选择的过程。每个人都应该了解自己的人格特质、兴趣、能力，规划出适合、属于自己的生涯。

(二)职业生涯

职业生涯是贯穿一个人一生职业历程的漫长过程，它是指一个人一生中所有与职业相联系的行为与活动，以及相关的态度、价值观、愿望等连续性经历的过程，也是一个人一生中职业、职位的变迁及工作、理想的实现过程。职业生涯是一个动态的过程，它并不包含在职业上成功与否，每个工作着的人都有自己的职业生涯。

二、职业生涯规划概述

(一)职业生涯规划的含义

职业生涯规划也称职业生涯设计，是指个人一个人对其一生职业发展道路的设想和规划，包括如何在一个职业领域中得到发展，打算取得什么样的成就等问题。尤其是对其兴趣、爱好、个性、能力、价值观、特长、经历以及存在的不足等各方面进行综合分析的基础上，确定其最佳的职业奋斗目标，并为实现这一目标作出行之有效的安排。例如，作出个人职业的近期和远景规划、职业定位、阶段目标、路径设计、评估与行动方案等一系列计划与行动。

(二)职业生涯规划的分类

根据实施主体的不同可分为组织职业生涯规划和个人职业生涯规划。

1. 组织职业生涯规划

组织职业生涯规划是指组织(企业)的人力资源部门，根据其发展和人力资源规划的需要，将其成员职业生涯规划的制定、实施好调控纳入人力资源规划体系中，通过把个人发展和组织发展相结合，对员工个人职业生涯的个人因素、政治因素和社会因素等进行分析，制定有关员工事业发展的战略设想与计划安排。

2. 个人职业生涯规划

个人职业生涯规划是指个人结合组织和自身情况以及眼前的机遇和制约因素，对其各阶段所从事的工作、职务或职业道路进行的规划。个人职业生涯规划是一个长期的过程，按照规划的时间跨度可分为：短期规划、中期规划和长期规划。

(三)职业生涯规划对大学生成才的意义

大学阶段是职业探索和职业准备的重要阶段。大学生的可塑性很强，这个时期是对其进行职业生涯规划教育的重要时期。职业生涯规划不仅是一个职业选择的问题，从本质上看，更是一个人的人生战略发展问题。科学合理的对大学生进行职业生涯规划教育，是大学教育部可缺少的重要组成部分，不仅有利于激发和培养大学生积极向上、奋发有为的人

生态度，而且有助于大学生提高他们的综合素质和择业、就业竞争力，并为未来的职业发展乃至自主创业奠定良好的基础。

1. 有助于大学生认知自我，最终实现自我

不同的职业生涯规划决定不同的人生，大学生应该以科学的方法来全面认识自我，包括了解自己的兴趣、性格、能力、价值观等多方面的内容。大学生最终将走向社会，进入职场，只有在了解自我基础上，扬长避短，制定适合自己的职业生涯规划，从而有效促进自身的全面发展。

2. 增强大学生职业生涯规划意识，提高职业规划的能力

职业生涯规划有助于大学生对自己的专业特长、兴趣爱好、性格特征、擅长的能力和技能做充分、全面的分析，可以帮助他们对自己进行正确评估，并准确地为自己定位，明确自己的职业方向，并提升职业生涯自主意识和责任，为今后事业的发展做准备。

3. 促进大学生明确职业发展目标，提高其努力学习的自主性

职业生涯规划可以有助于大学生通过对自己优势劣势进行对比分析，通过对外部职业世界的了解和分析，树立职业发展目标和职业理想；通过评估自己的目标与现实之间的差距，采取切实可行的措施，最终实现自己的职业目标和理想。

4. 有助于增强大学生的就业竞争力，为成功就业打好基础

当前，毕业生就业形势不容乐观，如何在就业竞争越来越大的今天，找到一份适合自己的工作，很大程度上取决于毕业生就业竞争力的提高。职业生涯规划可以发掘自我潜能，增强个人实力，不断增强职业竞争力，实现自己的职业目标和理想。

三、职业生涯发展的主要理论

职业生涯发展理论主要指个体职业心理发展的阶段性理论。这种理论认为个体在不同的职业发展阶段中，对职业的需要以及追求发展的方向和方式存在着较大的差异，只有充分认识到人在职业生涯发展的各个不同阶段的特点和规律，才能更好地规划自己的人生。这里对主要的生涯发展理论做一介绍。

(一)舒伯的生涯发展理论

舒伯根据年龄将个体生涯阶段划分为成长、探索、确立、维持与衰退五个阶段。

1. 成长阶段(0~14岁)

该阶段儿童开始发展自我概念，开始以各种不同的方式表达自己的需要，且经过对现实世界不断尝试，来修饰他自己的角色。该阶段最显著的角色是子女。

2. 探索阶段(15~24岁)

该阶段的青少年，通过学校活动、社团活动和打零工等机会，对自我能力及角色、职

业作了一番探索,因此在进行职业探索时有较大弹性。该阶段最显著的角色是学生。

3. 确立阶段(25～44 岁)

该阶段经过早期的试探与尝试后,最终确立稳定职业,并谋求发展,获得晋升。这一阶段是大多数人职业生涯周期中的核心部分,是整个人生的高产期。该阶段最显著的角色是持家者和工作者。

4. 维持阶段(45～64 岁)

在这一阶段,劳动者一般达到常言所说的"功成名就"情景,已不再考虑变换职业工作,只力求维持已取得的成就和社会地位。工作者的角色突然中断,又恢复了学生的角色。调适改名和休闲者的角色逐渐增加。

5. 衰退阶段(65 岁以上)

该阶段劳动者将大量的时间投入到家庭生活中,其主要任务就是发展新的角色,寻求不同方式以替代和满足需求。如图 11-1 所示,该阶段在家庭上投入相当多的时间,休闲者和家长的角色最为突出,这一阶段的主要任务就是注重发展新的角色,寻求不同方式以替代和满足需求。

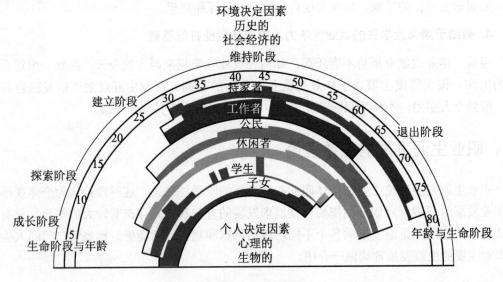

图 11-1　生涯彩虹图

(二)金斯伯格的职业意识发展阶段理论

美国著名的职业生涯发展理论先驱、职业心理学家金斯伯格(EliGirlzberg),通过对人的童年到青少年阶段职业心理发展过程的研究,将个体职业心理的发展划分为幻想期、尝试期和现实期三个阶段。

1. 幻想期(4～11 岁)

这一时期的儿童,已逐渐地获得了社会角色的直接印象,他们对自己经常看到或接触

到的各类职业都感兴趣，并充满了新奇、好玩之感，幻想着长大要当什么。

2. 尝试期(11～17岁)

11～17岁是儿童向青少年过渡的时期。随着他们生理迅速成长和变化，心理也在快速发展，以其独立意识和价值观念的形成作为显著标志，他们开始憧憬自己美好的未来。

3. 现实期(17岁以后)

17岁以后是青年向成人过渡和迈进的年龄阶段。这一时期的个体能够客观地把自己的职业愿望同自己的主观条件、能力以及社会现实的职业需要密切联系和协调起来，寻找适合自己的职业角色。

(三)施恩的职业发展理论

美国著名职业心理学家施恩根据人的生命周期的特点和不同年龄阶段的人所面临的主要心理、生理、家庭问题及其职业工作的主要任务，将职业生涯发展分为九个阶段。

1. 成长、幻想、探索阶段

这一阶段主要任务是：第一，发展和发现自己的需要和兴趣，为进行实际的职业打好基础；第二，学习职业方面的知识，寻找现实的角色模式，获取丰富信息，发展和发现自己的价值观、动机和抱负，作出合理的受教育决策，将幼年的职业幻想变为可操作的现实；第三，接受教育和培训，开发工作世界中所需要的基本习惯和技能。在这一阶段所充当的角色是学生、职业工作的候选人、申请者。

2. 进入工作世界

该阶段首先是进入劳动力市场，谋取可能成为一种职业基础的第一项工作；其次，个人和雇主之间达成正式可行的契约，个人成为一个组织或一种职业的成员，充当的角色是应聘者、新学员。

3. 基础培训

这一阶段要担当实习生、新手的角色。也就是说，已经迈进职业或组织的大门。

此时主要任务已是了解、熟悉组织，接受组织文化，融入工作群体，尽快取得组织成员资格，成为一名有效的成员；其次是适应日常的操作程序，应付工作。

4. 早期职业的正式成员资格

该阶段取得组织正式成员资格，面临的主要任务：第一是承担责任，成功地履行与第一次工作分配有关的任务；第二是发展和展示自己的技能和专长，为提升或进入其他领域的横向职业成长打基础；第三是根据自身才干和价值观、组织中的机会和约束，重估当初追求的职业，决定是否留在这个组织或职业中，或者在自己的需要、组织约束和机会之间寻找一种更好的配合。

5. 职业中期

处于职业中期的正式成员，主要任务是选定一项专业或进入管理部门；保持技术竞争力；承担较大责任，确实自己的地位；开发个人的长期职业计划。

6. 职业中期危险阶段

该阶段主要任务为：现实的估价自己的进步、职业抱负及个人前途；就接受现状或者争取看得见的前途作出具体选择；建立与他人的良师关系。

7. 职业后期

该阶段的主要任务是成为一名良师，学会发挥影响，指导、指挥别人，对他人承担责任；扩大、发展、深化技能，或者提高才干，以担负更大范围、更重大的责任；如果求安稳，就此停滞，则要接受和正视自己影响力和挑战能力的下降。

8. 衰退和离职阶段

此阶段主要的职业任务是学会接受权力、责任、地位的下降；基于竞争力和进取心下降，要学会接受和发展新的角色；评估自己的职业生涯，着手退休。

9. 离开组织或职业——退休

在失去工作或组织角色之后，面临两大任务：保持一种认同感，适应角色和生活方式的转变；保持一种自我价值，运用自己积累的经验和智慧帮助他人，感到有所实现和满足。

(四)格林豪斯的职业发展阶段理论

格林豪斯(Greenhaus)研究人生不同年龄段职业发展的主要任务，并以此将职业生涯划分为5个阶段。

1. 职业准备(0～18岁)

该阶段的主要任务是发展职业想象力，对职业进行评估和选择，接受必需的职业教育。

2. 进入组织(18～25岁)

该阶段的主要任务是在一个理想的组织中获得一份工作，在获取足量信息的基础上，尽量选择一种合适的、较为满意的职业。

3. 职业生涯初期(25～40岁)

该阶段的主要任务是学习职业技术，提高工作能力；了解和学习组织纪律和规范，逐步适应职业工作，适应和融入组织；为未来的职业成功做好准备。

4. 职业生涯中期(40～55岁)

该阶段的主要任务是需要对早期职业生涯重新评估，强化或改变自己的职业理想；选定职业，努力工作，有所成就。

5. 职业生涯后期(55 岁至退休)

该阶段的主要任务是继续保持已有职业成就，维护尊严，准备引退。

第二节　大学生职业生涯规划心理培育

职业生涯是个人发展的基础，又是个人发展历程的体现，在这个重要而漫长的过程中，每个人的职业生涯规划都会受到内外因素的影响。因此，个人的职业生涯规划，应根据其规划所处的阶段、职业发展现状而进行。大学生正处于职业的学习、准备和起步阶段，其职业生涯规划有着鲜明的年龄特征和阶段特征。

一、大学生职业生涯规划存在的问题

目前，大学生职业生涯规划存在的问题主要体现在两方面，一方面在于学生，主要表现在大学生对职业生涯规划的意识方面；而另一方面，就是学校方面，体现在对于职业生涯规划的重视不够，落实不到位。

(一)职业生涯规划的理念未能深入人心，忽视职业生涯规划，认为职业生涯规划可有可无

目前，职业生涯规划课程已被列为很多高校的必修课程，但是大学生，尤其是高职大学生，对职业生涯规划课程认识还不够。有的学生认为，自己尚处于学习阶段，未来有太多的不确定因素，"计划赶不上变化"，没必要过早进行职业生涯规划；有的学生则毫不犹豫地认为，职业生涯规划是毕业生的事情，处于低年级的大学生做职业生涯规划完全是浪费时间。这些看法很大程度上造成大学生忽略职业生涯规划，认为它可有可无。

(二)将职业生涯规划等同于职业选择

很大部分学生还认为职业生涯规划就等同于职业选择，认为大一、大二时开设的职业生涯规划课程为时过早。

(三)自我认识不够清晰

职业生涯规划是建立在大学生对自我兴趣、能力、价值观等多方面充分了解的基础上。研究表明，大部分大学生对自我的兴趣、性格、能力、价值观等的认识不够清晰，不能正确地了解自身的优势和劣势，也没有准确取得自我定位。

(四)自我定位不准，对职业发展期望过高或者过低

自我定位不准，主要表现为要么过高估计自己的能力，眼高手低；要么过低估计自己的能力，缺乏自信。两者都不能很好地结合工作世界的具体情况去确定职业目标，进行职

业定位。学生在自我定位时缺乏科学性，没有很好地了解自我，也没有很好地将自我的特点与所选的职业进行匹配，也就是没有做到自我能力特点与职业的匹配。

(五)重规划，轻评估

职业生涯规划是一个长期连续的一个过程，并不是一蹴而就的，它是需要在执行过程中对职业目标和实施的策略进行评估以检验其合理性、准确性和可行性。而大学生往往侧重于制定和执行一个规划，忽略了过程中的评估、反馈，出现问题时不能及时地发现、修改和完善，导致不能顺利地实现预期的职业目标。

二、大学生常见的消极择业心理

不良的择业心理往往表现为焦虑心理、自卑心理、虚荣心理、孤傲心理、依赖心理和盲从心理，在此基础上分析了产生不良择业心理的成因，包括社会的就业环境对大学生就业心理的影响、高校人才培养模式对大学生就业心理的影响和大学生自身综合素质不强对大学生就业心理的影响。

(一)焦虑心理

大学生在择业过程中，常会产生莫名的担心，能否找到一份自己理想的工作岗位；能否在面试过程中表现得恰如其分；父母或者恋人不同意怎么办；到用人单位不能胜任工作怎么办等。有的性格内向、成绩能力又一般的大学毕业生在择业时这种焦虑的心理更为严重。

(二)自卑心理

一些大学生过低地估计自己，总是看不起自己，在求职的过程中，缺乏自信、勇气，看不到自己的优势，害怕竞争。有这种心理的同学往往表现为对自己的能力评价过低，看不到自己的优势。有这种心理的同学在职业选择时长吁短叹、怨天尤人，无法把握住自己的命运。这种心理将直接导致就业失败或者不如意。

(三)虚荣心理

有这种心理的大学生，往往不切实际，好高骛远，他们选择职业往往是为了满足自己的虚荣心，而不是为自己寻找施展才华的空间。有的同学在择业中产生较强的攀比意识，特别关注其他同学的就业动态，非要优于其他同学，自己才会心满意足。

(四)孤傲心理

在职业选择中，孤傲心理主要表现为自命清高，求职期望过高、不切实际。例如，部分学生认为自己很有才华，各方面条件都不错，应该能找一份不错的工作，因此傲气十足。一旦遭到用人单位的拒绝，一些大学生就会因此一蹶不振，甚至抱怨"怀才不遇"。

"人贵有自知之明"，大学生要加强人际交往，多参与社会实践，不断地认识反省自己，客观正确地评价自己，以防止孤傲心理的滋生。

(五)依赖心理

现在的毕业生中，独生子女所占的比例越来越大，他们的生活一帆风顺，没有经历过波折，在家备受父母亲友的关爱，有的甚至在大学期间也经常受远隔千里的父母无微不至的照料，久而久之产生一种依赖心理。这些毕业生大多缺乏主见，自我意识模糊，在择业中常会茫然不知所措，自己独立进行择业决策的能力差，以致在人才市场上，父母代替子女，亲友代替本人与用人单位洽谈的场面屡见不鲜。难怪有用人单位对依赖性过强的毕业生说："你本人都要靠别人来推销，企业还能靠你来推销产品吗？"

(六)盲从心理

部分学生一方面缺乏对自我的真正了解，另一方面也缺乏对工作世界的真正了解，不能客观地分析自己的优势、劣势和用人单位的需求，因此在择业时产生盲从心理，盲目地追求所谓的"潮流"，忽视个人的真正需求。

三、消极的择业心理形成原因

大学生择业心理受到内、外两大方面因素的影响。内因上受到个人的择业观点、自身素质和实际能力等方面的限制；外因上受到来自家庭、学校和社会的各种影响。

(一)个人原因

大学生不能正确认识自我和社会，缺乏求职技巧和职业生涯规划意识，是造成当代大学生出现择业心理困惑的根本原因。也就是说，大学生对自我认识的清晰度、对职业的了解程度、就业的能力、心理素质等综合素质越高，在择业过程中遇到的困难就越少。

(二)家庭原因

家庭是个人的第一所学校，家庭教育中，父母的文化程度、职业特点、性格特征、人生观、价值观及教育方式，直接影响孩子的人格和心理素质，对大学生的性格塑造、个性形成，世界观、人生观、价值观的形成也有重要影响。有的家庭提前给子女设计好择业蓝图，按照自己的想法给子女安排一切，往往不考虑子女的主观愿望和个性特点及能力特长，由于家长和子女思想的不统一，或者家长的行为与学校的教育相矛盾，往往导致当代大学生择业的矛盾心理或者依赖心理。

(三)学校原因

由于长期的应试教育的影响，学校方面对中小学心理健康教育重视程度不够。过度强化科学文化知识和技能，忽略了心理健康教育，致使学生没有从小形成良好的心理防御机

制。在高校，学校的就业指导工作，尤其是就业心理咨询明显滞后于学生就业的变化，很多学校早已形成规模的就业指导工作，却在就业心理辅导者一方面显得尤为薄弱。学生面临"双向选择，自主择业"，迫切希望有人帮助他们解决择业过程中的种种心理适应问题，维护他们的心理健康。特别是在我国就业制度改革的今天，竞争加大，学生对上述要求更为迫切。但是，学校在这方面开展的工作还远远不够。

(四)社会原因

当今，处于转型期的社会必然导致更多的心理冲突和失衡，随着我国高等教育体制改革，对大学生的心理也产生了很大的冲击。在毕业生人数急剧上升，就业压力越来越大的情况下，毕业生还面临着"双向选择，自主择业"的就业政策，就会无所适从，从而影响着毕业生的就业心理。

四、大学生克服消极择业心理的途径

(一)认清形势，树立准确的择业观

在大众化教育阶段，接受高等教育将成为相对多数人的权利，大学生成为普通劳动者。职业的选择无论对个人还是社会的生存和发展，都具有十分重要的作用。因此，树立正确的择业观，不仅有利于社会发展，更有利于个人价值的实现。这就需要我们找准自己的社会角色，确定好自己的社会位置。在择业前应该对自己有一个正确的认识和评价，能够根据自己身体、兴趣、气质、个性及能力等方面因素把自己放在最合适的位置上，既不过高地估计自己，也不妄自菲薄，能够准确地找准自己的社会角色，确定好自己的社会位置，有利于自身价值的实现。每个人在择业时期望谋求到理想职业，但要使期望变为现实，必须认清形势，正确把握就业期望值。因此，在择业时要认真考虑所学的专业和方向，了解社会对该专业的需求情况，要根据自己的职业兴趣、专业特长、实际能力、性格气质特点和家庭情况等去确定职业期望值。在择业时要以自己所长择社会所需，把个人职业发展与社会要求有机地结合起来，选择那些能够为自己提供良好的发展前景、能够发挥自己才能又为社会所需的职业，真正体现和实现自己的价值。

(二)科学规划，增强就业能力

当今社会到处充满着激烈的竞争，要想在激烈的竞争中脱颖而出并立于不败之地，就必须做好职业生涯规划。职业生涯规划可以发掘自我潜能，增强个人实力。一份行之有效的职业生涯规划将会引导大学生正确认识自身的个性特征、现有的潜在资源优势；使大学生学会如何运用科学的方法采取可行的步骤和措施，不断增加职业竞争力，实现自己的职业目标与理想。

(三)拓展学习，提高心理调适能力

面对求职过程中遇到的心理问题，大学生应该提前学习一些心理学相关知识，学会自

我调节，改善心境，保持健康的心态。下面介绍几种常见的心理调节方法。

1. 宣泄法

每个人都渴望时时如意，事事顺心，但事实上"生活有苦也有甜"。当面对追求的失败、奋斗的挫折、情感的伤害、学习的压力等困扰时，不良的情绪体验油然而生。如果对不良情绪不能正确对待，不加以及时调节疏导与释放，就会影响人的工作、学习和正常生活，继而导致身心疾病，危及人的健康。那么，大学生在求职过程中遇到不良情绪时，要学会运用倾诉、放声高歌或者痛哭等方式以排解不良情绪。

2. 心理暗示法

心理暗示，是指人接受外界或他人的愿望、观念、情绪、判断、态度影响的心理特点，是人们日常生活中最常见的心理现象。它是人或环境以非常自然的方式向个体发出信息，个体无意中接收这种信息，从而作出相应的反应的一种心理现象。通过自我心理暗示，大学生可以调整自己不良的情绪。在择业过程中，大学生可以通过运用一些简短而积极的自我心理暗示语，如"沉着""冷静""我一定行"等调节自己的情绪。

3. 放松训练

放松训练是通过学习让身体和精神得到放松的一种方法。常用的有呼吸放松法、肌肉放松和意念放松等放松方法。大学生可以利用某一物来发挥自己的想象，使自己振作精神，心情愉悦，消除或者减轻紧张、焦虑、不安、气愤的情绪。

4. 情绪转移法

情绪转移法是将注意力由消极情绪转移到积极情绪的一种方法。当不良情绪产生时，可以采取转移注意力的方法寻求一个新的兴奋中心以抵消或冲淡原来的兴奋中心，使不良情绪逐渐消失。当你被不良情绪影响的时候，你可以通过看书、搞笑的故事片和连续剧，让自己尽情地大笑，还可以听音乐或放声高歌，还可以参加体育运动，也可以暂时离开那些让自己不快乐的环境，到鸟语花香的公园、绿树成荫的大道上走走，忘记自己的烦恼，消除精神上的紧张和压抑之感。

心理训练营

活动一："撕思人生"

目的：了解合理规划的重要性。

方式及要求：

(1) 选择一块纸条，用它来代表你的一生(例如100岁)。

(2) 撕掉你已经过完的年纪。(例如，选择25年，也就是撕掉了1/4。)

(3) 撕掉退休后的时间。(例如，选择了去掉40年，也就是又撕掉了剩余的一多半。)

(4) 撕掉睡觉的时间。(每天睡眠8小时，就撕掉了剩余的1/3。)

(5) 去掉工作上班的时间和吃饭的时间。(每天上班8小时，吃饭3小时，一周工作5天。)

这就是仅剩的一点时间，我们能够拿它来做什么呢？我在今后的对我来说最重要的这些日子里，我还想能够好好地跟家人待在一起(这是我对幸福的定义)，我还想做许多自己想做的事(这是我对快乐的定义)。我想做的事有那么多，这仅有的一块时间够吗？

于是，不能浑浑噩噩，不能迷迷糊糊。不再花大把的时间用在看电视剧和电影上，不再说出"无聊"两字，更不能干无聊的事。安排这日子，人生的规划——长期规划——中期规划——短期规划。一星期打几次电话给亲人，一星期有几次跟朋友在一起，每天跟几个人交流，每个小时有几次微笑！

活动二：我的岛屿计划

目的：了解职业兴趣。

方式及要求：

(1) 假设你在度假途中，你所乘坐的轮船发生了意外故障，必须紧急靠岸。此时，轮船正处于以下 6 个岛屿中间。现在你不要考虑其他因素，仅凭自己的兴趣挑选出你最想靠岸的 3 个岛屿，并将其按照先后顺序进行排列。

R 岛屿：自然原始的岛屿，岛上保留有热带的原始植物林、自然生态保护也很好，有相当规模的动物园、植物园和水族馆。岛上居民以手工见长，自己种植花果蔬菜、修缮房屋、打造器物和制作工具。

I 岛屿：深思冥想的岛屿，岛上人迹较少，建筑物多僻处一隅，平畴绿野，适合夜观星象。岛上有多处天文馆、科博馆以及科学图书馆等。岛上居民喜好沉思、追求真知，喜欢和来自各地的哲学家、科学家和心理学家等交换心得。

A 岛屿：美丽浪漫的岛屿，岛上充满了美术馆、音乐馆，弥漫着浓厚的艺术文化气息。同时，当地的原住居民还保留了传统的舞蹈音乐与绘画，许多文艺界的朋友都喜欢来这里找寻灵感。

S 岛屿：温暖友善的岛屿，岛上居民个性温和、十分友善、乐于助人，社区均自成一个密切互动的服务网络，人们多互助合作，重视教育，充满人文气息。

E 岛屿：显赫富庶的岛屿，岛上的居民热情豪爽，善于企业经营和贸易。岛上的经济高度发展，处处是高级饭店、俱乐部和高尔夫球场。来往者多是企业家、经理人、政治家和律师等，衣香鬓影，夜夜笙歌。

C 岛屿：现代井然的岛屿，岛上建筑十分现代化，具有进步的都市形态，以完善的户政管理、地政管理和金融管理见长。岛民个性冷静保守，处事有条不紊，善于组织规划。

(2) 选出自己喜欢的岛屿，了解自己的职业兴趣取向。

(3) 小组讨论：分享彼此为什么选择这个岛屿，这个岛屿的什么特点吸引了你？

活动三：价值观拍卖

目的：澄清自我价值观，帮助我们作出合乎自己情况的职业选择。

方式及要求：

(1) 给大家一分钟的时间，回答一个问题"你希望自己的工作……"，快速地写下自

己对工作的某些期待，不要多想，跟着自己的感觉走就好。

(2) 写好之后思考一下你的这些期待跟你的现状有什么差距，是否可以通过努力实现。

(3) 把准备好的4付卡片分给4个小组。

(4) 各小组进行价值观大拍卖。

假设你自己正在参加一次拍卖会。每次会出现一种商品，即一种价值观，你可以考虑要或不要，如果你觉得你需要它，那就可以使用你手中的卡片(每个人手中都会有5张面值为1000元的卡片)来竞拍，谁出的价高，这个价值观就归谁。每件商品的底价为1000元，注意你的卡片有限，肯定不能每件商品都竞拍下来，所以你要慎重考虑自己是否真的需要。

价值观卡片具体包括的内容如下：

人际关系/归属感、团队合作，物质保障/高收入，稳定，安全，创造性，多样性和变化性、新鲜感，乐趣，被认可，受尊重，能帮助他人，能发挥自己的才能，成就感，成功，名誉，地位，自主独立，有学习/发展/成长的机会，权力(领导/影响他人)，有益于社会，挑战性，冒险性，竞争，符合自己的道德观，工作环境、工作与生活平衡，家庭，朋友，亲密关系，健康，信仰，自由，幸福，人际交流，负责，成功……

活动四：成就故事

目的：了解自我技能。

方式及要求：

(1) 参照下表格式，在表中填上自己的优点和缺点，尽可能地包括自己各方面的优缺点，注意优缺点平衡。

优　点	缺　点
有团队意识；	不容易跟同学做好朋友；
受人称赞的管理者；	容易紧张；
公正无私；	经常说话不顾后果；
精力充沛；	性情比较保守；
思想开放；	真正的朋友很少；
性格开朗；	情绪不稳定；
办事认真；	不喜欢琐事；
……	……

(2) 讲述成就故事识别技能。

成就经历	技能运用或识别
名称：	
细节：	
技能总体描述：	

(3) 汇总这些技能，制作一份你自己的推荐信。

(4) 找出你最得意的技能。

对下列技能分类进行排名，以确认你最得意的技能(1=最得意，6=最不得意)：

① 帮助人、服务人、仁慈待人；

② 写作、阅读、谈话、演讲、教授；

③ 分析、系统化、研究；

④ 创造、发明、开发、想象；

⑤ 说明、销售、影响、谈判；

⑥ 建造、收获、眼手配合、操作机器。

活动五(小测试)：桃园摘桃

目的：了解自我决策类型。

要求：路边有一片桃园，假如你可以进入桃园摘桃子，但只许前进不许后退，只能摘一次，要摘一个最大的，你会怎么办？

A. 对视野内的桃子进行比较，形成一个大概的标准，再根据这个标准选择最大的桃子。

B. "我感觉这个大！"就摘这个了。

C. "去问看桃园的人，让他告诉我什么样的最大！"或者问旁边的人什么样的最大。

D. 先别管了，走到最后再说吧！

E. 稍微比较，迅速摘一个。

结果说明：

A. 理智型。强调综合全面的收集信息、理智的思考和冷静的判断分析。

B. 直觉型。以自我判断为导向，在信息有限时能够快速作出决策，发现错误时能迅速改变决策。

C. 依赖型。倾向采用他人建议与支援，往往不能承担自己做决策的责任。

D. 回避型。拖延不果断，倾向于不考虑未来的方向，不知道自己的目标，也不思考，也不寻求帮助。

E. 自发型。不能容忍决策的不确定性以及由此带来的焦虑情绪，具有强烈的及时性，对快速做决策的过程有兴趣。

▓ 心理加油站

心理故事一：布里丹毛驴效应

布里丹是大学教授，他的出名主要在于据说他证明了两个相反而又完全平衡的推力下，要随意行动是不可能的。他举的实例就是一头驴在两捆完全等量的草堆之间是完全平衡的。既然驴无理由选择吃其中哪一捆草，那么它永远无法作出决定，只得最后饿死。故事是这样的：

　　布里丹养了一头小毛驴，他每天要向附近的农民买一堆草料来喂。这天，送草的农民出于对哲学家的景仰，额外多送了一堆草料放在旁边。这下子，毛驴站在两堆数量、质量和与它的距离完全相等的干草之间可为难坏了。它虽然享有充分的选择自由，但由于两堆干草价值相等，客观上无法分辨优劣，于是它左看看，右瞅瞅，始终无法分清究竟选择哪一堆好。

　　于是，这头可怜的毛驴就这样站在原地，一会儿考虑数量，一会儿考虑质量，一会儿分析颜色，一会儿分析新鲜度，犹犹豫豫，来来回回，在无所适从中活活地饿死了。

毛驴

　　那头毛驴最终之所以饿死，导致它最后悲剧的原因就在于它左右都不想放弃，不懂得如何决策。人们把这种决策过程中犹豫不定、迟疑不决的现象称为"布里丹毛驴效应"。

　　俗话说："鱼和熊掌不可兼得。""布里丹效应"产生的根源之一，恰恰是违背这条目标定律，既想得到鱼，又想得到熊掌，其行为结果是鱼和熊掌皆失。这种思维与行为方式，表面上看是追求完美，实际上是贻误良机，是在可能与不可能、可行与不可行、正确与谬误之间错误地选择了后者，是最大的不完美。

　　每个人在生活中经常面临着种种抉择，如何选择对人生的成败得失关系极大，因而人们都希望得到最佳的结果，常常在抉择之前反复权衡利弊，再三仔细斟酌，甚至犹豫不决，举棋不定。但是，在很多情况下，机会稍纵即逝，并没有留下足够的时间让我们去反复思考，反而要求我们当机立断，迅速决策。如果我们犹豫不决，就会两手空空，一无所获。

心理故事二：十年后的我会怎么样？

　　女孩 18 岁之前，是个不知道自己想要什么的人，每天就在艺校里跟着同学唱唱歌，跳跳舞，偶尔有导演来找她拍戏，她就会很兴奋地去拍，无论角色有多小。直到 1993 年的一天，教她专业课的赵老师突然找她谈话，她问："你能告诉我，你未来的打算吗？"女孩一下子愣住了。她不明白老师怎么突然问她如此严重的问题，更不知该怎样回答。

　　老师又接着问她："你确定了吗？"她慢慢咬紧嘴唇："是。"而且拉了很久的音。"好，既然你确定了，我们就把这个目标倒着算回来。10 年以后你 28 岁，那时你是一个红透半边天的大明星，同时出了一张专辑。""那么你 27 岁的时候，除了接拍各种名导演的戏以外，一定还要有一个完整的音乐作品，可以拿给很多很多的唱片公司听，对不对？""25 岁的时候，在演艺事业上你要不断进行学习和思考。另外，你还要有很棒的音乐作品开始录制了。""23 岁必须接受各种各样的培训和训练，包括音乐上和肢体上的。""20 岁的时候开始作曲作词，并在演戏方面要接拍大一点的角色……"

　　老师的话说得轻松，但是她却感到一种恐惧。这样推下来，她应该马上着手为自己的理想做准备了。可是她现在什么都不会，什么都没想过，仍然为小丫鬟、小舞女之类的角色沾沾自喜。她觉得一种强大的压力忽然向自己袭来。老师平静地笑着说："要知道，你是一棵好苗子，但是你对自己的人生缺少规划。如果你确定了目标，希望你从现在就开始做。"

　　当她意识到这是一个问题的时候，她发现自己整个人都觉醒了。从那时起，她就始终记得 10 年后的自己要做最成功的明星。所以，毕业后，对角色她开始很认真地筛选。渐渐地，她被大家接受了，她慢慢地尝试到了成功的欢乐。

2003 年 4 月，恰好是老师和女孩谈话的 10 周年，不知道是偶然还是必然，她居然真的拥有了属于自己的第一张专辑——《夏天》。

这个女孩就是如今红遍全国、驰名海内外的影视歌三栖明星周迅。毫无疑问，所有这些成就的取得，正是周迅牢记老师的话，孜孜以求的结果。

人生能有几个十年？只有及时地拷问自己："10 年后我会怎样？"及早规划，及早行动，并且矢志不移，百折不挠，你就会拥有多彩的人生。是的，时刻想着 10 年后的自己，想想 10 年后会怎样，你就会离自己的理想和目标越来越近。

心理现象一：期望值过高

临近毕业，来自云南的毕业生小王还未落实工作单位，刚好罗平有一家制药厂跟他专业对口，又在家乡，想要录用他。然而他本人的择业意向却是：单位地点必须在昆明市，至于到昆明的什么单位、具体做什么工作都无关紧要，除此以外，什么单位都不考虑。在这种心态下，结果自然难以如愿。

分析： 小王的思想在当前毕业生的择业过程中具有一定的代表性。不少毕业生过于向往经济发达地区，尤其是沿海地区的中心城市，最低的期望也是回自己家乡所在地的中心城市。他们只注重经济文化发达、工作环境优越的一面，而忽视了人才济济、相对过剩的一面，择业期望值居高不下，甚至还有逐年上升的趋势，从而导致主观愿望与现实需求之间的巨大落差。

心理现象二：信心不足，缺乏主动

毕业生刘阳学习成绩和其他方面条件都不错，在就业的初期满怀信心。但由于专业冷门等原因，找过几家单位都碰了壁，结果产生了自卑感，在后来的择业过程中表现越来越差，陷入恶性循环而不能自拔，以至于到了新的用人单位那里，只能被动地问人家："学某某专业的要不要"，其他什么话都不敢讲，最终未能落实就业单位。

分析： 刘阳的失败是由于自卑心理在作怪。在择业遭受挫折后，一蹶不振，对自己评价过低，丧失了应有的自信心，择业时缺乏主动争取和利用机遇的心理准备，不敢主动、大胆地与用人单位交谈，也就不能很好地表达自己。越是躲躲闪闪、胆小、畏缩，越不容易获得用人单位的好感。这种心理严重妨碍了一部分毕业生正常的就业竞争，使得那些原本在某些方面比较出色的毕业生也陷入"不战自败"的困惑。

心理现象三：过于自负

毕业生王强口才不错，在与用人单位代表面谈时自我感觉良好。一番海阔天空的高谈阔论以后，当对方问他的个人爱好是什么时，他竟得意扬扬地宣称是"游山玩水"，结果被用人单位毫不犹豫地拒之门外。

分析： 王强的失败是由典型的自负心理造成的。自负在心理学上指过高地估计个人的能力，从而失去自知之明。在这种心理的支配下，不少毕业生在求职择业过程中，总是自以为是，自负自傲，自以为自己什么都懂，什么都会，夸夸其谈，胡吹海侃，结果留给用人单位的是浮躁、不踏实的印象。试想，有哪家单位肯要一个不知天高地厚、自命不凡、眼高手低的毕业生呢？

心理现象四：自主择业能力差

在学校 5 月举办的小型招聘会上，毕业生林燕的父母亲在招聘会尚未开始时，就早早地到会场打听单位的情况。招聘会开始很久以后，林燕才姗姗来迟，并由家长陪同前往用人单位摊位前面谈。面谈过程中，林燕发言的时间还没有其父母多，结果谈了一家又一家，最终仍一无所获。

分析：林燕的问题出在择业过程中过分依赖他人，其实，依赖他人是难以选择到一份满意的工作的。现在的毕业生中，独生子女所占的比例越来越大，他们的生活一帆风顺，没有经历过什么波折，再加上父母亲的过分呵护，客观上也养成了他们的依赖心理。这些毕业生大多缺乏主见，自我意识模糊，在择业中常会茫然不知所措，自己独立进行择业决策的能力差，以致在人才市场上，父母代替子女，亲友代替本人与用人单位洽谈的场面屡见不鲜。难怪有用人单位对依赖性过强的毕业生说："你本人都要靠别人来推销，企业还能靠你来推销产品吗？"

能力检测

职业倾向自我探索

目的：帮助发现和确定自己的职业兴趣和能力特长，从而更好地作出求职择业的决策。

第一部分　职业白日梦

目的：您心目中的理想职业(专业)。

要求：请按顺序列出您自己最想干的 3 种工作或最想读的 3 种专业。

(一)最想干的工作＿＿＿＿＿＿＿＿＿＿＿＿＿＿＿＿＿＿＿＿＿＿＿＿＿＿＿＿＿＿

(二)最想读的专业＿＿＿＿＿＿＿＿＿＿＿＿＿＿＿＿＿＿＿＿＿＿＿＿＿＿＿＿＿＿

第二部分　兴趣

目的：了解您所感兴趣的活动。

要求：在以下活动中，请就这些活动判断你的偏好。您喜欢从事下列活动吗？"是"代表"喜欢"，"否"代表"不喜欢"或者"无所谓"，请在对应的位置上打"√"。

R：现实型活动　　　　　　　　　　　　　　是　　　否

1. 装配修理电器或玩具　　　　　　　＿＿＿＿　＿＿＿＿

2. 修理自行车　　　　　　　　　　　＿＿＿＿　＿＿＿＿

3. 用木头做东西　　　　　　　　　　＿＿＿＿　＿＿＿＿

4. 开汽车或摩托车　　　　　　　　　＿＿＿＿　＿＿＿＿

5. 用机器做东西　　　　　　　　　　＿＿＿＿　＿＿＿＿

6. 参加木工技术学习班　　　　　　　＿＿＿＿　＿＿＿＿

7. 参加制图描图学习班　　　　　　　＿＿＿＿　＿＿＿＿

8. 驾驶卡车或拖拉机　　　　　　　　＿＿＿＿　＿＿＿＿

9. 参加机械和电气学习班　　　　　　＿＿＿＿　＿＿＿＿

10. 装配修理机器　　　　　　　　＿＿＿＿　＿＿＿＿

"是"的总数(　　)

I: 研究型活动　　　　　　　　　　是　　　否

1. 读科技图书和杂志　　　　　　　＿＿＿＿　＿＿＿＿
2. 在实验室工作　　　　　　　　　＿＿＿＿　＿＿＿＿
3. 改良水果品种，培育新的水果　　＿＿＿＿　＿＿＿＿
4. 调查了解土和金属等物质的成分　＿＿＿＿　＿＿＿＿
5. 研究自己选择的特殊问题　　　　＿＿＿＿　＿＿＿＿
6. 解算术或数学游戏　　　　　　　＿＿＿＿　＿＿＿＿
7. 物理课　　　　　　　　　　　　＿＿＿＿　＿＿＿＿
8. 化学课　　　　　　　　　　　　＿＿＿＿　＿＿＿＿
9. 几何课　　　　　　　　　　　　＿＿＿＿　＿＿＿＿
10. 生物课　　　　　　　　　　　　＿＿＿＿　＿＿＿＿

"是"的总数(　　)

A: 艺术型活动　　　　　　　　　　是　　　否

1. 素描/制图或绘画　　　　　　　＿＿＿＿　＿＿＿＿
2. 参加话剧/戏曲　　　　　　　　＿＿＿＿　＿＿＿＿
3. 设计家具/布置室内　　　　　　＿＿＿＿　＿＿＿＿
4. 练习乐器/参加乐队　　　　　　＿＿＿＿　＿＿＿＿
5. 欣赏音乐或戏剧　　　　　　　　＿＿＿＿　＿＿＿＿
6. 看小说/读剧本　　　　　　　　＿＿＿＿　＿＿＿＿
7. 从事摄影创作　　　　　　　　　＿＿＿＿　＿＿＿＿
8. 写诗或吟诗　　　　　　　　　　＿＿＿＿　＿＿＿＿
9. 进艺术(美术/音乐)培训班　　　＿＿＿＿　＿＿＿＿
10. 练习书法　　　　　　　　　　　＿＿＿＿　＿＿＿＿

"是"的总数(　　)

S: 社会型活动　　　　　　　　　　是　　　否

1. 学校组织的正式活动　　　　　　＿＿＿＿　＿＿＿＿
2. 参加某个社会团体或俱乐部活动　＿＿＿＿　＿＿＿＿
3. 帮助别人解决困难　　　　　　　＿＿＿＿　＿＿＿＿
4. 照顾儿童　　　　　　　　　　　＿＿＿＿　＿＿＿＿
5. 出席晚会、联欢会、茶话会　　　＿＿＿＿　＿＿＿＿
6. 和大家一起出去郊游　　　　　　＿＿＿＿　＿＿＿＿
7. 想获得关于心理方面的知识　　　＿＿＿＿　＿＿＿＿

8. 参加讲座会或辩论会　　　　　　＿＿＿　＿＿＿

9. 观看或参加体育比赛和运动会　　＿＿＿　＿＿＿

10. 结交新朋友　　　　　　　　　＿＿＿　＿＿＿

　　　　　　　　　　　　　　"是"的总数(　　)

E: 企业型活动　　　　　　　　　　　是　　　否

1. 说服鼓动他人　　　　　　　　　＿＿＿　＿＿＿

2. 卖东西　　　　　　　　　　　　＿＿＿　＿＿＿

3. 谈论政治　　　　　　　　　　　＿＿＿　＿＿＿

4. 制订计划、参加会议　　　　　　＿＿＿　＿＿＿

5. 以自己的意志影响别人的行为　　＿＿＿　＿＿＿

6. 在社会团体中担任职务　　　　　＿＿＿　＿＿＿

7. 检查与评论别人的工作　　　　　＿＿＿　＿＿＿

8. 结交名流　　　　　　　　　　　＿＿＿　＿＿＿

9. 指导有某种目标的团体　　　　　＿＿＿　＿＿＿

10. 参与政治活动　　　　　　　　　＿＿＿　＿＿＿

　　　　　　　　　　　　　　"是"的总数(　　)

C: 事务型(常规型)活动　　　　　　是　　　否

1. 整理好桌面和房间　　　　　　　＿＿＿　＿＿＿

2. 抄写文件和信件　　　　　　　　＿＿＿　＿＿＿

3. 为领导写报告或公务函　　　　　＿＿＿　＿＿＿

4. 检查个人收支情况　　　　　　　＿＿＿　．＿＿

5. 参加速录培训班　　　　　　　　＿＿＿　＿＿＿

6. 参加计算机、文秘等实物培训　　＿＿＿　＿＿＿

7. 参加商业会计培训班　　　　　　＿＿＿　＿＿＿

8. 参加情报处理培训班　　　　　　＿＿＿　＿＿＿

9. 整理信件、报告、记录等　　　　＿＿＿　＿＿＿

10. 写商业贸易信　　　　　　　　　＿＿＿　＿＿＿

　　　　　　　　　　　　　　"是"的总数(　　)

第三部分　寻找核心竞争力

(一)目的：寻找核心竞争力。

方式及要求：

(1) 在A4纸上画上三个相互交集的圆圈，如图11-2所示。

(2) 第一个问题(喜欢做的事情)：无论你做得怎么样，也无论别人如何评价，无论在生活还是在工作中，无论是学习还是业余时间，你乐此不疲的事情有哪些？也就是说提到哪些事情，你就很感兴趣，而且愿意主动投入，请把它写到第一个圆里。

大学生心理健康教育

(3) 第二个问题(擅长做的事情)：无论你是否喜欢，也无论你是否愿意，只要你参与，只要你着手，就比其他人做得好，简而言之，你很擅长的事情有哪些？把它写到第二个圆里。

(4) 第三个问题(可以谋生的事情)：想一想，你可以用来谋生的技能哪些？假如有一天走投无路了，你可以做哪些事情来养活自己，或者养家糊口，你可以做什么？

(5) 观察一下在你写的这些里面，它既是你喜欢的，也是你擅长的，同时还是可以用来谋生的，你看看有没有同时出现在三个圆的？

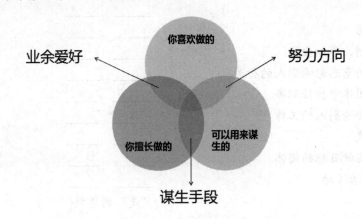

图 11-2　三叶草模型

(二)目的：了解您所擅长或胜任的活动。

要求：在以下活动中，"是"代表你能做或大概能做的事，"否"代表从来没有做过，或者做得很差的活动，请在"是"栏里打"√"。

R: 现实型能力　　　　　　　　　　　　　是　　　　否
1. 能使用电锯、电钻和锉刀等木工工具　　＿＿＿＿　＿＿＿＿
2. 知道万用表的使用方法　　　　　　　　＿＿＿＿　＿＿＿＿
3. 能够修理自行车或其他机械　　　　　　＿＿＿＿　＿＿＿＿
4. 能够使用电钻床、磨床或缝纫机　　　　＿＿＿＿　＿＿＿＿
5. 能给家具和木制品刷漆　　　　　　　　＿＿＿＿　＿＿＿＿
6. 能看建筑设计图　　　　　　　　　　　＿＿＿＿　＿＿＿＿
7. 能够修理简单的电器用品　　　　　　　＿＿＿＿　＿＿＿＿
8. 能修理家具　　　　　　　　　　　　　＿＿＿＿　＿＿＿＿
9. 能修收录机　　　　　　　　　　　　　＿＿＿＿　＿＿＿＿
10. 能简单地修理水管　　　　　　　　　　＿＿＿＿　＿＿＿＿

　　　　　　　　　　　　　　　"是"的总数(　　　)

I: 研究型能力　　　　　　　　　　　　　是　　　　否
1. 懂得真空管或晶体管的作用　　　　　　＿＿＿＿　＿＿＿＿
2. 能够列举三种蛋白质多的食品　　　　　＿＿＿＿　＿＿＿＿

3. 理解铀的裂变　　　　　　　　　　　＿＿＿＿　＿＿＿＿

4. 能用计算尺、计算器、对数表　　　　＿＿＿＿　＿＿＿＿

5. 会使用显微镜　　　　　　　　　　　＿＿＿＿　＿＿＿＿

6. 能找出三个星座　　　　　　　　　　＿＿＿＿　＿＿＿＿

7. 能独立进行调查研究　　　　　　　　＿＿＿＿　＿＿＿＿

8. 能解释简单的化学　　　　　　　　　＿＿＿＿　＿＿＿＿

9. 理解人造卫星为什么不落地　　　　　＿＿＿＿　＿＿＿＿

10. 经常参加学术的会议　　　　　　　　＿＿＿＿　＿＿＿＿

　　　　　　　　　　　　　　　　"是"的总数(　　)

A: 艺术型能力	是	否
1. 能演奏乐器		
2. 能参加二部或四部合唱		
3. 独唱或独奏		
4. 扮演剧中角色		
5. 能创作简单的乐曲		
6. 会跳舞		
7. 能绘画、素描或书法		
8. 能雕刻、剪纸或泥塑		
9. 能设计板报、服装或家具		
10. 能写得一手好文章		

　　　　　　　　　　　　　　　　"是"的总数(　　)

S: 社会型能力	是	否
1. 有向各种人说明解释的能力		
2. 常参加社会福利活动		
3. 能和大家一起友好相处地学习		
4. 善于与年长者相处		
5. 会邀请人、招待人		
6. 能简单易懂地教育儿童		
7. 能安排会议等活动顺序		
8. 善于体察人心和帮助别人		
9. 帮助护理病人和伤员		
10. 安排社团组织的各种事务		

　　　　　　　　　　　　　　　　"是"的总数(　　)

E: 企业型能力	是	否
1. 担任过学生干部并且干得不错		

2. 工作上能指导和监督他人 ＿＿＿＿ ＿＿＿＿

3. 做事充满活力和热情 ＿＿＿＿ ＿＿＿＿

4. 有效利用自身的做法调动他人 ＿＿＿＿ ＿＿＿＿

5. 销售能力强 ＿＿＿＿ ＿＿＿＿

6. 曾作为俱乐部或社团的负责人 ＿＿＿＿ ＿＿＿＿

7. 向领导提出建议或反映意见 ＿＿＿＿ ＿＿＿＿

8. 有开创事业的能力 ＿＿＿＿ ＿＿＿＿

9. 知道怎样做能成为一个优秀的领导者 ＿＿＿＿ ＿＿＿＿

10. 健谈善辩 ＿＿＿＿ ＿＿＿＿

"是"的总数(　　)

C: 事务型(常规型)能力　　　　　　　　　　是　　　　否

1. 会熟练地打印中文 ＿＿＿＿ ＿＿＿＿

2. 会用外文打字机或复印机 ＿＿＿＿ ＿＿＿＿

3. 能快速记笔记和抄写文章 ＿＿＿＿ ＿＿＿＿

4. 善于整理保管文件和资料 ＿＿＿＿ ＿＿＿＿

5. 善于从事事务性的工作 ＿＿＿＿ ＿＿＿＿

6. 会用计算机做统计分析 ＿＿＿＿ ＿＿＿＿

7. 能在短时间内分类和处理大量文件 ＿＿＿＿ ＿＿＿＿

8. 能使用计算机 ＿＿＿＿ ＿＿＿＿

9. 能搜集数据 ＿＿＿＿ ＿＿＿＿

10. 善于为自己或集体作财务预算表 ＿＿＿＿ ＿＿＿＿

"是"的总数(　　)

第四部分　职业

目的：了解您喜欢的职业。

要求：下面列举了多种职业，请逐一认真地看，如果是您有兴趣的工作，请在"是"栏里打"√"，如果你不太喜欢、不关心的工作，请在"否"栏里打"√"。

R: 现实型职业　　　　　　　　　　　　　是　　　　否

1. 飞机机械师 ＿＿＿＿ ＿＿＿＿

2. 野生动物专家 ＿＿＿＿ ＿＿＿＿

3. 汽车维修工 ＿＿＿＿ ＿＿＿＿

4. 木匠 ＿＿＿＿ ＿＿＿＿

5. 测量工程师 ＿＿＿＿ ＿＿＿＿

6. 无线电报务员 ＿＿＿＿ ＿＿＿＿

7. 园艺师 ＿＿＿＿ ＿＿＿＿

8. 长途公共汽车司机 ＿＿＿＿ ＿＿＿＿

9. 火车司机 _____ _____

10. 电工 _____ _____

　　　　　　　　　　　"是"的总数(　　)

I：调研型职业　　　　　　　　　　是　　　否

1. 气象学或天文学者 _____ _____

2. 生物学者 _____ _____

3. 医学实验室的技术人员 _____ _____

4. 人类学者 _____ _____

5. 动物学者 _____ _____

6. 化学者 _____ _____

7. 数学者 _____ _____

8. 科学杂志的编辑或作家 _____ _____

9. 地质学者 _____ _____

10. 物理学者 _____ _____

　　　　　　　　　　　"是"的总数(　　)

A：艺术型职业　　　　　　　　　　是　　　否

1. 乐队指挥 _____ _____

2. 演奏家 _____ _____

3. 作家 _____ _____

4. 摄影家 _____ _____

5. 记者 _____ _____

6. 画家、书法家 _____ _____

7. 歌唱家 _____ _____

8. 作曲家 _____ _____

9. 电影电视演员 _____ _____

10. 节目主持人 _____ _____

　　　　　　　　　　　"是"的总数(　　)

S：社会型职业　　　　　　　　　　是　　　否

1. 街道、工会或妇联干部 _____ _____

2. 小学、中学教师 _____ _____

3. 精神病医生 _____ _____

4. 婚姻介绍所工作人员 _____ _____

5. 体育教练 _____ _____

6. 福利机构负责人 _____ _____

7. 心理咨询员 _____ _____

8. 共青团干部 _____ _____

9. 导游 　　　　　　　　　　　　　　　　　　_____ _____

10. 国家机关工作人员 　　　　　　　　　　　_____ _____

　　　　　　　　　　　　　　"是"的总数(　　)

E: 企业型职业 　　　　　　　　　　　　　　是　　　否

1. 厂长 　　　　　　　　　　　　　　　　　_____ _____

2. 电视片编制人 　　　　　　　　　　　　　_____ _____

3. 公司经理 　　　　　　　　　　　　　　　_____ _____

4. 销售员 　　　　　　　　　　　　　　　　_____ _____

5. 不动产推销员 　　　　　　　　　　　　　_____ _____

6. 广告部长 　　　　　　　　　　　　　　　_____ _____

7. 体育活动主办者 　　　　　　　　　　　　_____ _____

8. 销售部长 　　　　　　　　　　　　　　　_____ _____

9. 个体工商业者 　　　　　　　　　　　　　_____ _____

10. 企业管理咨询人员 　　　　　　　　　　_____ _____

　　　　　　　　　　　　　　"是"的总数(　　)

C: 事务(常规)型职业 　　　　　　　　　　　是　　　否

1. 会计师 　　　　　　　　　　　　　　　　_____ _____

2. 银行出纳员 　　　　　　　　　　　　　　_____ _____

3. 税收管理员 　　　　　　　　　　　　　　_____ _____

4. 计算机操作员 　　　　　　　　　　　　　_____ _____

5. 簿记人员 　　　　　　　　　　　　　　　_____ _____

6. 成本核算员 　　　　　　　　　　　　　　_____ _____

7. 文书档案管理员 　　　　　　　　　　　　_____ _____

8. 打字员 　　　　　　　　　　　　　　　　_____ _____

9. 法庭书记员 　　　　　　　　　　　　　　_____ _____

10. 人员普查登记员 　　　　　　　　　　　_____ _____

　　　　　　　　　　　　　　"是"的总数(　　)

第五部分　自我评估

　　下面两张表是您在 6 个职业能力方面的自我评定表。请与同龄者比较出自己在每一方面的能力，然后经斟酌后对自己的能力作评价。请在表中适当的数字上画圈。数字越大，表示你的能力越强。注意，请勿全部画同样的数字，因为人的每项能力不可能完全一样。

表A

R型 机械操作 能力	A型 艺术创作 能力	I型 科学研究 能力	S型 解释表达 能力	E型 商业洽谈 能力	C型 事务执行 能力
7	7	7	7	7	7
6	6	6	6	6	6
5	5	5	5	5	5
4	4	4	4	4	4
3	3	3	3	3	3
2	2	2	2	2	2
1	1	1	1	1	1

表B

R型 体力技能	A型 数学技能	I型 音乐技能	S型 交际技能	E型 领导技能	C型 办公技能
7	7	7	7	7	7
6	6	6	6	6	6
5	5	5	5	5	5
4	4	4	4	4	4
3	3	3	3	3	3
2	2	2	2	2	2
1	1	1	1	1	1

第六部分　统计和确定您的职业倾向

请将第二部分至第五部分的全部测验分数按前面已统计好的 6 种职业倾向(R 型、I 型、A 型、S 型、E 型和 C 型)得分填入下表，并作纵向累加。

测　试	R型	A型	I型	S型	E型	C型
第二部分						
第三部分						
第四部分						
第五部分 A						
第五部分 B						
总　分(各项纵向相加)						

请将上表中的 6 种职业倾向部分按大小顺序依次从左到右排列。

_____型、_____型、_____型、_____型、_____型。

对照下表，将你测验得分居第一位的职业类型找出来，判断一下自己适合的职业类型。

职业索引——职业兴趣代号与其相应的职业对照

R(现实型)：木匠、农民、操作 X 光的技师、工程师、飞机机械师、鱼类和野生动物专家、自动化技师、机械工(车工、钳工等)、电工、无线电报务员、火车司机、长途公共汽车司机、机械制图员、修理机器、电器师

I(调查型)：气象学者、生物学者、天文学者、药剂师、动物学者、化学家、科学报刊编辑、地质学者、植物学者、物理学者、数学家、实验员、科研人员、科技作者

A(艺术型)：室内装饰专家、图书管理专家、摄影师、音乐教师、作家、演员、记者、诗人、作曲家、编剧、雕刻家、漫画家

S(社会型)：社会学者、导游、福利机械工作者、咨询人员、社会工作者、社会科学教师、学校领导、精神病工作者、公共保健护士

E(企业型)：推销员、进货员、商品批发员、旅馆经理、饭店经理、广告宣传员、调度员、律师、政治家、零售商

C(事务型)：记账员、会计、银行出纳、法庭速记员、成本估算员、税务员、核算员、打字员、办公室职员、统计员、计算机操作员、秘书

项目十二 屹立不倒，拥抱未来
——大学生挫折教育

知识目标：认识挫折，了解挫折的含义、分类、反应以及影响挫折的因素。

能力目标：知晓如何战胜挫折，并有能力应对挫折。

【案例导入】

鹰是鸟类中寿命最长的，可以活到 70 岁。可是很少有人知道，要活这么长的寿命，在其生命的中期会遇到巨大挫折，必须作出艰难却重要的决定。因为鹰活到 40 岁的时候，就会遭遇到中年危机！它的爪子开始老化，无法有效地抓住猎物；它的喙变得又长又弯，翅膀也越加沉重，飞翔十分吃力。这时，它只有两种选择：一是等待死亡；二是重整后再生。选择重整后再生的鹰，要经过一个痛苦更新的过程。它首先要努力地飞到山顶，在悬崖筑巢，在那里度过漫长而又痛苦的 150 天。在第一个 50 天里，它用喙击打着岩石，在剧烈的疼痛中接受生命的洗礼，在痛苦的呼喊中接受新的开始！经过反复而痛苦的击打后，旧的喙脱落了！接下来是漫长的等待！50 天后一个新尖喙长出来了！接下来鹰又一点点拔下自己爪子，痛苦中鲜血淋漓！接下来又是 50 天的等待！新的爪子长出来了。紧接着，鹰又把自己的羽毛一根根拔下来，岩石上留下的是曾经的飞翔见证和为了明天的飞翔付出的滴滴鲜血！又是一个 50 天的等待！待新的羽毛长出后，鹰又可以翱翔于广阔的天空，继续自己今后 30 年的飞翔。

请思考：看到这个故事，亲爱的同学们，当你们面对挫折的时候有没有像鹰一样，让自己重获新生呢？

【心理讲堂】

第一节 认 识 挫 折

一、挫折的含义

挫折是什么？失败者说："挫折是成长路上永远翻越不了的山，因为翻过一座，又会有另一座。"懦弱者说："挫折是成长道路上的一片荆棘，会把人扎得遍体鳞伤。"沮丧者说："挫折是被击倒后的眩晕，让人丢失信心，迷失前进的方向。"淡定者说："走自己的路，让别人说去吧！不管成长路上有多少挫折，你都要勇敢地走下去。"再来看看心理学对挫折的定义，挫折是指人们在有目的的活动中，遇到无法克服或自以为无法克服的障碍或干扰，使其需要或动机不能得到满足而产生的障碍。挫折包括挫折情境、挫折认知

和挫折反应三个要素。

(1) 挫折情境，指对人们有动机、目的的活动造成的内外障碍或干扰的情境状态或条件，构成刺激情境的可能是人或物，根据不同环境刺激，可分为家庭环境刺激，如父母离异、亲子关系恶劣等；工作或学习环境刺激，如工作负担过重、职业转换等；社会环境刺激，如严重的自然灾害、交通事故等。挫折情境本身从固有的严重程度、可控程度、模糊程度、转变可能性、反复发生可能性影响应对方式。当挫折情境的模糊程度越高、意义越不明确，个体就越可能多用寻求信息的应对策略；挫折情境本身的变化性越大，可控制程度越低，个体就越可能少用"问题指向"应对策略。励志流浪歌手陈州 6 岁父母离异，8 岁开始流浪，13 岁失去双腿，命运似乎没有眷顾他，面对这些不可控挫折情境，陈州的如何应对主要来自他对挫折认知的理解与把握。

(2) 挫折认知，指对挫折情境的知觉、认识和评价，它既可以是对实际遭遇到的挫折情境的认知，也可以是对想象中可能出现的挫折情境的认知。失去双腿的陈州在挫折面前勇敢面对，这背后与他的坚忍与坚持密不可分。陈州在 18 岁时偶遇一位流浪歌手，学会了他人生的第一首歌《水手》，从此走上了用"歌声走路"的日子。而后没有双腿的陈州能凭借两个十几厘米高的普通盒子登临了近 100 座高山，是什么力量让他走出一条不平凡的人生道路？正如他所说，"刚开始我是为了别人讽刺我的一句话，现在我是为了这种只向前不后退的精神！"陈州在第一次登临泰山时，问一位市民，上山路好不好走，别人用很不屑的语气告诉陈州："你问这干什么？你又爬不上去！"就因为这句话，陈州第一次登临了泰山 1545 米的高度。而在"自古华山一条路"的西岳华山攀登路上，当看到陈州臀部的血水和裤子磨在一起时，妻子喻磊哭着让陈州不要再爬，陈州却说我如果这次不登顶，以后我连爬上二层楼的勇气都没有了。就这样，凭着这种只向前不后退的精神，陈州这位无腿巨人没腿却爬了近 100 座大山。用行动践行了"他说风雨中这点痛算什么，擦干泪不要怕，至少我们还有梦……"

(3) 挫折反应，指主体伴随着挫折认知，对于自己的需要不能得到满足而产生的情绪和行为反应，具体可以从三个方面来分析。一是受到挫折后伴随着强烈的情绪性、生理性、行为性反应，如表现为紧张、焦虑、愤怒、情绪低落、消极等；在生理上会表现为血压升高、心跳加快易诱发心血管疾病，胃酸分泌减少会导致溃疡、胃穿孔等；在行为上会表现为消极对抗、攻击侵犯等。二是在理智的控制下所作出的理智性反应或者合理化防卫与逃避行为，如个人在遭受挫折后，审时度势、坚持目标、继续努力或者调整目标、改变行为这是理智性反应；如个人在群体不适，试着找出适当理由来解释以达到心理的暂时平衡，这是合理化防卫；如个人不敢面对自己预感的挫折情境，逃避到较安全的地方，这是逃避行为。三是由于受到挫折的长久影响或特别严重的影响，人的某些行为就会逐渐固定下来，形成人的相应的习惯和某些突出的特点，从而导致个性发生变化。

这三个要素当中挫折认知是最重要的，直接关系到挫折反应的性质及程度，而这正是为什么有些人遇到一点儿轻微的挫折就会引起主观世界的烦乱、颓废不振，有些人即使遇到重大挫折，仍意志坚定、百折不挠、顽强进取的原因所在。

二、挫折的分类

挫折的产生既可以说是必然的，也可以说是偶然的。说它是必然，是因为在人漫长的一生中，必然会遇到或大或小的困难阻碍；说它是偶然，是因为你不会知道挫折会在什么时间哪个地方出现。因此正处在人生关键时期的大学生们了解人的一生可能会遇到何种挫折，这对未来理性面对挫折有重要意义。

大体来看，给挫折分类，这是一个比较复杂的问题。

(1) 从不同年龄段来说：童年期挫折，让人终生难忘；青年期挫折，内容极为广泛；中年期挫折，理应妥善处理；老年期受挫，往往一蹶不振。

(2) 从挫折性质来说，可分为理想挫折、学习授折、工作挫折、交往挫折、婚恋挫折、家庭挫折和健康挫折等。理想挫折，即自己原先确定的某个奋斗目标由于某种原因而不能达到，于是产生挫折感。学习挫折是在学问和智力活动中遭遇的挫折，如考试失败、理解困难、记忆力衰退、不适应新的学习环境、未能掌握适当的学习方法等。工作挫折，这主要是在工作过程和工作环境中所发生的挫折，如工作失误而导致批评、处分，在晋升、提薪等方面被压制或感到不公平等。交往挫折表现为在人际交往中，自己交往的需要和动机受到阻滞，例如朋友间产生严重的分歧或者分手，室友间发生误会而疏远等。婚恋挫折主要是在婚姻恋爱方面遭受的失恋、离婚、受骗、第三者插足、婚恋不能自主、受到家庭或舆论的反对等。家庭挫折，是指家庭中遭遇了突然的变故，产生了较为严重的后果，如亲人患了重病或去世、与他人家庭发生纠纷、父母离异、兄弟反目等。健康挫折是指在身体健康等方面遭受的挫折，如重病、受伤致残、疾病后遗症、生理畸形等。一般来说，家庭挫折，印迹最深；工作挫折，原因复杂；婚恋挫折，千奇百怪，是非难断。

(3) 从挫折形成的原因来看，又可分为客观因素类(包括自然环境因素、时空因素和生理因素)，主观因素类(包括个人人生观、价值观因素、认知因素和能力资本因素等)，社会因素类(包括社会、家庭、学校等)。

由此可见，挫折问题不单是种类繁多，还因为在实际生活中，对于某一具体挫折而言，往往又是相互交叉、相互渗透的。例如，某人与领导发生冲突而产生的挫折。从内容性质来说，它既可能是工作问题，也可能是人际关系问题；从挫折程度来说，可能是严重性的，也可能是一般性的问题；从思想准备情况来看，可能是意料之中的，也可能是毫无准备、意想不到的；从持续时间来说，既可能是暂时的，又可能是长期的；等等。因此，对于挫折的分类很难作出绝对的划分，而只能是相对的、有条件的，对于具体情况要做具体分析。

三、挫折反应

人一旦遭受挫折，便会作出各种各样的反应，或强或弱，或多或少，或阴或暗，或隐或现。这是因为，造成挫折的原因尽管多种多样，但不论何种原因，人们在遭受挫折，并感受到这种挫折之后，就会对人的心理和行为发生影响。这种影响，有的以积极的方式来处理，有的则表现出不同程度的紧张、焦虑、烦躁、痛苦等消极反应，对挫折的消极反应如果得不到及时纠正并在心理和行为上固定下来，就会形成对挫折的不良适应，对受挫者的身心发展带来不利的影响。日本心理学者成田胜朗等人对此进行了研究，他们归纳出 14 种由于对挫折的不适应而导致的不良心理行为表现。

(1) 抑郁性——感情消沉，且持续时间长，对一切都感到无聊、孤独、厌世。

(2) 无力性——无精打采，易陷入挫折感之中学习、工作常干不出色、容易疲劳、失眠、头痛。

(3) 过敏性——多疑、嫉妒，硬把周围的动静与自己联系起来。

(4) 强迫性——把思想或感情强加于己而无法摆脱，常有各种强迫性的奇特行为。

(5) 自我否定性——对自己所做的一切都没有信心，反反复复，一事无成，有很深的自卑感。

(6) 内向封闭性——失去与他人交流的热情，十分孤独，没有协商性，处于封闭状态。

(7) 黏着性——不愿改变自己的意向，固执；遇到某件事便纠缠不休。对任何事情，总爱钻牛角尖。

(8) 意志薄弱性——做事没有主见和一贯性；怠情、不求有功，但求无过。

(9) 盲目性——不假思索地行动，极其草率，行为鲁莽。

(10) 不安定性——身心不安定，注意力分散，学习、工作效率很差；做事有头无尾，变化频繁。

(11) 情绪易变性——情绪极不稳定，一再出现意外行为；刻薄、自伤、喜怒无常。

(12) 自我表现性——自以为是，支配欲强，夸大吹牛，强词夺理；一旦受到轻视或压抑，就放肆地进行反击。

(13) 爆发性——常出现过激的态度和行为，动辄耍脾气，激烈地发泄情绪，控制不住自己。

(14) 浮躁性——言行轻浮、浅薄，随意恶作剧，对自己的过失没有羞耻感。

这 14 种心理和行为特征，都是对挫折的不良适应而形成的个性特征，对身心的正常发展和适应社会、适应环境都是不利的，如果任其发展下去就可能成为犯罪或心理变态的重要诱因。

第二节　影响挫折承受力的因素

挫折承受力的高低，并不是恒定不变的，它经常伴随具体的个人和情境条件的不同而变化，受许多因素的影响。这些因素最主要的有以下几个方面。

一、生理条件

由遗传而带来的某种生理缺陷以及身材、容貌等方面的限制，常常是导致人们挫折的原因。例如，因身高不足，而在应聘中被人拒绝；因相貌平平或体型肥胖影响择偶；因身

体条件不佳，难以参加自己感兴趣的文艺或体育方面的活动；因视力、听力等限制而无法报考自己所喜爱的专业。当挫折来临时，个人的应对反应与其生理活动情况和身体健康状况等有关。首先，从年龄来看，有研究在一项人际交往挫折应对中发现，在不同的应激情境下，年长者较少使用寻求帮助和问题解决策略，但多用情感发泄策略，情绪指向的应对方式与年龄成正比关系。在日常生活中，往往见到一些老年人挫折承受力较低，往往经受不起严重的打击，甚至一些患有严重疾病的老年人如高血压、心脏病、严重的神经衰弱等，当受到较大挫折时，更是难以抑制情绪的激动，导致病情复发。其次，从性别来看，有研究发现，当面临比较持久的应激事件时，男女表现出十分类似的应对模式，但也存在差异，特别是到了青春期，差异更加显著。在"攻击行为"方面，男女之间的差异比是12：1，在应对方式方面，男性倾向使用"问题指向"策略，女性更倾向使用"回避""自我安慰""求助"等策略。

2013 年度，在安徽卫视播出的《超级演说家》节目中，有一位代表李咏组参加最后总决赛的选手曹青莞脱颖而出。这位患有重度神经性耳聋的曹青莞，不仅打破了"十聋九哑"的传说，还用勇气、乐观和智慧给万千观众传递了正能量。

3 岁那年，曹青莞被检查出患有重度神经性耳聋，对于他们一家来说，这正是曹青莞生理条件所引发的挫折事件。曹青莞父妈面对这一结果，没有放弃，为了不再让她哑，于是妈妈放弃了主持人的工作和升迁的机会，含辛茹苦地教她说话，并变得积极乐观。曹青莞也努力地绽放自己的人生。从小学到中学，她一直在普通学校读书，成绩也名列前茅，而且在各项活动中也出类拔萃，多才多艺。她在 2008 年残奥会开幕式上，作为河南省唯一的入选者，参加了大型手语舞蹈《星星你好》。她的才艺频繁获奖，却从不停下追求梦想的脚步。2012 年，曹青莞以优异的成绩考入南京艺术学院影视策划与制片专业。

超级演说家杨佳旻身体比较特殊，她的身高只有 1.3 米。她曾经害怕看到镜子里的自己，可是每天起床的时候，总对着自己说，我不比别人差！杨佳旻说，如果连我自己都讨厌自己的话，就是对生活彻底的认输！只有接受不完美的自己才能破茧成蝶。杨佳旻通过自身的努力，不断地在改写自己的命运和结局，虽然身高还是停留于此，努力却成为她的翅膀，她的目标就是做一个有出息的人，让身高不再成为衡量高度的唯一标准。

二、个性因素

个体所遭遇的特殊经历，会给人的个性特征打下烙印，个人不同的经历塑造着不同的个性。个体受到某种特殊境遇的影响而形成某一种个性特征，可能对人的生活有着完全不同的意义。同样个性也影响着不同的人在相同的应激情境中采用不同应对方式。一个人的个性特征决定了他偏爱什么样的挫折应对方式，如有的人个性特点是自负水平高、自我效能感强、控制外界信心足、富有经验或能力，他们在应对挫折时往往倾向使用"问题指向"策略。有的人个性外倾，在解决问题时较多采用求助和幻想应对方式。有的人个性内倾，遇到挫折时，易自责、退避和合理化。但是人要追求改变，对个性内倾、特别是对畏缩、胆怯和害羞的人来说，如果能改变自己，增强自信，对他们来说往往大有神益。《再努力一点》这本书上，写着这样一段话："如果你一直胆小怯懦，如果你容易害羞，那就不妨使自己确信——自己再也不会害怕任何人、任何事，那你就不妨昂起头、挺起胸来，你不妨展示你的男子汉气概或是你的巾帼不让须眉的气概。"我国学者梁主勇在研究中指出性格外向的人偏爱多种多样的应对方式，拒绝某些具有广泛意义的适应不良的应对方式；内向、神经质、急躁、竞争敌意强的人则倾向于采用敌对、转移攻击和强迫性幻想等应对方式。另外，神经质倾向与一些积极的应对方式呈显著负相关，竞争敌意强的人还会采用认知调节、否定、分心、吸烟饮酒和服药等改变自身状态的应对方式。当然，辩证地看待个性对挫折应对方式的影响很有必要，因为个性特征对应的作用可能受情境因素的制约，同一个体在可控制情境下，可能倾向于使用"问题指向"应对方式，而在不可控制情境下，则可能倾向于使用"情绪指向"应对方式。

让我们来看看《法国大革命》的创作者托马斯·卡莱尔(Thomas Carlyle)，当他面临挫折时，正是他性格中的韧性与执着，才成就了这部巨著。

卡莱尔创作《法国大革命》这部巨著时几乎耗尽了半生的心血。法国大革命是一段冗长且复杂的历史，要把它用文学性的语言创作出来，可以想象那有多么艰辛和困难。然而书成之即，在他朋友家里，一位女佣人居然把它当作废纸扔进了炉膛，付之一炬。年迈的卡莱尔为这份书稿几乎奔走一生。他颤抖着身子哭了："上帝啊，为什么？为什么？"老境颓唐的卡莱尔把自己锁进屋子。

然而三天之后，他竟然宣布了一个令人震撼的消息，他准备即时开始重写这本书。在浩如烟海的史料中翻找，用自己的残年余力来重写这部巨著，这似乎是常人看来不可能的事。然而，他做到了。正是因为卡莱尔执着的精神，今天我们才能看到史学巨著——《法国大革命》。

三、过去的挫折经验

一个人遭受挫折的经验对挫折的承受力有很大影响。当一个人经常身处逆境，历尽艰难坎坷，生活饱经风霜时，只要他正视逆境，认真吸取逆境教训，不但不会因暂时的挫折而气馁，而且能发愤图强，将"失败"变为"成功之母"。然而也有人身处逆境，或逃避、或灰心丧气、或自暴自弃，甚至由于焦虑情绪和失调行为的产生导致不能正常工作和生活。

当一个人过去曾经经历过某些令他害怕、受伤的事情，并且在内心形成一定的创伤，他有可能会老是担心某种潜在的、使他感到焦虑的挫折处境再次发生，因而会变得万分恐惧，以至于不由自主地被引入这一境地，使他变得无能为力。也就是说，一个人过去对某种处境的恐惧，以及他对这些恐惧的害怕，使他陷入恶性循环。因此，过去的挫折经验是把"双刃剑"，特别是幼年的挫折经验，如果处理不好，往往会影响未来的心理发展，如形成自卑、怯弱等特征，极大影响以后的生活和学习；但是当面对挫折，敢于用强大的信念挑战苦难、超越苦难，那么过去的挫折经验就是成功的助推器。

> 班纳德是一位德国老人，在风风雨雨的人生中他共遭遇到了 150 多次磨难的洗礼，这个世界上最倒霉的人同时也成了世界上最坚强的人。
>
> 在他出生 13 个月时，便摔伤了后背，而后又跌断了一只脚，再后来爬树时伤了四肢；一次骑车时，忽地一阵大风，把他吹了个人仰车翻，膝盖受了重伤；14 岁时掉进了垃圾堆差点窒息；一次，一辆汽车失控，把他的头撞了一个大洞，血如泉涌；还有一次他在理发店中坐着，突然一辆飞驰的汽车驶了进来……在最为倒霉的一年中，他竟遇到了 17 次意外事故。但是更令人惊奇的是，老人依旧健康地活着，而且心中充满了自信。的确，在历经了 150 多次生命中磨难的洗礼后，愈挫愈奋才愈坚强，还有什么可怕的呢？

四、不合理信念

艾尔伯特·艾里斯(Albert Ellis)在 1962 年总结了具有普遍意义的、通常会导致各种各样精神症状的 11 种主要的不合理信念。20 世纪 70 年代以后，他进一步把这些主要的不合理信念归并为三大类，即人们对自己、对他人、对自己周围环境及事物的绝对化要求和信念。不合理信念往往具有以下三个特征：①绝对化的要求。在各种不合理的信念中，这是最常见的。即指人们以自己的意愿为出发点、对某一事物怀有认为其必定会发生或不会发生这样的信念，它常与"必须""应该"这类词连在一起，如"他应该对我好""我应该要获奖"，等等。怀有这种信念的人，在挫折面前往往缺乏心理准备，挫折体验比较深刻。②过分概括化。它是一种以偏概全、以一概十的不合理思维方式的表现。过分概括化不但表现为对他人的不合理评价，如敌意和愤怒等；还表现为对其自身的不合理的评价，如自责自罪、自卑自弃、焦虑、抑郁……有时一遇挫折便概括为自己"没用""失败者"，遇到不幸便认为自己"前途渺茫"，其结果常会导致挫折感的加剧。③糟糕至极。糟糕至极的不合理信念常常是与人们对自己、对他人及对自己周围环境的绝对化要求相联系的，当人们绝对化要求中的"必须"和"应该"的事物并未如他们所愿发生时，他们就会感到无法忍受，他们的想法就会走向极端，就会认为某一事情发生了，必定会非常可怕、非常糟糕、非常不幸。例如，"我这辈子完了，再也没有成功的机会了""我糟糕透了，没有人帮得了我"，等等，这种非理性信念会导致个体陷入焦虑、悲观、抑郁之中而难以自拔。

总之，在种种不合理信念中，往往都可以找到绝对化要求、过分概括化和糟糕至极这三种特征。绝对化要求是最常见的，特别是当面临挫折时，每一个人或多或少的不合理的思维与信念，往往导致挫折感的加剧。因此，要学会运用理性情绪来面对挫折，试着努力去接受现实，在可能的情况下去改变这种状况；在不可能时，则学会放下，等时机成熟时再去解决。

常见的非理性信念

(1) 人应该得到生活中所有对自己是重要的人的喜爱和赞许。

(2) 有价值的人应在各方面都比别人强。

(3) 任何事都应按自己的意愿发展，否则就会很糟糕。

(4) 一个人应该担心随时可能发生的灾祸。

(5) 情绪由外界控制，自己无能为力。

(6) 已经定下的事是无法改变的。

(7) 一个人碰到的种种问题，总应该都有一个正确、完满的答案，如果一个人无法找到它，便是不能容忍的事。

(8) 对不好的人应该给予严厉的惩罚和制裁。

(9) 逃避困难、挑战与责任要比正视它们容易得多。

(10) 要有一个比自己强的人做后盾才行，等等。

五、社会支持

良好的社会支持是提高受挫者应对挫折能力的有效手段，由交往形成的人际关系可以满足人的归属需要、情感需要和社会认可需要等。心理研究也表明，当个体遭受挫折之后，感到有可以信赖的人在关心、照顾、尊重和爱护自己时，相应的挫折反应强度就会降低。因此，社会支持是影响个人挫折承受力的重要因素。社会支持是一种以良好的人际关系表现出来的社会联系，主要表现为：①相互依存关系，如夫妻、亲子间的相互依赖和关心；②可靠的结盟，如亲戚、朋友的无私援助；③社会整合，指社交往来中的互动帮助；④信任与安全，个人在家庭、社会生活中的地位具有稳定性并能获得他人的信任，具有安全感；⑤获得指引，即在生活中产生需要能及时获得帮助的愿望且能实现。为此，每一个想获得幸福的人，要有给予自己方向指导的良师，要有在思想、学习或生活上志同道合的珍友，能从他们那里获得鼓励、信任、支持和安慰等。

第三节　战　胜　挫　折

正值青春年华的大学生们，有着远大的抱负、崇高的理想，也有着充满挫折的玫瑰园，那尖利的刺也许会刺破梦想，但只要怀抱战胜挫折的勇气与智慧，挫折就会鼓励大家去寻找开启人生殿堂的钥匙！

一、敞开心扉，及时宣泄

当受挫者遭受挫折后及时宣泄自己负性情绪，让自己内心保持空灵的状况，得以适时地接纳别人的劝解、灌注正面积极的新观念，是面对挫折的另一个好方法。

我们知道，人在遭受挫折之后会造成很大的精神压力，产生一定的情绪反应和紧张状态，并激发身体内部神经系统和生理器官的活动，引起一系列的生理变化，产生出能量。这时体内激增的能量，如不能得到及时发泄便会危害身体。因此，宣泄的实质就是将积累的情绪通过行为进行代偿性的付出，通过能量的发泄尽快达到心理的平衡。

　　宣泄虽有破坏、爆发、倾诉和活动释放等形式，但是受挫后对不良情绪的宣泄并不是可以无所顾忌、不分场合、不顾影响、不计后果的。其中，破坏性宣泄主要通过损及人或物的行为达到宣泄目的，如迁怒于人、报复于人是一种极度的破坏性宣泄行为，对他人与社会会造成程度不同的危害。爆发性宣泄则通过行为加语言，或单用语言进行快速的宣泄，如号啕大哭、发火跺脚等，虽然它不涉及他人，也没有破坏对象，但是他的爆发方式，特别是负性情绪的某些爆发方式，并不是好的宣泄途径。正如达尔文所说："脾气暴躁是人类较为卑劣的天性，人要是发脾气就等于在人类进步的阶梯上倒退了一步。"康德曾说："生气是拿别人的错误惩罚自己。"总体来看，破坏、爆发这两种宣泄方式是直接、快速但却简单的宣泄行为。而倾诉恰恰是较为复杂、缓慢、曲折的宣泄方式。倾诉是使用语言把自己的苦衷与怨恨向自己的亲人、知心朋友、心理咨询师尽情倾吐，以求得他们的开导和安慰。

　　活动释放是借助其他活动把紧张情绪所积聚的能量排遣出来使紧张得到松弛与缓和。基于文明社会不主张和不允许以危害社会和他人的方式宣泄，适时将紧张状态下积聚的能量转移到其他无害的活动中去很有必要。例如，受到挫折，感到郁闷、苦闷、愤怒时，可以到操场上踢一场球，或者到田野里拼命干一阵子活。若实在痛苦，也可以大哭一场，因为人在痛哭一场后，宣泄负性情绪过后，不但对身体有利，也有助心理平衡的恢复。

　　有一点要注意的是，当遇到挫折进行宣泄时，释放应当有度，要通过正常的途径和渠道来宣泄，控制宣泄的强度，尤其对于老年人、体质差的人和心理脆弱的人，控制好宣泄的程度，更为重要。

二、扭转思维，走出消极

　　回望历史，许多伟人与名人，背后都有着不可言喻的辛酸与痛楚。但也正是这些辛酸与痛楚磨炼了他们的意志，成为他们获取胜利桂冠的助力。司马迁遭受磨难，却写下了第一部纪传体通史——《史记》；屈原不受重用，却留下了千古绝唱——《离骚》；祖逖闻鸡起舞，才有了大将军的辉煌。

　　面对挫折，不要悲伤、不能气馁、不要灰心、不能消沉；面对挫折，要奋勇争先，勇往直前。正如有人曾说"没有一个人命里注定要过一种失败的生活，也没有一个人命里注定能够一帆风顺"，这其中的利弊得失往往根据一定的情境、特别是人对挫折的不合理认识而转移。因此，通过认知纠正，以理性治疗非理性，以合理的思维方式代替不合理的思维方式，就可以最大限度地减少不合理的信念给人们的情绪所带来的不良影响和挫折感。为此，当面临挫折时，受挫者首先要明白自己有哪些不合理信念；其次要明了目前自己的挫折感是由于自身所存在的不合理信念所致；最后要积极主动地、连续不断地向自己质疑，认清其信念哪些是不合理的、不现实的、不合逻辑的，进而改变或放弃一些非理性观念。生命本是一个循环的过程，好事变坏事、坏事变好事的情况是经常发生的。而这种转变的实现更多依赖于受挫折后调整认知、改变不合理信念。只要你这样做了，有时候，厄运甚至就是一种幸运，就是一种难得的契机，因为它将你推到了不得不改变思维，选择去走另一条路的地方，而你一旦踏上了这一条新路，成功可能就在前方向你招手了。

让我们分享一个积极心态者的故事，来看看如何有效运用积极的心态来帮助困境者走向成功。

华德从小家境贫寒。在小学的时候就靠卖报纸和擦皮鞋来贴补家用，稍长一些他成为阿拉斯加一艘货船的船员。高中毕业以后他离开家庭，成为流动工人。他热爱赌博，和一群"生活的边缘人"——逃犯、走私犯、盗窃犯等混在一起。华德在赌博的生活中时而赢得大把钞票，时而输得分文不剩，最后终因走私麻药物品而被逮捕判别。这一年华德34岁。

然而，如此精糕的华德却因为抛弃了消极的心态，开始每天积极地面对生活，从此改变了自己的一生。内心深处的某个声音一直在告诉他：你不能再这样下去了，改变自己的行为吧，成为这所监狱中最好的囚犯。积极的心态使得华德重新掌握了自己的命运。

他开始在狱中寻找可以使自己过得更快乐的方法。他发现书中有他想要的答案。他孜孜不倦地在书中寻找快乐，直至他73岁去世，都没离开这些书本朋友。

在狱中积极的生活使得华德受益良多。良好的服刑态度，友善的为人让周围的人对其改变了看法。在懂得电学的囚犯的帮助下，华德掌握了电学相关的知识；得当的举止言谈让他在狱中获得了一份不错的工作，他成了监狱电力厂的主管；在狱中对布朗比基罗公司经理比基罗亲切的态度，为自己出狱谋得了安身立命的地方。华德在出狱以后得到了比基罗的帮助，积极生活的他两个月内成了工头，一年后成了主管，最后成了副会长和总经理。

三、学习榜样，自我激励

强调榜样学习的力量是 NLP 训练技术中的核心观点。NLP 训练技术是由美国语言学家约翰·格林德(John Grinder)和计算机专家理查德·班德勒(Richard Bandler)创立的。它是神经语言规划的缩写，即对语言和行为进行设计规划，以引导和发展神经心理系统，激发大脑潜力，激活心理能量，高效率地完成学习或事业目标。NLP 强调通过有意识地模仿榜样人物的信念系统、思维方式和策略、行为，以规划和改变自己的话言和心理行为模式。因此受挫者在运用 NLP 训练技术时，要做到以下几个方面。

首先，给予自己足够自信与激励。依据行为训练法，可以利用镜子技术，使自己增强抗挫能力，能更积极、主动地参与生活的各个方面，从而建立起自己的信心。镜子技术是指个人可以根据自己的需要，设置不同的训练目标，进行自我鼓励和肯定，从而改变个体的精神面貌，增强自信心。运用镜子技术的具体操作流程是：①设一面镜子，能照到全身，或能照到身体的上半部分。②训练时采用立正的姿势，昂首、挺胸、收腹、双肩平直。③做三四次深呼吸，使心情平静下来，进行自我体验，感到对自己的状态、能力、力量和决心有了一种感受，时间约用 1 分钟。④直视自己的身体和面部，凝视自己的眼睛，微笑着根据不同的目标有针对性地对自己说话。如果你需要调整自己的心情，你就说："你好，今天我的心情好极了。"如果你想增强学习兴趣，你就说："你好，今天的课程非常重要，多么有趣呀！我一定要认真去学。"由此被激发的潜意识在引导你朝着这个方向活动。⑤自我对话的言辞简短、清晰、有力，训练目标和言语都具有积极性。随着训练

目的的不同，言辞也不同。要长期坚持，每天做 2～3 次，每次 1～2 分钟。为了避免引起议论干扰自己的内心活动，不要将自己说话内容告诉他人。

其次，要了解并学习榜样人物的信念。信念是支配个人行为的内部思想和观点，它决定一个人相信什么是可能，什么是不可能。大凡成功者都有着科学的世界观，正确的人生观以及自信、自尊、自立和自强的积极自我概念。因此，模仿榜样人物的信念系统，并建立自己的成功信念系统是迈向成功的第一步。

再次，学习榜样人物对自己行之有效的思维方式和学习策略，具体包括他们的成功经验，以及成功历程；他们的失败经验及教训，以及如何解决的过程；具体成功的策略与步骤。许多有成就的科学家，包括诺贝尔奖获得者，他们当年从导师那儿学到的不仅是知识，更是获取知识的方法和怎样思考与对待事物的方式。当然，在对榜样人物的学习策略、方法的学习过程中，还应对应个人的特点，不断修正、完善，而不能一味地生搬硬套。

最后，模仿榜样人物的生理状态、行为特点，主要是使自己能像榜样人物那样能有效地控制自己的生理和心理状态，使自己具备成功者的特质，如乐观、快乐、坚强和韧性等。值得一提的是，大多成功者都在生活和事业的熔炉中练就坚忍不拔的毅力，他们敢于拼搏，敢于超越，他们的坚持不懈、勇敢正是受挫者们要牢牢记住的成功法则，因为每一次的失败都会增加下一次成功的机会。这一次的拒绝就是下一次的赞同，这一次皱起的眉头就是下一次舒展的笑容。正如有人曾说："苦难本是一条狗，生活中，它不经意就向我们扑来。如果我仍畏惧、躲避，它就凶残地追着我们不放；如果我们直起身子，挥舞着拳头向它大声呵斥，它就只有夹着尾巴灰溜溜地逃走。只要你拥有对生命的热爱，苦难就永远而且只能是一条夹着尾巴的狗……"

让我们一起来认识中国科学院研究生院杨佳教授，一起感受她自强不息、顽强拼搏、超越自我、激励自我、对生活充满火热激情的精神。

杨佳是中国科学院教授、联合国残疾人权利委员会副主席、第十一届全国政协委员、中国科学院十大杰出妇女、中国盲协副主席。

29 岁时她是中国科学院研究生院的一名讲师。而就在那一年，她失明了，陷入永远黑暗的世界。

挺起来，迈开步！

像孩子一样，她在父母的帮助下学穿衣、吃饭、走路，用吸管喝饮料，用盲杖探路。不能看书就听书，不能写字就学盲文。盲校不收她这个年龄段的学生，就单独拜师，从ABC 摸起。阅读关过后，她要重返讲台。为了站稳讲台，为了准确无误地写板书，趁教室无课无人，杨佳让妈妈领着自己一步步丈量从门到讲台的距离，讲台到黑板两边的距离；多媒体教学的触摸屏上，杨佳请爸爸帮着贴上一块块作记号的胶布，提示她准确无误地操作；为了提问时不张冠李戴，她必须把每位同学的声音存进记忆……几周课下来，学生们居然没有察觉他们的老师再也看不见自己的学生了。

……

大洋彼岸的掌声

21 世纪到来的时候，杨佳决心继续深造，再读书，而且去世界最好的大学，去学最新的知识。

2000 年，已失明 8 年的杨佳报考了哈佛大学肯尼迪政府学院，被成功录取为公共管理硕士生。攻读期间，杨佳用学校专为她提供的特殊键盘不停地打字。一堂课下来，她的笔记已是一篇完整的讲义。她每天学习到凌晨，不仅完成了所有的学习任务，还多学了三门课程。

领导艺术是肯尼迪学院的权威课程，讲的多是美国总统的领导艺术。这让杨佳心里暗暗不平，卓越的领导人西方有中国也有。于是，杨佳开始撰写自己的论文——《论邓小平的领导艺术》。导师为杨佳的论文破例打了哈佛最高分"A+"。

……

2011 年 3 月 10 日，杨佳收到哈佛大学肯尼迪政府学院的贺信，祝贺她获得该院校友成就奖的提名。校友成就奖是哈佛大学肯尼迪学院 1997 年设立的，"旨在表彰在某领域作出重要贡献、成就、创新及履行社会责任，从而使人们的生活得以改善的杰出校友"。当时包括杨佳在内的 120 名校友被提名候选，他们个个都是遍布全球的精英，被提名就是一种荣耀！

在过去的 14 年间，仅有 18 人获得此项奖励，而这 18 人中，有 15 位是美国人，他们有副国务卿、美联储主席、州长等，多为政府高官。中国大陆尚无一人获得此奖。

5 月 14 日上午，颁奖仪式在肯尼迪学院著名的肯尼迪报告厅举行。杨佳深深地吸一口从查尔斯河岸飘来的久违的花香，走进这阔别十年的大厅。

这十年，她从中国科学院研究生院的讲台走上了联合国的讲台。

这十年，她从中国走向世界，路漫漫困难重重。

这十年，每一天都是对黑暗的一次果敢地穿越，每一步都是在既无光亮也无尽头的隧道里一往无前地跋涉。

评委会的评语是："作为一位杰出的残障女性代表，杨佳长期从事保障残疾人人权和利益的工作，不只是在中国，而是在世界范围内作出了杰出的贡献！她 29 岁失明后，成为中国科学院研究生院的教授，她是中国政协委员，并在联合国残疾人权利委员会担任领导职务，为北京奥运会和残奥会，为推动北京 300 多个残疾人家园的发展，为中国盲人数字图书馆的建设，为搭建全球残疾人服务性网络平台均作出了出色的贡献。"

(盲人教授杨佳：29 岁后超越自我轻松愉快走大路. 人民日报. 2012.7.10)

四、乐观面对，学会放下

有人曾提出"当应对挫折时，人的乐观品质非常重要"的观点，而评价一个人是不是乐观，要看他用什么方式来看待周遭的人、事、物。每一个人都会各自用完全不同的方式去解读周围令他不愉快的事件，心理学家称之为"诠释方式"。即认为当乐观主义者失败时，他们往往会将失败归结于某些他们可改变的事情，并对经历过的困境给予积极的评价，因此他们会努力去改变现状，争取成功。当悲观的主义者遭遇失败时，他们往往会将失败归结为不是某些固定的、他们无法克服的困难并自责地说："我不善于做这种事，我总是失败。"最后真的一蹶不振。心理学家马丁·沙里曼(Martin Selyman)研究发现："人

类能自由诠释事件的意义。一个人采取诠释的方式，不仅能左右情绪，还能影响我们应付改变的能力。"悲观的人，总是从机会中看到困难；乐观的人，却常常在困难中发现机会。两个人同时推窗向外看，悲观的人看到"满地污泥"，乐观的人则看到"满天繁星"。当大伙儿齐声哀叹市场低迷，生意难做之际，具有"乐观"性格的人会做这样的诠释："哪有不景气，只有不争气。比别人更卖力一点，一定会有好结果。"至于悲观性格的人，他们的解读是："真的，真的，真的不景气，实在很泄气，努力做也是白费力气，不可能会有什么收获。"

自 20 世纪 90 年代初开始，一位美国心理学专家连续进行了 10 年研究。他在研究结果中发现了一个现象，同样是刚刚做完手术、生死未卜的患者，乐观的患者度过危险期的概率更大，他们的身体恢复得也更快。最后，专家指出，生死攸关时，乐观的人更善于清除自己的惊慌和消极的情绪，而积极地去寻求解决之道，同时，他们又都执着于自己的目标，于是他们会坚持下去直到胜利。因此可以说乐观是一种态度，更是一种能力，而要获得这种能力要学会放下。曾经有个这样的故事，一位遇到困惑的年轻人向智者求助，智者思索片刻便指着一个杯子向年轻人问道，"这杯水有这么多杂质，但为何却清澈呢？"年轻人观察了许久回答道："我知道了，所有的灰尘都沉淀到杯子底下了。"智者赞同地点点头，便指着这杯水说："这杯水，如果你硬要使劲摇晃它，就会使整杯水都不得安宁，混浊一片；如果你愿意放下，静静地让它们沉淀下来，它却可以变得很纯净。"所以年轻人，生活中烦心的事很多，有些是越想解决却解决不了，那就把它搁置在一边，用宽广的胸怀去容纳它们，等时机成熟了再去解决也不迟。

被誉为"经营之神"的松下幸之助并不是一个幸运儿，不幸的生活却促使他成为一个抗争者。家道中落的松下幸之助 9 岁起就去大阪做一个小伙计，父亲的过早去世使得 15 岁的他不得不担负起生活的重担，寄人篱下的生活使他过早地体验了做人的艰辛。

1910 年，松下幸之助独自来到大阪电灯公司做一名室内安装电线练习工，一切从头学起。不久，他诚实的品格和上乘的服务赢得了公司的信任。22 岁那年，他晋升为公司最年轻的检察员。就在这时，他遇到了人生最大的挫折。

松下幸之助发现自己得了家族病，在他的家中已经有 9 位家人在 30 岁前因为家族病离开了人世，这其中包括他的父亲和哥哥。当时的境况使他不可能按照医生的吩咐去休养，只能边工作边治疗。他没了退路，反而对可能发生的事情有了充分的精神准备，这也使他形成了一套与疾病作斗争的办法：他不断调整自己的心态，以平常之心面对疾病。他不断调动机体自身的免疫力、抵抗力与病魔斗争，使自己保持旺盛的精力。这样的过程持续了一年，他的身体逐渐变得结实起来，内心也越来越坚强，而他的心态也变得越来越好。

患病一年来的苦苦思索，希望改良插座得到公司采用的愿望受挫，使松下幸之助下决心辞去公司的工作，开始独立经营插座生意。

可在松下电器公司创业之初，正好赶上第一次世界大战，物价飞涨，而松下幸之助手里的所有资金还不到 100 元，困难可想而知。公司成立后，最初的产品是插座和灯头，然而当千辛万苦才生产出来的产品走上市场的时候，松下电器公司却遇到了棘手的销售问题，甚至在不久之后，工厂竟到了难以为继的地步，员工相继离去，松下幸之助的境况变

得很糟糕。

但他把这一切都看成是创业的必然经历，他对自己说："再下点功夫，总会成功的，已有更接近成功的把握了。"他相信：坚持下去就会取得成功。功夫不负有心人，公司的生意逐渐有了转机，直到 6 年后拿出第一个像样的产品，也就是自行车前灯时，公司终于慢慢走出了困境。

走出困境的松下电器公司所面对的并不是一帆风顺的坦途，而是一系列汹涌波涛的开始。1929 年经济危机席卷全球，日本也未能幸免，松下电器公司销量锐减，库存激增。到 1949 年时，松下电器公司债务达到了 10 亿日元。

一次又一次的打击并没有击垮松下幸之助。松下幸之助之所以能够走出遗传病的阴影，安然渡过企业经营中的一个个惊涛骇浪，得益于他永葆一颗年轻的心，并能坦然应对生活中的各种挫折。松下幸之助说过："你只要有一颗开放乐观的心，你就可以在任何时候从任何人身上学到很多东西。无论是逆境或顺境，坦然的处世态度，往往会使人更聪明。"

五、直面自我，冷静分析

泰勒·本·沙哈尔(Tal Ben-Shahar)教授曾经在哈佛大学的演讲中说过一句至理名言："学习失败，否则会失败于学习。"学习失败的过程是直面自我，冷静分析自己及处境的过程。特别是当面对挫折时，直面自我，坦然面对自己的不足，勇于承认自身的不足不但有助找到属于自己的位置，也有助看清自己未来努力的方向。

直面自我的前提，首先，需要学会冷静。众所周知，许多矛盾和问题的产生，都是冲动、未经深思熟虑的结果。学会冷静就是要学会"三思而后行"，因为冲动往往是由于对事物及其利弊关系缺乏周密思考引起的，不仓促行事，事情的结果就会大不一样。学会冷静就要锻炼自制力，尽力做到处变不惊、宽以待人，不要遇到矛盾就仿佛如"易燃品"般，见火就着，要学会自我控制，将"热处理"化为"冷处理"。

其次，要学会自我反省，分析自己及处境。为此我们可以通过自我提问的方式来帮助自己厘清思绪，修正行为。一是提问自己"我如何才可以将这件事做得更好"。这种设问有助于反躬自省，它首先承认了这事可以做得更好，于是使自己开始思索"怎样改进"这个有益处有建设性的问题，同时也有助于增强自信心。二是学会利用"WHWW"向自己提问很有必要。第一个英文 W 是"Why"(为什么)的首写字母，这个法则表示的是要通过自省方式审视自己所处困境的原意，要懂得去问"为什么"，如为什么这次考试我会失败？为什么我的人际关系问题这么严重？如果不对自己发问，只是依赖自己的感觉随性而行，对自己所做的事情没有清晰的认识，到最后都无法理性地看待失败的原因，那么也很难从失败中吸取教训。第二个英文 H 是"How"(怎么样)的首写字母，这个法则表示的是反思挫折事件的方法与策略。例如，这次考试失败是否是我的学习方法有问题？第三个英文 W 是"What"(是什么)的首写字母，这个法则是对照自己希望的目标与实际的现况对比。例如，我每天那么忙，可是为什么我总感觉碌碌无为？我们由此感觉到发问的这个人内心希望的是自己有所作为，但实际情况却是他虽然很忙但却没有效果，或许根源就在于

他没有明确的目标。第四个英文 W 是"Where"(在哪里)的首写字母，这个法则表示的是对挫折情境中的物理因素(如时间、材料及其性质)和社会因素(如成人、同伴的帮助)进行决策和控制。例如，我现在所处的位置恰当吗？在这次挫折事件中，我是否高估了自己或者过分贬低了自己？我是否有利用好身边的资源呢？总之，人要真正从挫折中获得成长，就不能够只停留在外表的修饰美化，要敢于真正地审视自己，冷静地分析所面临的矛盾与挫折，用自己坚强的心与智慧去经历更高更强的蜕变。

思考是人类最有力的武器，一个人在任何环境、任何情形之下，都能保持头脑的清晰、性情的敦厚和判断力的健全非常有益处，因为一个决定在你脑海形成而尚未付诸行动之前，这个决定还只是个构想，一旦作出实际行动，要改就很难了。因此当面对挫折做抉择时，请给自己至少 5 分钟做最后的检查、比较和判断，你可以问问自己做这个决定到底是为什么？有什么目的？如果做此决定会产生何种后果？或许你会发现新的盲点，以便你的行动计划更周密、更完善。

本田是一位有智慧的男子汉。他具有一种沉着冷静、勇敢坚韧的性格。本田公司能在竞争异常激烈的汽车制造业里崛起，他这位不畏艰难、越挫越勇的领导者实在是功不可没。在 1955 年至 1965 年期间，日本通产省制定了有关日本汽车工业的发展政策，为了提高汽车工业在国际上的竞争力，只允许 2～3 个制造汽车的厂家存在。政府也将动用财力支持这 2～3 家厂商，这就是有名的"特殊振兴法"。按此规定，本田技研会社就只能被封死在摩托车的领域内，或者被丰田汽车会社或日产汽车会社兼并。

面对这一严峻形势，本田勇敢地接受了挑战。他认真分析了本田技研会社在生产技术上的特点并寻找出发展途径，下定决心，制定出了本田技研进入四轮车领域的战略决策。本田技研会社就是由于这一决定而发展成为今天能够生产各种轿车的"世界的本田"。

心理训练营

(一)自我检测：逆商检测

逆商(AQ)是人们面对逆境，在逆境中的成长能力的商数，用来测量每个人面对逆境时的应变和适应能力的大小。根据心理学家的研究，逆商可划分为四个部分，即控制感、起因和责任归属、影响范围和持续时间。控制感通常指向：你能否改善这种情况？你认为你有多少控制力？在面对逆境时，那些 AQ 较高的人比 AQ 较低的人认为自己能表现出更多的控制力和影响力，即使当情况显得无法抵抗，或者超出他们的控制范围时，那些拥有较高 AQ 的人总是能够找到一些他们能够控制的方面。而那些 AQ 较低的人则倾向于作出很少或根本无法控制的反应，然后放弃。起因和责任归属主要是指：你自认为应为改善这种状况承担多少责任？你在多大程度上起到了使状况变好的作用？承担责任是行事的关键部分。那些具有较高 AQ 的人会主动负责处理事务，而不管这件事是否和他们有关。相反，那些 AQ 较低的人会避开承担责任，并常常感到无奈和受伤害。影响范围主要指：这种境况会影响到你生活或工作的其他领域吗？当前的逆境会在多大程度上波及其他事情？有效解决问题的基本条件之一是把逆境控制在一定的范围之内。那些具有较高 AQ 的人将挫折和挑战控制在一定范围之内，不让它们干扰到自己工作、生活的其他领域。而那些 AQ 较低的人则倾向于将逆境认定为灾难性的失败，并将这种挫折迁移至其他无关领域，构成破坏。持续时间主要指：逆境会持续多久？能够超越当前的困难看待问题是维持希望的一项重要能力。那些具有较高 AQ 的人拥有不可思议的能力，既能够留心过去的接踵而至的困难，又能够拥有希望、保持乐观。而那些 AQ 较低的人则认为逆境会无休止地延续下去，即便事实并非如此。

1. 经过全面搜索，你仍没有找到那份重要文件。该事件的影响将会：
   A. 完全　B. 大部分　C. 一半　D. 一些　E. 一点也不

2. 你的钱似乎永远不够花。该事件带来的影响将会：
   A. 完全　B. 大部分　C. 一半　D. 一些　E. 一点也不

3. 你丢了对你来说十分重要的东西。该事件带来的影响将会：
   A. 完全　B. 大部分　C. 一半　D. 一些　E. 一点也不

4. 你不小心删除了一份十分重要的邮件。该事件带来的影响将会：
   A. 完全　B. 大部分　C. 一半　D. 一些　E. 一点也不

5. 你没能得到急需的假期。该事件带来的影响将会：
   A. 完全　B. 大部分　C. 一半　D. 一些　E. 一点也不

6. 你正陷入经济危机，你能否改善这种情况？
   A. 完全　B. 大部分　C. 一半　D. 一些　E. 一点也不

7. 即使知道自己应该每天按时锻炼，你也无法做到。你能否改善？
   A. 完全　B. 大部分　C. 一半　D. 一些　E. 一点也不

8. 你的私人生活和工作职责出现失衡，你能否改善？
   A. 完全　B. 大部分　C. 一半　D. 一些　E. 一点也不

9. 对你提出的最新观点人们持反对意见，你能否改善？
   A. 完全　B. 大部分　C. 一半　D. 一些　E. 一点也不

10. 你的电脑系统又崩溃了，这已是本周发生的第三次，你能否改善这种情况？
    A. 完全　B. 大部分　C. 一半　D. 一些　E. 一点也不

11. 父母坚决不同意你的决定，该事件对你的影响大到什么程度？
    A. 完全　B. 大部分　C. 一半　D. 一些　E. 一点也不

12. 你错过一个重要约会。该事件带来的影响将会：
    A. 完全　B. 大部分　C. 一半　D. 一些　E. 一点也不

13. 你正在处理的工作突然被中止，该事件带来的影响将会：
    A. 完全　B. 大部分　C. 一半　D. 一些　E. 一点也不

14. 赶赴一重要约会时，你在路上总遇到红灯。该事件带来的影响将会：
    A. 完全　B. 大部分　C. 一半　D. 一些　E. 一点也不

15. 你刚刚完成的一项工作受到了批评。该事件带来的影响将会：
    A. 完全　B. 大部分　C. 一半　D. 一些　E. 一点也不

16. 你错过一次竞选机会。你认为自己应为改善这种状况承担多少责任？

　　A. 完全　B. 大部分　C. 一半　D. 一些　E. 一点也不

17. 你正在参加的课程完全是浪费时间。你自认为应为改善这种状况承担多少责任？

　　A. 完全　B. 大部分　C. 一半　D. 一些　E. 一点也不

18. 你组织的活动没能达成目标。你自认为应为改善这种状况承担多少责任？

　　A. 完全　B. 大部分　C. 一半　D. 一些　E. 一点也不

19. 对你试图讨论的某个重要问题，你尊重的人并不理睬。你自认为应为改善这种状况承担多少责任？

　　A. 完全　B. 大部分　C. 一半　D. 一些　E. 一点也不

20. 如果对你很重要的网站连续关闭一周或很长时间无法登录，对你的影响是：

　　A. 完全　B. 大部分　C. 一半　D. 一些　E. 一点也不

【分值参考】

第 1、2、3、4、5、11、12、13、14、15、20 题，从 A 到 E 分值分别是 2、4、6、8、10 分；第 6、7、8、9、10、16、17、18、19 题，从 A 到 E 分值分别是 10、8、6、4、2 分。总分 200 分，测试者需在 20 分钟内完成。

低逆商指数在 0～59 分，这种人一遇事情，就觉得天要塌了，惊慌失措，或是逃避，做事没劲头，没信心，没有持之以恒的毅力。(60～94 是较低逆商)

中等逆商指数在 95～134 分，指不能充分调动自己的能力和潜力来应付困难局面，觉得花了很大精力，还不时有无助感或失望心态产生。(135～165 属于较高逆商)

高逆商指数在 166～200 分，这类人看问题深刻，能分清问题的前因后果和自己所处的位置，找出尽可能有利或减少负面影响的方案来。

(二)心理活动：优点大轰炸，潜能大开发

训练目标：挖掘潜能，增强自信，从容应对挫折。

活动时间：20 分钟。

要求：团体成员为自愿参加者，最好是平时相互比较了解的同学或伙伴。

活动程序：

(1) 首先让每个参加者将自己的名字留在纸条上，放在容器里。

(2) 然后随机抽出一张纸条，被抽中的人就成为被评价议论的对象。

(3) 抽中者向其他成员介绍自己的人格特点、能力和长处，然后问大家："你们认为我还有什么长处？还有哪些能力没有发挥？"

(4) 小组成员根据各自的了解，对抽中者的人格、能力、长处进行评论。

(5) 评论接近尾声时，小组成员还要对抽中者也是被评论者未来发展作延伸性的想象：即假如从现在起，被评论者能够将大家所发现的潜能大部分发挥的话，该是怎样的情况？5 年后，10 年后又该是怎样的情景呢？

(6) 抽中者谈谈被评议的感受和打算。

▦ 心理加油站

(一)美文欣赏

她站在讲台上，不时地挥舞着她的双手，仰着头，脖子伸得好长好长，与她尖尖的下巴扯成一直线，她的嘴张着，眼睛成一条线，看着台下的学生。偶然她口中也咿咿呜呜，不知在说什么。基本上她是一个会说话的人，但是，她的听力很好，只要对方猜中，或者说出她的意见，她就会乐得大叫一声，伸出右手，用两个指头指着你，或者拍着手，歪歪斜斜地向你走来，送给你一张用她的画制作的明信片。她就是大名鼎鼎的迪娅茨，一位自小就染上小儿麻痹症的病人。小儿麻痹症夺去了她肢体的平衡感。命运对她是如此残酷，父每还没有从她得小儿麻痹症的阴影中走出来，上帝又剥夺了她发声讲话的能力。从小她就活在诸多肢体不便及众多异样的眼光中，她的成长充满了血泪。然而她没有让这些外在的痛苦击败她，在父母信任的目光中，她昂然面对，以常人难以想象的行动，迎向一切不可能，终于天道酬勤，她获得了加州大学艺术博士学位。她用她的手当画笔，以色彩告诉人们："我比一些健康的人，生活得更快乐。"并且灿烂地活出生命的色彩。全场的学生都被她不能控制自如的肢体动作震慑住了。这是一场倾倒生命、与生命相遇的演讲会。"请问迪娅茨博士，"一个学生小声地问，"你从小就长成这个样子，请问你怎样看你自己？你没有怨恨吗？"这位学生的老师心一紧，真是太不成熟了，怎么可以在大庭广众之下问这个问题呢？太伤人了。她很担心迪娅茨会受不了。"我怎样看自己，这位小朋友问得真好，也只有你们这样的小鬼才敢问我这样的问题。" 迪娅茨用粉笔在黑板上重重地写下这些字。她写字时用力极猛，整块黑板都有些颤抖。写完这个问题，她停下笔来，歪着头，回头望着发问的同学，然后嫣然一笑，回过头来，在黑板上龙飞凤舞地写了起来："我觉得自己非常好，我有这么多的优点，为什么要难过呢？"

一、我好可爱！

二、我的腿很长很美！

三、爸爸妈妈这么爱我！

四、朋友们这么爱我！

五、我会画画！我会写稿！

六、我有只可爱的小狗！

七、……

"也许现在你们很难理解，不过当你们到了我这个年纪的时候，你们想起这些，才会彻底明白我此时的想法。"忽然，教室内鸦雀无声，没有人敢讲话。她回过头来，定定地看看大家，再回过头去，在黑板上写下了她的结论："我只看我所有的，不看我所没有的。"掌声由学生群中响起，迪娅茨倾斜着身子站在讲台上，满足的笑容从她的嘴角荡漾开来，有一种永远不被击败的傲然，写在她的脸上。

思考：这个案例给你什么启迪？回忆你过去遇到挫折的时候，你是怎么样处理的，并

将它们写下来，然后和你的同学进行分享。并与迪娅茨博士应对挫折的方法对照，看看有什么地方是一样的，有什么地方是不一样的。

(二)肯定句训练

肯定句是以现在时来叙述的句子，把希望带进自己的生活中。肯定句的运用，可以代替否定的自我谈话，使自己的自我谈话、自己的态度和期望变得更为积极。对自己说这些新句子时，要有一种意念，即你所说的这些句子是事实。美国心理学家雪莉·珊贝利(Sheri O. Zampelli)提出，自我通过肯定句训练，可以提高人们在各方面的素质，增强挫折应对能力。具体如下。

1. 我感谢我的双眼、鼻子、嘴巴和双耳为我的生活增添了满足感。

2. 我尊重我自己的身体，相信我自己的身体，爱我的身体，我要给它最好的环境，让它尽可能健康、充满活力。

3. 我相信我可以拥有自己选择的身体。

4. 我的身体有很多话要告诉我，我愿意专心倾听。

5. 因为我爱我的身体，我只做对我身体最有利的事。

6. 我正在体验充满活力的使命。

7. 我每天都以各种方式培养健康意识。

8. 我清楚身体里所有的情绪障碍和消极能量。

9. 我放开所有的负担，清除所有障碍。

10. 我愿意拥有健康的情感关系。

11. 我忘掉旧的伤害，敢于直面人生。

12. 我现在吸引健康、充满爱的感情关系进入我的生活。

13. 我允许自己体验充满爱意、支持的友谊。

14. 在任何感情关系，我仍然是我。

15. 爱的感觉来自内心，我可以感觉到爱意和被爱。

16. 我喜欢得到赞美，而且我会经常称赞自己和别人。

17. 我很高兴以活力和热忱来取代沮丧和困倦。

18. 我很感激引导我至此的生活经验。

19. 我知道每件事情的发生都是有原因的。

20. 我的目标明确，而且可以达成。

21. 我以优先顺序安排自己的目标。

22. 我会专心致力于自己想完成的事情上。

23. 我花时间专心倾听别人的需要。

24. 每天我都会按照带领我迈向目标的步骤行动。

25. 我的心有无限的潜能。我清晰地想象自己是我想要成为的人。

能力检测

　　根据华森和夏普的观点，人应该预期有挫折，并事先想好应付挫折的方式。这个练习是通过预测会有哪些问题发生，事先决定如何妥善处理，事先为挫折做计划就像买份保险一样，或许你永远都不会用到，但如果需要时，它就在那里。根据自己的具体情况，仿照下列方式进行。

可能会使我想放弃的事	如果真的发生了，我要如何处理
1. 内心的压力	我会爱我自己，接受原来的我，我不需要有人爱，而去做某些事
2. 觉得自己不能胜任	我会承认自己所拥有的技巧和才华，而且我会精益求精
3.	
4.	
5.	

参考文献

1. 郑希付. 健康心理学[M]. 上海：华东师范大学出版社，2003.

2. 邢莹. 大学生心理健康教育[M]. 郑州：郑州大学出版社，2002.

3. 刘华山. 心理健康概念与标准的再认识[J]. 心理科学，2001(4).

4. 朱敬先. 健康心理学[M]. 台北：五南图书出版公司，1992.

5. 刘艳. 关于"心理健康"的概念辨析[J]. 教育研究与实践，1996(3).

6. 王登峰，张伯源. 大学生心理卫生与咨询[M]. 北京：北京大学出版社，1992.

7. 颜世富. 心理健康与成功人生[M]. 上海：上海人民出版社，1997.

8. 刘玉梅. 管理心理学理论与实践[M]. 上海：复旦大学出版社，2009.

9. 中共重庆市委教育工委，重庆市教育委员会. 让心灵追上人生的脚步——大学生心理成长导引[M]. 重庆：西南师范大学出版社，2009.

10. 陈娜，徐颖. 高职大学生心理素质模块训练[M]. 北京：航空工业出版社，2012.

11. 侯玉波. 社会心理学[M]. 3版. 北京：北京大学出版社，2013.

12. 张春兴. 现代心理学[M]. 上海：上海人民出版社，1994.

13. 陈琦，刘儒德. 教育心理学[M]. 北京：高等教育出版社，2005.

14. [美]马斯洛. 动机与人格[M]. 3版. 许金声等译. 北京：中国人民大学出版社，2012.

15. 黄希庭. 心理学导论[M]. 2版. 北京：人民教育出版社，2007.

16. 张大均，吴明霞. 大学生心理健康教育[M]. 北京：清华大学出版社，2007.

17. 马丽. 大学生恋爱误区及教育对策[J]. 淮北煤炭师范学院学报，2009.

18. 孙晨宇，刘从云，朱华庆. 大学生恋爱现状及其心理因素[J]. 中国校医，2009.

19. 金海英. 心理健康教育[M]. 北京：人民邮电出版社，2013.

20. 肖川，王凌云. 大学生生命教育[M]. 北京：人民出版社，2011.

21. 中国就业培训技术指导中心，中国心理卫生协会. 国家职业资格培训教程心理咨询师[M]. 北京：民族出版社，2005.

22. 毕淑敏. 请你好好爱自己[M]. 北京：北京联合出版社，2015.

23. 张仲兵，丁志强，李慧萍. 大学生心理健康教育与素质训练[M]. 北京：高等教育出版社，2014.

24. 冯江平. 挫折心理学[M]. 太原：山西教育出版社，1991.

25. 连淑芳. 青少年挫折应对训练读本[M]. 北京：红旗出版社，1999.

26. 陈选华. 挫折教育引论[M]. 合肥：中国科学技术大学出版社，2006.

27. 陈晓荆. 挫折心理的自我调适[M]. 福州：福建教育出版社，2006.

28. 寻国兵. 大学生课堂上学不到的人生挫折课[M]. 北京：石油工业出版社，2006.

29. 李红. 大学生幸福课　高职学生心理健康自助读本[M]. 北京：北京大学出版社，2013.

30. 王志敏. 超越挫折心理学大全集[M]. 北京：北京联合出版社，2013.

31. 宋玉冰. 大学生择业心理问题及教育对策[J]. 继续教育研究，2009(6).

32. 陈悦香，范玉茹，李玉杰. 论当前大学生职业心理的误区与调适[J]. 现代教育科学，2010.

33. 隆意. 大学生职业生涯规划存在的问题及对策[J]. 社会心理科学，2005.

34. 南洪吉. 浅谈大学生职业心理素质的培养[J]. 吉林省经济管理干部学院学报，2005(4).

35. 大学生职业心理体系构建研究[J]. 东北师范大学硕士学位论文，2008(5).

36. 方平. 自助与成长[M]. 北京：教育科学出版社，2010.

37. 黄中天. 生涯规划——体验式学习[M]. 北京：高等教育出版社，2010.

38. 祁金利，李家华. 大学生职业生涯与发展规划教程[M]. 北京：北京出版社，2009.

39. 周兴生. 青年网络伦理[M]. 北京：光明日报出版社，2012.

40. 王希鹏. 大学生迷恋网络现象及教育引导探究[D]. 华东师范大学硕士毕业论文，2007.

41. 周颖，张翀. 网游特征与预防网游成瘾[J]. 中国青年研究，2010(4).

42. 张宛筑，邓冰，黄列玉. 中学生网络成瘾倾向情况及影响因素分析[J]. 中国公共卫生，2013，29(7).

43. 许艳，李源晖，马翠荣，等. 医学生网络成瘾与幸福感关系的调查[J]. 皖南医学院学报，2014，33(2).

44. 周松华. 大学生健康教育[M]. 西安：电子科技大学出版社，2009.

45. 黄占华. 大学生心理健康教育实用教程[M]. 银川：宁夏人民出版社，2011.